AI 반도체 혁명

AI 반도체 혁명

3차 반도체 전쟁, 최후의 승자는 누가 될 것인가

권순우·이동수·권세중·유지원 지음

NEXT

NVIDIA

CHIP

AI

REVOLUTION

P page2

희망과 거품이 가득한
AI 반도체 세계

　2년 전 140달러였던 엔비디아 주가가 1300달러를 넘어섰다. 2024년 6월 10일, 엔비디아는 투자자들이 매수하기 편하게 10분의 1 액면분할을 단행했고 주당 가격은 다시 130달러가 됐다. 그리고 엔비디아 주식을 가진 사람들은 부자가 됐다. 영원할 것만 같았던 시가총액 1위 애플의 지위는 마이크로소프트에게 넘어갔고, 이제는 일개 그래픽카드 회사였던 엔비디아에 넘어갔다.

　전 세계 사람들은 인공지능^{AI} 시대가 곧 도래할 거라 믿고 있고, 관련 기업들은 엄청난 돈을 이 시장에 쏟아붓고 있다. 내로라하는 기업들 모두가 인공지능에 투자하여 하루가 멀다 하고 새로운 모델, 새로운 서비스들이 출시되고 있다. 이런 가운데 엔비디아의 GPU는 전 세계 인공지능 관련 회사 모두가 사들이는 유일한 반도체로, 전 세계 AI 반도체 시장의 90% 이상을 점유하고 있다. 연구 목적 혹은 소규모 파일럿으로 다른 반도체를 사는 경우가 아니면 모든 산업에서 엔비디아 GPU를 사용하고 있다고 해도 과언이 아니다. 하지만 어떤 요인 때문에 엔비디아의 반도체가 이렇게 각광받는 것인지, 앞으로 AI 반도체의 게임 체인저는 누가 될 것인지에 대한 답을 아는 사람은 많지 않다.

이 책에서 필자가 전하고자 하는 바는 두 가지다. 첫 번째는 AI 반도체가 갖춰야 할 특징이 무엇인가이다. 이를 통해 우리는 AI 반도체 산업 전반에 대해 이해하고, 시장을 올바르게 바라볼 수 있는 혜안을 갖출 수 있을 것이다. 두 번째는 과거 반도체 산업의 패러다임 전환이 어떤 방식으로 이뤄졌는지에 대한 부분이다. 과거를 통해 우리는 미래의 패러다임을 예측할 수 있다.

첫 번째부터 이야기해 보자. 엔비디아에 투자하는 사람이든 경쟁사에 투자하는 사람이든 엔비디아 반도체를 쓰는 사람이든 엔비디아 반도체와 경쟁할 무언가를 만드는 사람이든 일단 엔비디아 GPU에 대해 잘 알아야 한다. 전 세계 사람들이 엔비디아에 열렬한 관심을 보이고 있지만 엔비디아 GPU의 장단점을 제대로 이해하고 설명할 수 있는 사람은 많지 않다. 일단 엔비디아 GPU의 장단점을 이해하려면 이를 써본 사람이 많아야 하는데, 써본 사람 자체가 별로 없다. 왜냐면 엔비디아 GPU가 너무 비싸다.

엔비디아 GPU는 처음에 그래픽카드로 시작했다. 컴퓨터에 하나씩 있는 익숙한 부품이다. 하지만 요즘 이야기하는 엔비디아 GPU는 집집마다 있는 그 GPU가 아니다. GPU^{Graphic Processing Unit}는 말 그대로 그래픽 처리 장치다. 현재 인공지능 산업에 사용되는 엔비디아 GPU는 그래픽을 처리하는 반도체가 아니다. 모니터와 연결하는 잭을 꽂을 포트도 없는 경우가 많다. 인공지능 연산 방식이 그래픽 연산 방식과 유사하다 보니 GPU를 그래픽 연산에 사용하고 있으며 더 인공지능 연산에 더 적합한 방식으로 바뀌고 있다. 그래서 아예 그래픽 처리를 염두에 두지 않고 설계가 되기도 한다. 이에 그래픽 처리용 GPU와 구분을 지은 범용GPU라는 의미로 GPGPU^{General-Purpose computing on Graphics Processing Units}라고 부르기도 한다. 회사마다 자사의 AI 반도체를 NPU, TPU, IPU 등 다양한 이름으로 부르고 있다.

이렇게 AI 반도체는 이름조차 합의되지 않았을 정도로 초기 산업에 속한다. GPU 가격을 한 장 한 장 따지는 것도 별 의미가 없다. 엔비디아 GPU H100 한 장의 가격은 대략 5천만 원이다. '대략'이라고 표현한 이유는 인공지능에 사용할 반도체를 1장씩 소매로 사는 사람은 없기 때문이다. 묶어서 패키지로 사기도 하고, 기업들끼리 조건을 붙여 거래를 하기 때문에 가격은 때에 따라 다를 수 있다. 정확한 가격은 아니지만 감을 잡기 위해 장당 대략 5천만 원쯤 한다고 보면 된다.

엔비디아의 AI 서버 DGX H100은 H100 GPU 8장을 묶어서 구성된다. 8장을 묶은 서버 1대가 대략 5억 원쯤 한다. 개인은 물론이고 학교도 감당하기 적지 않은 가격이다. 초거대언어모델

LLM, Large Language Model을 만들어 학습을 시키려면 이러한 서버가 최소 200대는 필요하다. 학습을 시키는 데 필요한 GPU 가격만 1천억 원이라는 뜻이다. 인공지능 서비스를 운영하려면 서버가 1000대는 있어야 한다(물론 많으면 많을수록 좋다). 엔비디아 GPU를 사는데만 5천억 원이 필요하다는 의미다. 여기에 인건비, 전기요금, 임대료 등 부대 비용은 일부러 더하지 않았다.

우리나라에서 1000장 이상의 GPU를 확보해서 인공지능을 개발하고 있는 회사는 거의 없다. 사실 기업들이 GPU를 얼마나 가지고 있는지 정확히 파악할 수 없다. GPU를 얼마나 보유하고 있는지는 해당 기업이 인공지능에 얼마나 투자를 하고 있는지에 대한 가늠좌가 되기에 기업들은 GPU 투자 규모를 잘 공개하지 않는다. 그래도 일단 서버 값만 5천억 원이니 '아, 돈이 많이 들긴 드는구나' 하는 정도로만 감을 잡으면 될 것 같다.

엔비디아 AI 서버를 구매하지 않고 아마존웹서비스AWS와 같은 클라우드 서비스 업체가 제공하는 GPU를 이용할 수도 있다. AWS를 통해 엔비디아 GPU가 탑재된 AI 서버를 활용하려면 시간당 98달러를 내야 한다. 256대를 3달(90일) 동안 사용하는 비용을 계산하면 대략 758억 원으로 1년을 돌리면 3천억 원이다. 어마어마하다. GPU 한두 장, AI 서버 1개만 가지고도 인공지능을 다뤄볼 수 있다. 하지만 소규모로 사용해서는 초거대 AI 시대의 AI 반도체에 대해 제대로 이해하기 힘들다.

GPU가 인공지능 시대에 각광을 받는 이유는 나눠서 계산하는 '병렬형'이라는 특징 때문이다. 인공지능 데이터는 처리 규모가 무지막지하게 크다. 아무리 뛰어난 반도체라 하더라도 1개의 반도체로 작업을 처리하려면 시간이 너무 오래 걸린다. 몇 시간 기다리는 정도가 아니다. 수백 년이 걸릴 수도 있다. 카이스트의 A교수는 한 언론 보도를 통해 "오픈AI의 '소라' 같은 동영상 생성형 AI 모델을 카이스트가 가용할 수 있는 엔비디아 A100으로 만들려면 148년이 걸리는 것으로 분석된다"라고 말하기도 했다.

여러 개의 반도체가 세트로 이뤄지고, 엄청난 규모의 데이터를 나눠서 계산한다. 계산을 나누고 결과를 통합하는 과정이 종합적으로 반영된 것이 AI 반도체의 성능이다. 엄청난 투자가 이뤄지지 않으면 AI 반도체의 성능을 체감해 볼 기회조차 없는 것이다.

엔비디아 GPU의 특징을 제대로 이해하기 어려운 두 번째 이유는 초거대언어모델의 특징 때문이다. 초거대언어모델을 만들고, 직접 학습시키고, 서비스를 운영하는 회사는 전 세계적으로 오픈AI, 구글, 앤트로픽, 메타, 네이버 등 소수에 불과하다. 직접 초거대언어모델을 만들고 운영해 봐야만 엔비디아 GPU와 실제 AI 서비스의 궁합을 확인해 볼 수 있다.

예를 들어 우리가 삼성전자 D램(디램) 한두 개 사용하다 불만이 생겼다고 삼성전자의 D램 설계 엔지니어와 반도체 설계에 대해 토론을 하진 않는다. 엔비디아 GPU도 한두 개 사서 사용한 사용자가 불만이 생겼다고 GPU 설계 엔지니어와 이야기를 나누지는 않는다. 하지만 수천억, 조 단위 투자를 하는 투자자라면 불만이 생겼을 때 엔비디아 엔지니어들과 개선 사항에 대해 이야기를 나눌 수 있다.

　엔비디아 역시 대규모 투자를 한 고객의 회신을 받아야 한다. 고객의 불만을 해소하는 차원을 넘어 다음 세대 반도체를 만들기 위해 유의미한 데이터를 얻으려는 측면도 있다. 엔비디아도 반도체가 실제 인공지능 데이터 처리와 서비스 제공 환경에서 어떻게 동작하는지 모든 걸 파악할 수는 없다. 상품을 만드는 사람은 최선을 다해 만들지만 사용자들이 어떤 환경에서 어떤 방식으로 사용하는지 모든 걸 예측할 수는 없기 때문이다. 그러므로 엔비디아는 고객의 피드백을 받아야 더 경쟁력 있는 다음 제품을 기획할 수 있다. 대규모 AI 데이터센터를 구축해 운영하고, 엔비디아 엔지니어들과 충분한 대화를 나눠봐야 엔비디아 GPU의 강점과 한계에 대해 더 명확하게 알 수 있다. 하지만 대부분의 소규모 GPU 사용자들은 이런 기회를 얻기 힘들다.

　이 책의 공동 필자인 이동수, 권세중, 유지원은 한국에서 유일하게 인공지능 초거대언어모델을 만들고, 인공지능 서비스 '하이퍼클로바X'를 운영하는 네이버클라우드의 담당자들이다. 이들은 초거대언어모델 서비스를 효율적으로 제공하기 위해 엔비디아 GPU를 충분히 많이 사용해 봤고 더 나은 반도체를 찾기 위해 전 세계 수많은 반도체 회사들의 제품을 구매하고 테스트했다. 인공지능 서비스 운영 과정에서 발견한 사실들을 모두 공개할 수는 없지만 최대한 독자들이 인공지능 산업을 이해하는 데 감을 잡을 수 있는 정보를 제공하고자 한다.

　현재 네이버클라우드는 현존하는 AI 반도체의 한계를 극복하기 위해 새로운 AI 반도체를 만드는 것을 포함하여 다양한 방향의 노력을 진행하고 있다. AI 반도체에 어떤 특징이 있는지, 현재 어떤 한계가 있는지, 어떻게 개선이 가능한지에 대한 네이버 팀의 상세한 솔루션이 이 책에 담겨 있다.

이 책에서 강조하는 두 번째 요인, 반도체 패러다임의 전환에 대해 이야기하려 한다. AI 반도체는 역사적 의미가 매우 크다. 반도체는 복잡한 생태계 속에 존재하는 부품이다. 생태계는 복잡하게 얽혀 있기 때문에 한 개체의 변화가 다른 개체에 미치는 영향이 크다. 이는 예측하기 힘든 변화를 초래하기 때문에 어지간한 패러다임 변화가 이뤄지지 않으면 구도가 잘 변하지 않는다. 인텔이 지금은 구세대 유물로 평가받으면서도 PC, 노트북, 서버 시장에서 여전히 높은 점유율을 유지하는 이유도 그렇다. 인텔 CPU보다 더 나은 대안을 찾으려면 인텔 CPU를 중심으로 형성된 생태계와 동떨어져 나 홀로 새로운 생태계를 꾸려야 한다. 고로 안 바뀐다.

그런데 반도체 사용 환경이 달라지면 변화가 나타나기도 한다. 모바일폰의 등장은 반도체 사용 환경을 크게 바꿨다. 모바일폰은 전력 공급의 한계가 있기 때문에 많은 전기를 공급받을 수 있는 PC 환경과는 다르다. 영원할 것만 같았던 인텔 제국은 애플, ARM 등 저전력 반도체 진영에 완전히 밀려 버렸다. 이들은 모바일 저전력 환경 속에서 새로운 생태계를 만들고 인텔의 자리를 조금도 허용하지 않았다. 결국 가장 큰 반도체 시장인 모바일 시장에서 인텔은 아예 철수했다. 모바일 환경으로의 전환은 ARM, 애플, 삼성전자, 퀄컴 등 새로운 글로벌 빅테크 기업이 성장하는 기회가 됐다. 애플은 반도체부터 모바일폰, 모바일 서비스까지 모든 것을 갖춘 모바일 시장의 지배자다. 현재 IOS와 안드로이드가 양분하고 있는 모바일 시장에서 새로운 무언가를 만들어 의미 있는 시장을 차지하기는 쉽지 않다. 중국처럼 반시장적인 방식은 예외로 하자.

인공지능의 시대는 PC에서 모바일로 전환되는 것 이상의 거대한 변화다. 성숙된 생태계에서는 전혀 가능성이 없어 보였던, 새로운 글로벌 1위가 나타날 가능성이 보이는 타이밍인 것이다. 또 AI 반도체는 인공지능 산업 자체의 변화이기도 하다. AI 반도체는 인공지능을 구현하기 위해 필요한 물건이지만, 반대로 AI 반도체가 있어서 인공지능의 가능성이 나타나기도 한다. 현재 각광을 받고 있는 인간 두뇌 동작을 표방한 신경망 방식의 인공지능 아이디어는 이미 1957년 '퍼셉트론Perceptron'이라는 이름으로 발표가 됐었다. 하지만 컴퓨터를 인간처럼 학습할 수 있게 하는 초거대 규모의 디지털 데이터가 없었고, 이를 처리할 반도체도 없었다. 기술로 구현할 수 없는 아이디어는 순간 이동이나 불로초 같은 공상 과학일 뿐이다.

현재 전 세계 모든 인공지능 연구자들이 사용하고 있는 딥러닝Deep Learning 기술은 대규모 데이터를 처리할 수 있는 반도체가 생기면서 실질적인 의미를 갖게 됐다. 딥러닝을 인공지능의 주류로 끌어 올린 인물은 딥러닝의 아버지라 불리는 제프리 힌튼 Geoffrey Hinton 교수다. 제프리 힌튼 교수는 2012년 이미지를 인식하는 이미지넷 대회에 참가했고 딥러닝을 활용해 이전과는 비교할 수 없을 정도의 높은 정확도를 보여줬다. 이전까지만 해도 인공지능 방식이 다양하게 연구됐지만 그날 이후, 전 세계 모든 인공지능 연구는 딥러닝으로 통일됐다.

힌튼 교수는 이후 구글에 입사해 현재 인공지능 산업의 굵직한 토대가 된 기술들을 만들어 공개했고 산업 전반의 수준을 끌어 올릴 기반을 만들었다. 힌튼 교수팀의 딥러닝을 가능하게 했던 것이 엔비디아 GPU다. 힌튼 교수팀은 GTX 580 GPU 2장을 사용해 딥러닝을 구현했다. 엔비디아 GPU가 없었다면 딥러닝, 트랜스포머 등 현대의 인공지능은 이론적으로만 존재하는 기술이 되었을 수 있다. 반대로 인공지능이 발전하면서 엔비디아 GPU는 그래픽카드가 아니라 AI 반도체가 됐다. GPU가 일개 그래픽카드였다면 엔비디아는 결코 글로벌 시가총액 1위 기업이 될 수 없었을 것이다.

지금 전 세계 반도체 생태계가 분열하는 패러다임의 변화가 시작되고 있다. 이때 승기를 잡는 기업은 차세대 빅테크가 될 것이고, 한번 승기를 잡으면 수십 년 동안 지배자가 될 것이다. 이 패러다임의 변화를 절대 놓쳐서는 안된다.

또 반도체 하드웨어에 대한 이해는 인공지능 소프트웨어, 인공지능 서비스에 대한 이해의 기반이 된다. 매일같이 새로운 인공지능 뉴스가 쏟아진다. 새로운 모델과 서비스가 출시될 때마다 보이는 놀라운 발전 속도와 기술 성능 개선에 전문가들은 온갖 찬사를 보낸다. 엔비디아보다 훨씬 빠른 반도체를 만들었다, 초거대언어모델보다 훨씬 작은데 성능은 더 뛰어난 모델을 만들었다, 인공지능 기술을 앞세워 수천억 원의 자금을 조달했다, 주가가 얼마가 올랐다 등등 이러한 뉴스는 당장이라도 인간을 뛰어넘는 인공지능이 구현될 것만 같은 기대를 불러일으킨다.

뭔가 대단한 일이 벌어지는 것 같은데 일반인 입장에서는 감을 잡기 힘들다. 일반인들은 뭐가 사실이고, 뭐가 거짓인지 구분하기 쉽지 않다. 단순히 기술적 전문성이 부족해서만은 아니다. 당사자가 아니면 이해하지 못할 일도 많고, 과장 홍보로 가득해 구분할 수 없는 내용도 많다. 심지어 기사를 쓰는 기자도 내용에 대해 모르고 쓰는 경우가 많다.

이 책은 인공지능에 대한 가장 밑바닥, 가장 기본이 될 AI 반도체를 다루고 있다. 인공지능 데이터 처리의 기본적인 원리와 그에 필요한 특성들을 살펴봄으로써 앞으로 펼쳐질 인공지능 시대의 기반을 이해하는 데 도움이 되고자 한다. 이 책이 기분과 흥분이 뒤섞이고 과장과 왜곡이 덧칠된 인공지능의 세계를 이해하는 좋은 길잡이가 되길 기대한다.

권순우

1부

AI 반도체 전쟁의 서막

2부

1세대 반도체, 인간 컴퓨터를 전자 컴퓨터로 만들다

3부

아이폰 모먼트,
2세대 저전력 반도체 시대를 열다

4부

3세대 반도체, 컴퓨터 연산으로
인공지능을 구현하다

AI 반도체의 성능을 좌우하는 요인들

초거대언어모델과 반도체의 발전 방향

지속가능한 인공지능을 위한 해법

네이버는 왜 반도체를 직접 만들게 됐을까

여전히 남는 몇 가지 질문들

AI

CHIP

REVOLUTION

1부

AI 반도체 전쟁의 서막

200% 주가 상승,
엔비디아의 기적

2024년 6월, 대만에서 열린 IT 전시회 '컴퓨텍스 2024Compu-tex 2024'에 전 세계 반도체·IT 기업 CEO들이 모여 각자가 만든 AI 반도체 최신 제품을 공개했다. 컴퓨텍스는 1981년부터 대만에서 열리기 시작한 PC 관련 전시회인데 이번처럼 전 세계 언론의 주목을 받은 적이 없었다. 갑자기 전 세계 미디어의 관심이 컴퓨텍스로 향한 것은 어느 '대만 사람들' 때문이다. 전 세계 1위 AI 반도체 회사 엔비디아 CEO인 젠슨 황이 대만 출신이고, 격차가 크긴 하지만 사실상 2위 회사로 평가할 수 있는 AMD의 CEO 리사 수도 대만 출신이다. 이들이 설계하는 AI 반도체를 손에 잡히는 실물로 만드는 위탁생산(파운드리)은 대만 회사인 TSMC가 한다. 대만에서 열린 컴퓨텍스에 이들이 모두 모였고, 그 존재만으로 전 세계 미디어의 주목을 이끌어낸 것이다.

컴퓨텍스 2024의 주제는 'AI 연결'이었다. 26개국 1500개 이상의 기업들이 4500개의 부스를 통해 AI 컴퓨팅, 미래형 통신·모빌리티 등 6개 분야에서 첨단 기술 및 신제품들을 선보였다. 가장 주목을 받은 기업은 단연 엔비디아였다. 젠슨 황 CEO는 국립대만대학교 체육관에서 열린 기조 연설에서 기존에 발표했던 AI 가속기 블랙웰 울트라칩은 2025년부터, 루빈은 2026년부터 양산할 예정이라고 밝혔다. 2027년에는 루빈 울트라 GPU가 출시될 예정이라고도 말하며 루빈에는 6세대 고대역폭메모리 HBM4 8개, 루빈 울트라에는 12개가 탑재될 예정이라고 밝혔다.

이 발표는 두 가지 측면에서 시장을 놀라게 했다. 젠슨 황 CEO가 신제품 출시 주기를 기존 2년에서 1년으로 단축하겠다고 밝힌 것이다. 글로벌 반도체 산업의 기준은 반도체 집적회로의 성능이 2년마다 2배로 증가한다는 '무어의 법칙'을 따르기에 전 세계 반도체 생태계는 2년을 주기로 신제품을 만든다(89쪽 참고). 그런데 1위 업체인 엔비디아가 신제품 주기를 1년으로 단축하면 나머지 경쟁사들이 따라가지 않을 수 없다. 안 그래도 가장 앞서 있는 회사가 1년마다 신제품을 출시한다는데 2년에 한 번 출시하는 업체들이 어떻게 따라잡을 수 있겠나.

두 번째는 엔비디아가 잘하는 GPU뿐만 아니라 중앙처리장치, 즉 CPU까지도 장악할 것이라는 점이다. 엔비디아의 GPU 루빈은 미국 천문학자의 이름 베라 루빈[Vera Rubin]에서 따왔다. 베라 루빈은 20년 넘게 200개가 넘는 은하를 대상으로 암흑 물질의 근거가 될 관측 연구를 선도했고 1993년에 미국 대통령이 수여하는 국가과학메달을 받은 여성 과학자다. 엔비디아의 차세대 CPU 이름은 베라로, 엔비디아의 AI 플랫폼 이름은 CPU와 GPU가 결합되었다는 의미에서 베라 루빈이다. 루빈은 별도로 존재하는 GPU가 아니라 CPU 베라와 함께 AI 플랫폼을 이루는 부품이다. 지금까지 엔비디아가 GPU만을 만드는 회사였다면 이제 AI 플랫폼을 만드는 회사가 된 것이다. 루빈이라는 GPU가 아니라 베라 루빈이라는 AI 플랫폼이 앞으로 엔비디아의 상품이며, AI 시장에서 CPU까지 장악하겠다는 엔비디아의 비전을 엿볼 수 있다.

엔비디아는 이미 전 세계 AI 반도체 시장의 90%를 점유하고 있다. 모든 반도체 회사가 엔비디아에 비견될, 아니 시장의 일부라도 차지하기 위해 미친듯이 도전하고 있다. 그런 와중에 왕좌에 있는 엔비디아가 매년 신제품을 내놓을 것이며 CPU마저도 자신들이 하겠다고 하니 도대체 경쟁사들은 어쩌란 말인가.

AI 반도체 시대가 오기 전까지만 해도 엔비디아는 그래픽카드를 만드는 회사였다. SK하이닉스의 주가를 7만 8천 원에서 19만 원으로, 약 143% 상승시킨 고대역폭메모리(HBM)는 게임용 콘솔에 그래픽카드와 함께 들어가는 틈새 시장 메모리 반도체였다. AI 반도체의 시대가 도래하자 가장 빠른 연산 능력을 발휘하는 엔비디아의 GPU · CPU와 이들의 빠른 연산을 위해 대용량 데이터를 빠르게 전달하는 SK하이닉스의 HBM은 환상의 조합이었다. 곧이어 이들은 빠르게 독점적 시장의 지위를 차지하게 됐다. TSMC는 최고의 GPU를 생산해 내는 한편 GPU와 HBM을 조합하는 패키징 기술을 제공하고 있다. TSMC 주가는 1년 전보다 70% 가까이 상승했다. '엔비디아-SK하이닉스-TSMC'의 조합은 현재 기준으로 무적이다.

엔비디아 GPU는 성능이 뛰어나지만 그만큼 전력 사용량이 많고 발열도 심하다. 발열을 낮춰주는 냉각 장치, 그중에서도 물로 냉각을 해서 냉각 성능을 높인 수냉식 서버를 만드는 회사 슈퍼마이크로도 있다. 슈퍼마이크로 주가 역시 1년 만에 300% 가까이 올랐다. 엔비디아와 함께하는 모든 생태계 기업의 주가가 천정부지로 치솟은 것이다.

전 세계 반도체 시장에는 표준과 질서가 있다. 반도체 생태계는 매우 넓다. 반도체의 설계와 제조를 비롯해 소재, 장비 등이 기본이다. 반도체를 사용하는 PC, 서버, 모바일폰도 거대한 반도체 생태계의 일부다. 이 넓은 생태계의 주체들이 서로가 원하는 것을 얻기 위해서는 일정한 표준이 필요하다. 표준에 맞춰 각자의 영역에서 물건을 개발하고 이를 합쳐 최종 소비자들이 원하는 결과물을 내놓는다. 각자 만들지만 표준에 맞춰서 만들어야 조합을 할 수 있다. 표준에 맞지 않는 반도체를 만들면 성능이 뛰어나더라도 호환이 안된다.

　　　　　　　　　　　　　　　　　AI 반도체 혁명

그런데 지금 AI 반도체 시대에는 표준이 없다. 아니, 엔비디아만이 표준이다. AI 연구는 굉장히 오랜 시간 동안 이뤄졌지만 현재의 인공지능은 하늘에서 뚝 떨어진 듯 새로운 패러다임 변화를 겪고 있다. 2022년 11월, 오픈AI가 GPT-3.5를 기반으로 한 '챗GPT'를 세상에 내놓자 하루 아침에 AI의 시대가 도래했다. 아무도 준비가 되어 있지 않은 상황에서 AI 시대가 열린 것이다. 오죽하면 필자가 서문에서 말한 것처럼 AI 반도체에는 제대로 된 이름조차 없다. 그래픽 케이블 연결 장치도 없는 반도체를 아직도 GPU(그래픽 처리 장치)라고 부르고 있으니 말이다

표준이 없는 AI 시대인 지금, AI 반도체의 표준은 엔비디아다. 엔비디아가 표준이 되다 보니 엔비디아를 능가할 무언가를 만들수가 없다. 엔비디아는 현재 모든 면에서 뛰어나다. 연산기 속도가 빠른 것은 기본이고, 빠른 연산을 할 수 있도록 데이터를 많이 저장하고 빨리 전송할 수 있는 HBM 컨트롤러도 최고다.

HBM은 SK하이닉스가 만들지만 AI 반도체로 보자면 HBM을 어떻게 빠르고 정확하게 구동시키는지, 그래서 HBM이 엔비디아 GPU에서 얼마나 잘 작동하는지가 기준이다. HBM은 2013년 10월 국제반도체표준화기구[JEDEC, Joint Electron Device Engineering Council]에서 기준을 정하면서 만들어졌다. 국제반도체표준화기구는 HBM을 몇 층으로 쌓을 건지, D램에 데이터 이동 통로[TSV, Through Silicon Via]를 몇 개 뚫을 건지, 한 층에 높이를 얼마로 할 건지 등 다양한 기준을 정했다.

국제반도체표준화기구에서 정한 기준을 충족하면 제대로

만든 반도체로 인정을 받는다. 그런데 지금은 표준에 맞아도 엔비디아 GPU와 궁합이 맞지 않으면 아무 소용이 없다. 엔비디아 GPU와 오랫동안 궁합을 맞춰온 SK하이닉스는 글로벌 메모리 반도체 시장에서 나홀로 승승장구하고 있다. 메모리 반도체 시장의 절대 강자 삼성전자는 엔비디아에서 요구하는 기준을 충족하지 못해 절절매고 있다. 삼성전자가 만든 HBM은 국제반도체표준화기구에서 만든 기준에는 충족한다. 하지만 엔비디아 기준에 맞지 않으니 아무 의미가 없다. 장난으로라도 젠슨 황 CEO가 삼성전자의 HBM을 승인한다는 가짜 사인을 해주니 주가가 급등한 일도 있었다. 지금도 삼성전자는 수백 명의 엔지니어를 투입해 HBM 납품에 사활을 걸고 있다.

그래픽 처리 장치 시장에서만 1위를 하던 엔비디아의 영역이 하루가 다르게 넓어지고 있다. 그리고 그 모든 것이 GPU를 중심으로 구성되고 있다.

원래 컴퓨터의 주인은 CPU였다. PC 시대에 최강자는 CPU를 만드는 인텔이었다. 이후 모바일 시대의 최강자는 모바일 AP^Application Processor(모바일용 CPU)를 만드는 ARM 진영의 애플, 삼성전자, 퀄컴 등이었다. 하지만 새로운 반도체의 시대, AI 반도체 시장에서의 주인은 GPU가 됐다. CPU를 잘 만들던 업체들은 여전히 건재하지만 이전에는 명함도 못 내밀던 엔비디아 CPU가 엔비디아 GPU와 궁합이 잘 맞는다는 이유로 영역을 확대하고 있는 것이다.

현재 엔비디아의 주력 AI 반도체는 'GH200 그레이스 호퍼 슈퍼칩'이다. 여기서 그레이스는 CPU고, 호퍼는 GPU다. 그레이스와 호퍼는 둘이 함께 쓸 때 최고의 호흡을 자랑한다. 인텔 CPU를 쓰면서 엔비디아 GPU를 쓸 수도 있겠지만 엔비디아 CPU와 GPU를 함께 쓰는 것이 더 좋다. 그렇게 엔비디아는 CPU 시장까지 장악해 가고 있다. 참고로 그레이스 호퍼는 미국의 첫 여성 해군 제독이자 컴퓨터 언어 코볼^{COBOL}의 어머니라 불리는 프로그래머다. 어메이징 그레이스라는 별칭이 있고, 미국 이지스함 이름에 붙을 정도로 유명한 인물이다. 한 사람의 성과 이름을 CPU와 GPU에 각각 붙인 것은 둘이 하나처럼 동작해야 한다는 것을 의미한다. 서문에서 소개한 AI 플랫폼 베라 루빈 역시 그런 맥락이다.

그리고 소프트웨어 생태계는 엔비디아 GPU에 최적화된 쿠다^{CUDA}가 기준이다. 쿠다는 CPU 시대의 소프트웨어 개발 플랫폼처럼 완성도가 높진 않다. 같은 엔비디아 GPU라 하더라도 A100을 기준으로 만든 소프트웨어와 H100을 기준으로 만든 소프트웨어가 다르다. 그런 불편함이 있지만 그래도 업계에서 선택할 수 있는 하드웨어가 엔비디아 GPU밖에 없기 때문에 소프트웨어 엔지니어들은 쿠다를 기반으로 코딩을 해야 한다.

엔비디아 AI 서버 DGX에는 GPU 8장이 들어간다. 8장의 GPU가 하나의 반도체처럼 동작하게 하려면 통신 기술이 필수다. GPU 8장을 연결하는 통신 기술은 엔비디아 고유의 기술인 엔비링크^{NVLink}다. 서버와 서버를 연결하는 초고속 통신 기술은 멜라녹스가 만든 인피니밴드^{Infiniband}다. 엔비디아는 2019년에 멜라녹스를 약 8조 원에 인수했다. CPU와 GPU, 이를 연결하는 통신 기술과 메모리, 소프트웨어 생태계까지 모두 엔비디아의 영역이다.

엔비디아가 자체 기술로 모든 생태계를 장악해 나가다 보니 각각의 영역을 맡고 있는 경쟁자들이 설 자리가 없다. 엔비디아의 AI 가속기는 부르는 게 값이 됐다. 영업 이익률이 무려 77%나 된다. 얼마를 불러도 사려면 번호표를 뽑고 기다려야 한다. 서로 경쟁하던 인공지능 생태계의 빅테크들이 표준을 만들자고 모인 것도, 엔비디아만이 유일한 기준이 되어 버린 AI 생태계의 기준을 새로 만들기 위해서다. 하지만 모든 걸 하고 있는 엔비디아에 대항해 모든 걸 만들어서 경쟁할 경쟁자가 없다.

반대 진영의 움직임도 분주하다. 한때 외계인을 고문해 반도체를 만든다는 평가를 받을 정도로 글로벌 반도체 생태계의 제왕으로 군림했던 인텔이 AI 반도체 시대를 맞아 과거의 영광을 되찾기 위해 뛰고 있다. 인텔의 팻 겔싱어^{Pat Gelsinger} CEO는 엔비디아의 젠슨 황 CEO와는 다르게 난강 전시장에서 기조 연설에 나섰다. 겔싱어 CEO는 인텔이 만든 AI 반도체 가우디3^{Gaudi 3}를 파격적인 가격으로 시장에 공급하겠다고 밝혔다. 겔싱어 CEO는

"가우디3는 경쟁사 엔비디아 GPU 가격의 3분의 2고, 전작인 가우디2는 경쟁사 GPU 가격의 3분의 1 수준"이라고 말했다. 천하의 인텔이 자기 제품 저렴하다고 강조하고 있는 풍경이 낯설다. 인텔에 따르면 가우디3는 엔비디아의 주력 AI 반도체 H100에 비해 학습 성능이 50% 높고 전력 효율이 40% 높다고 한다. 가우디는 전 세계에서 쏟아져 나오는 AI 반도체 중에 실제 인공지능 거대 모델을 돌릴 수 있는 몇 안되는 반도체 중 하나다. 수많은 회사들이 자사 AI 반도체를 홍보하지만 실제 인공지능 모델을 유의미하게 돌릴 수 있는 반도체를 만드는 회사는 엔비디아, AMD, 인텔 정도다.

인텔은 전 세계 반도체 회사들이 반도체 설계(팹리스)와 반도체 제조(파운드리)를 분리하는 와중에 직접 설계와 제조를 모두 한 종합 반도체 회사였다. 하지만 인텔은 제조 능력의 한계를 인정하고 과감하게 일부 핵심 제품의 위탁생산을 TSMC에 맡겼다. 엔비디아를 잡기 위해 외부의 힘을 빌리는 것을 개의치 않아 한 것이다. AI 시대의 반도체 경쟁에서 엔비디아를 따라잡기 위해서는 TSMC가 이끄는 대만 반도체 생태계와 긴밀하게 협력해야 한다는 판단이 있었을 게다.

절대 강자인 엔비디아의 발끝이라도 잡기 위해 미국 빅테크들은 반엔비디아 AI 반도체 연합을 결성했다. 창립 멤버는 구글, 마이크로소프트, 메타, 인텔, 브로드컴, 시스코, AMD, HP엔터프라이즈 8곳이다. 평소 협력보다는 경쟁을 주로 하던 업체들인데, 엔비디아의 독주를 언제까지나 두고 볼 수 없다는 일념으로 뭉쳤다고 볼 수 있겠다. 구성도 다양하다. 반도체를 주업으로 하는 인텔과 AMD, 초거대언어모델을 만들고 서비스를 제공하는 구글·마이크로소프트·메타, AI 인프라를 만드는 시스코와 HP엔터프라이즈, 네트워크 반도체를 만드는 브로드컴 등 AI 반도체 생태계 전반을 아우르는 업체들이다.

이들은 AI 가속기의 글로벌 표준을 만들기 위해 뭉쳤고 이름을 '울트라 가속기 링크(UA링크)'로 지었다. UA링크는 2024년 3분기에 자체 표준을 발표하기로 했다.

엔비디아만이 표준인 생태계에서는 어느 영역에서 누구도 엔비디아를 능가할 수 없다. 그래서 반대 진영 연합은 자체 표준을 만들고 이를 목표로 각자 최고의 성과를 내서 그 합으로 엔비디아를 능가하는 계획을 갖고 있다. 어떻게 진행될 것인지 필자도 흥미롭게 지켜보려 한다.

인텔의
인공지능 시대 생존 전략

02

엔비디아에 대항한다는 측면으로 함께하지만 각각의 빅테크들 역시 AI 시대의 패권을 잡기 위해서는 어제의 적이 오늘의 친구요, 어제의 친구가 오늘의 적이라는 기조다. 어느 정도 성숙한 생태계에서는 서로의 경쟁 속에서도 게임의 룰이 정해져 있다. 하지만 패러다임이 바뀌면 게임의 룰도, 갑을 관계도 없어진다. 혁명이 일어나면 노예도 왕이 되고 왕도 처형될 수 있다는 걸 우리는 역사를 통해 안다.

인텔과 마이크로소프트는 오랜 역사를 함께해 온 동지다. PC 시대를 실질적으로 열었고 지배했던 인텔은 주요 CPU들을 만들었다. '인텔 인사이드intel inside'라는 로고가 박힌 PC, 노트북이 전 세계에서 판매됐다. PC와 노트북을 누가 만드는지는 중요하지 않다. 그저 인텔 CPU가 들어 있냐 아니냐만이 중요할 뿐이었다.

인텔 CPU를 사람들이 잘 사용할 수 있도록 해주는 운영체제^{OS}는 마이크로소프트의 윈도우다. 인텔 CPU의 운영체제로 선택이 되면서 마이크로소프트는 전 세계 독과점 기업이 됐다. 윈도우는 너무나 많은 사람이 사용하고 있다. 윈도우를 사용하지 않는 컴퓨터를 상상할 수 없을 정도다. 윈텔(윈도우+인텔) 조합은 세기의 파트너였다.

하지만 AI 시대가 도래하자 마이크로소프트는 인텔의 영역에 도전하며 자체적인 반도체를 만들겠다고 선언했다. 새로운 영토에는 주인이 없다. 마이크로소프트는 자체 개발한 AI용 CPU 코발트^{Cobalt}와 GPU 마이아^{Maia}를 공개했다. 반도체 회사가 아닌 마이크로소프트가 얼마나 잘 만들 수 있을지 회의적인 시각도 있다. 하지만 마이크로소프트가 반도체를 만들기에 충분한 자본력이 있다는 사실은 누구나 인정할 수밖에 없다. 거기에 글로벌 AI 시대를 이끌고 있는 오픈AI의 최대주주는 마이크로소프트다. 초거대언어모델은 데이터 처리 규모가 워낙 크기 때문에 데이터센터에서 처리해야 한다. 마이크로소프트는 전 세계 데이터센터에서 점유율 2위를 차지하고 있는 애저^{Azure}를 운영하고 있다. 또 마이크로소프트는 전 세계에서 가장 많은 사람들이 사용하고 있는 오피스툴 오피스365를 제공하고 있다. 오피스365에 적용된 초거대언어모델 기반 서비스는 전 세계 사무실에 깔린다.

AI 반도체 혁명

마이크로소프트가 직접 반도체를 만들어 직접 운영하는 데이터센터에 넣고 직접 만든 초거대언어모델을 자체 반도체로 돌리며 거기서 만들어 낸 서비스를 오피스365에서 제공하는 그림이다. 윈도우 시대에 영광을 애플에게 빼앗긴 마이크로소프트가 다시 글로벌 시가총액 1위의 자리를 되찾게 만들어준 시나리오다. 현재 인공지능 산업에서 돈을 좀 벌겠구나 싶은 가장 유력한 사업 모델이기도 하다. 마이크로소프트가 직접 반도체를 만든다고 하면 '이건 선 넘는 거 아닌가?' 싶지만 무주공산, 새로 만들어지는 AI 생태계에서는 자주 나타나는 현상이다.

마이크로소프트는 여기에서 그치지 않는다. 2024년 5월, 마이크로소프트는 빌드BUILD 행사를 열었다. 빌드는 애플의 WWDC, 엔비디아의 GTC처럼 마이크로소프트의 윈도우와 하드웨어 플랫폼의 방향성을 보여주는 큰 행사다. 마이크로소프트는 이 자리에서 신형 서피스 프로와 서피스 랩톱을 소개했다. 서피스 프로는 태블릿인데, 아래에 키보드를 꽂아 노트북처럼 쓸 수 있는 제품이고, 서피스 랩톱은 노트북이다. 이번에 소개한 서피스 프로와 서피스 랩톱은 퀄컴의 스냅드래곤X 시리즈 칩을 탑재했다. 이전까지 마이크로소프트 서피스 시리즈의 주력 반도체는 인텔 제품이었다.

사티아 나델라 CEO는 추가로 '코파일럿+ PC'라고 명명한 새로운 PC를 공개했다. 코파일럿은 마이크로소프트의 생성형 AI 서비스 이름으로, '코파일럿+ PC'는 코파일럿 AI 연산에 적합한 성능을 제공하는 것이 특징이다. 애플의 맥북 에어보다 58%가량 AI 작업 처리 속도가 빠르다. 인터넷이 연결되어 있지 않아도 일부 AI 작업을 실행할 수 있다. '코파일럿+ PC'에 필요한 성능을 충족하려면 스냅드래곤X 시리즈 칩이 적격이다. 마이크로소프트는 이날 행사에서 새로운 서피스 라인업 외에도 아수스, 델, HP, 레노버 등 스냅드래곤X 칩을 탑재한 '코파일러+ PC'를 선보일 계획이라고 발표했다. 마이크로소프트는 인텔과 결별하는 것일까?

인텔은 모든 것을 지배하던 종합 반도체 회사의 자존심을 버리기로 했다. 반도체를 처음 만들던 시절, 반도체 회사는 당연히 직접 설계를 하고 직접 제조를 해야 했다. 인텔이 설계한 반도체, CPU는 모든 PC와 노트북, 서버의 머리 역할을 수행했다. 인텔의 반도체 제조 분야에서도 역사적인 기반 기술들을 많이 개발했다. 반도체를 가장 잘 설계하고, 가장 잘 만드는 회사가 인텔이었다. 하지만 인텔이 AI 시대에 도전하기 위해 야심차게 만든 AI 반도체 가우디의 위탁생산을 TSMC에 맡긴 것은 자신들의 반도체 제조 기술이 TSMC에 밀린다는 것을 공식적으로 인정한 것이다.

사실 인텔의 파운드리 역량이 TSMC, 삼성전자에 밀린다는 것은 인텔 스스로를 제외한 모든 사람들이 인정하는 사실이었다. 반도체의 설계가 복잡해지자 복잡한 설계를 제대로 구현할 공정 기술 역시 어려워졌다. 인텔의 별명은 공룡이다. 거대하고 힘이 강해서 공룡이기도 하고, 구시대의 강자가 멸종하고 있다는 취지에서 공룡이다. 인텔은 시대적 변화를 읽지 못하고 내부 정치에만 몰두하며 서서히 멸종해 가고 있는 공룡이었다.

이에 인텔은 2021년 최고 경영자를 팻 겔싱어로 전격 교체했다. 인텔의 이전 수장은 밥 스완 CEO였다. 밥 스완은 2016년에 인텔 CFO(최고재무책임자)로 합류했고, 전임 CEO인 브라이언 크르자니크가 해고된 후 임시 CEO직을 7개월간 하다가 2019년 1월 정식 CEO에 오른 인물이었다. 그의 재임기간 중 인텔은 경쟁사와의 경쟁에서 눈에 띄는 성과를 보여주지 못했고 반도체 시장에서 점유율 확보에 실패하여 투자자들의 거센 항의를 받았다.

기업이 거대해질수록 관리는 더욱 어려워진다. 거대 기업은 혁신보다 관리가 더 중요해지기에 재무통이 기업의 수장이 되곤 한다. 수장이 된 재무통이 기업의 본질적인 가치보다 숫자를 더 중시하여 기업의 경쟁력을 사라지게 만드는 경우가 종종 있다. 이런 현상을 냉소적으로 바라보는 표현으로 '빈 카운터스Bean Counters'라는 말이 있다. 콩 세는 사람, 즉 숫자와 데이터로만 모든 문제를 바라보는 재무, 회계 전문가를 조롱하는 표현이다. 여기에 정답은 없다. 관리가 안되는 엔지니어는 방만한 예술가에 가깝다. 큰 기업에는 재무를 관리하는 빈 카운터스가 반드시 필요하다. 하지만 기술 역량이 없는 매출은 곧 사라질 환상이다. 숫자에만 집착하다 본질적인 제품 경쟁력이 떨어지면 서서히 멸종할 뿐이다.

어쨌든 인텔은 재무통 CEO 대신 기술 전문가 팻 겔싱어를 새로운 CEO로 선택했다. 팻 겔싱어는 18세에 인텔에 엔지니어로 입사해 30여년간 근무했고 CTO(최고기술책임자)까지 올랐다가 2009년 퇴사했다. EMC, VM웨어 등 다른 기업에서 CEO로 활동하다 10년 만에 다시 인텔로 복귀한 것이다. 인텔의 위기는 자명하다. PC, 노트북 CPU 시장에서 경쟁사인 AMD에 점유율 절반을 내준 것은 어제오늘 이야기가 아니다. 하지만 서버 시장에서는 여전히 90% 내외의 높은 점유율을 차지하고 있다. 요즘 데이터센터 투자는 대부분 GPU다. 엔비디아 GPU에 적합한 CPU를 찾게 되면 인텔이 서버 CPU 시장에서 차지하고 있는 자리도 점차 줄어들 것이다. 반도체 제조에서는 7나노 미만 선단 공정에 진입도 못해 TSMC, 삼성전자에 밀렸다.

문제는 더 구조적으로 찾아왔다. AMD과 경쟁에서 서로 엎치락뒤치락할 수는 있다. 그런데 애플이 직접 반도체를 만들어 자사 PC에 탑재한 것은 훨씬 더 구조적인 문제를 일으켰다. 인텔은 CPU 설계를 잘하기도 하지만 그보다 더 근본적인 x86 생태계를 지배하고 있다는 강점이 있다. x86은 인텔이 제안한 사람이 기계에게 명령하는 명령어 체계다. 인텔은 1978년 인텔 8086을 출시한 이래 x86을 지속적으로 지원해 가며 PC 생태계를 장악했다. 우리가 예전에 CPU의 세대를 286, 386, 486이라고 불렀던 것도 x86 기반 생태계의 이름이다. 사실상 대부분의 하드웨어와 소프트웨어가 인텔이 만든 x86을 기준으로 소통해 왔다. 그런데 모바일의 시대가 되자 ARM이 저전력의 장점을 앞세워 모바일폰의 두뇌를 장악해 버렸다. 그런데 주요 고객사였던 애플이 ARM을 기반으로 자체적인 CPU를 만들어 자사 제품에 탑재한 것이다. 모바일도 아닌 PC 시장에 ARM이 애플을 등에 업고 진입하게 되었다.

서버 CPU를 위협하는 것은 ARM과 엔비디아뿐만이 아니다. 아마존, 구글 등 데이터센터를 운영하는 기업들이 ARM을 기반으로 자체 반도체를 만들며 인텔 의존도를 줄이고 있다. 여전히 인텔은 전 세계 반도체 산업 매출 1위의 지위를 유지하고 있지만 모든 영역에서 입지가 좁아지고 있다. 인텔 이사회는 "재정 분야 배경보다는 기술 배경이 더 많은 사람을 원해서 팻 겔싱어 CEO를 영입하게 됐다"고 설명했다. 인텔 CEO 교체 소식이 전해지던 날 인텔 주가는 14%나 올랐다.

　팻 겔싱어 CEO는 취임 이후 IDM 2.0 전략을 발표했다. 인텔 입장에서는 매우 굴욕적인 전략이기도 하고, 매우 과감한 전략이기도 했다. 우선 인텔은 직접 설계한 반도체 제조를 TSMC 등 외부 업체에 위탁생산(파운드리)을 맡기기로 했다. 직접 제조를 하면 고성능 반도체를 만들 수 없다는 점을 인정한 것이다. 그러면서 별도로 반도체 파운드리 사업을 시작하기로 했다. 이를 위해 인텔은 인텔 파운드리 서비스IFS를 설립했다. 인텔은 200억 달러 상당의 투자를 통해 제조 기반시설을 확충하고 전 세계 고객들에게 파운드리 역량을 제공할 것을 발표했다.

　자기 반도체 만들 기술도 없으면서 다른 회사 반도체를 제대로 만들 수 있겠냐는 냉소적인 시각도 있다. 하지만 전통적인 부잣집 창고에는 보물이 많다. 반도체를 제대로 만들려면 단순히 설계만 잘한다고 되는 게 아니다. 수많은 지적재산[IP]이 필요하고 설계된 반도체를 실제 생산이 잘되도록 지원하는 일 등의 디자인 하우스 업무도 필수적이다. 또 만들어진 반도체를 더 잘 동작하게 할 수 있는 패키징도 매우 중요한 기술이다.

인텔은 반도체의 기반을 만들었다고 해도 과언이 아닌 전통적인 부잣집이다. 남들은 하나 갖기도 어려운 지적재산들이 산더미처럼 창고에 쌓여 있다. 반도체를 직접 설계, 제조하며 쌓은 노하우도 갖추고 있다. 반도체를 설계하는 입장에서는 자신들이 갖추지 못한 다양한 분야의 역량을 인텔로부터 지원받을 수 있다면 마다할 이유가 없다. 팻 겔싱어 CEO는 "인텔은 고객들이 신뢰할 수 있는 소프트웨어, 반도체 및 플랫폼, 패키징 및 제조 과정을 갖춘 유일한 기업"이라며 "모든 분야에서 최상의 방법을 통한 최고의 제품을 설계하고 제공할 것"이라고 말했다.

그리고 인텔에게는 두 번째 비장의 무기가 있다. TSMC, 삼성전자도 갖지 못한 최첨단 반도체 장비 '하이 NA EUV'다. 7나노 이하 선단 공정에서 반도체를 만들기 위해서는 네덜란드 반도체 장비 회사인 ASML의 EUV 노광장비가 필수다. 전 세계에서 유일하게 ASML만 만들 수 있고, 이 장비가 없으면 선단 공정 반도체를 만들 수 없다. 미국은 중국 반도체 산업을 견제하기 위해 ASML이 중국에 노광장비를 수출할 수 없도록 했다. 이 조치만으로도 중국은 최첨단 반도체를 만들 길이 막혀 버렸다. ASML의 차세대 장비가 바로 하이 NA EUV 장비다. 2나노 이하 초미세 공정 생산에 필수적인 장비다. 하이 NA EUV 장비는 한 대당 가격이 5천억 원에 달할 정도로 비싸기도 하거니와 1년에 5~6대를 만들 정도로 생산량이 적다.

인텔은 ASML 차세대 노광장비를 싹쓸이했다. 만들어진, 그리고 만들어질 노광장비를 모두 사가기로 한 것이다. TSMC, 삼성전자 등 경쟁사들은 2026년 이후에야 하이 NA EUV 장비를 살 수 있을 것으로 추정된다. 이런 구매력은 인텔이기에 가질 수 있는, 미국 정부가 뒤에 있기에 가질 수 있는 권력이다. 이를 기반으로 인텔은 2024년 하반기부터 1.8나노급(18A) 반도체를 양산하겠다고 발표했다. 삼성전자, TSMC가 2025년에 2나노 양산을 계획 중인데 이보다 1년 빠른 것이다. 하지만 7나노 공정도 제대로 못하던 인텔이 과연 1.8나노 공정을 성공적으로 완성할 수 있을지는 미지수다.

하지만 미국 정부의 대폭적인 정책 지원을 등에 업은 인텔 파운드리의 역량은 무시할 수 없다. 파운드리 사업이 제대로 안착하려면 고객을 확보하는 것이 무엇보다 중요하다. 파운드리 선단 공정을 만들려면 막대한 규모의 투자가 필요하다. 공장 하나 짓는 데 20조 원 넘게 들어가는 일이 비일비재하다. 워낙 투자 규모가 크다 보니 여기서 만들어진 반도체는 비싸게 많이 팔아야 한다. 결국 선단 공정에 들어갈 만큼 최첨단 반도체를 비싸게, 대량으로 구매해 줄 고객이 있어야 파운드리 선단 공정 투자를 과감하게 할 수 있는 것이다.

사실 최첨단 반도체를 비싸게, 대량으로 구매할 수 있는 고객은 전 세계에서 손에 꼽는다. 중국을 제외하면 애플, 퀄컴, 엔비디아, 인텔, AMD, 삼성전자, 미디어텍, 테슬라 정도다. TSMC가 반도체 파운드리 분야에서 압도적 1위를 지켜가고 있는 가장 중요한 요소 중 하나는 고객, 바로 애플이다. 애플은 최신 모바일폰을 내놓을 때 가장 성능 좋은 반도체를 탑재할 필요가 있다. 애플이 설계한 반도체는 TSMC에서 만들어지며, 해당 반도체가 탑재된 아이폰은 전 세계에서 비싸게 팔린다. TSMC가 막대한 선단 공정 투자를 해도 애플이 생산을 맡겨줄 것이기 때문에 과감한 투자가 가능하다. 또 애플 반도체를 만들며 쌓인 노하우를 바탕으로 그보다 낮은 공정은 훨씬 저렴하게 생산할 수 있다.

퀄컴, 엔비디아, AMD 등 전 세계 반도체 산업을 주도하는 설계 회사(팹리스)들은 최고 성능의 반도체를 원한다. 한번 삐끗하면 점유율을 송두리째 뺏길 수도 있기 때문이다. 이들은 자신들이 설계한 최고의 반도체가 가장 잘 제조될 수 있는 최고의 파운드리를 원한다. 그러다 보니 고객들이 TSMC에 몰린다.

삼성전자는 글로벌 2위이긴 하지만 TSMC의 공장 설비가 꽉 차서 만들지 못한 물량만 삼성전자 파운드리로 온다는 평가를 받고 있다. TSMC가 처음 3나노 공정에 도전했을 때 애플이 물량을 맡겨줬다. 삼성전자가 3나노 공정에 도전했을 때 처음 물량을 맡겨준 업체는 중국에 한 코인 채굴 업체였다. 삼성전자 입장에서는 잘 만들어봐야 물량이 얼마 안되기 때문에 남는 게 없는 장사다. 그저 손님을 받아 한번 만들어본다는 의미 정도만 있었다.

이렇게 글로벌 2위조차 쉽지 않은 파운드리 시장에 자기 반도체도 제대로 만들지 못하던 인텔이 뛰어들면 과연 누가 과감

AI 반도체 혁명

하게 대규모 물량을 만들어줄 것인가. 인텔이 야심차게 추진하고 있는 인텔 파운드리 서비스의 첫 고객은 바로 마이크로소프트다. 마이크로소프트는 1.8나노 인텔 파운드리 서비스에서 자신들이 설계한 반도체를 생산할 예정이다. 어떤 반도체를 만들 것인지를 구체적으로 밝히진 않았지만 마이아 100의 후속작을 발주했을 것으로 추정된다. 사티아 나델라 CEO는 "생산성을 근본적으로 변혁하기 위해서는 신뢰할 만한 최첨단·고성능·고품질 반도체 공급망이 필요하다"며 "마이크로소프트가 인텔 18A 공정을 택한 이유"라고 설명했다.

인텔과 마이크로소프트는 역사적인 파트너다. 하지만 시대가 변하니 마이크로소프트는 인텔의 영역인 CPU 반도체를 만들겠다고 나섰다. 어떤 점에서는 배신으로까지 볼 수 있는 대목이다. 그런데 자신들의 반도체를 인텔이 야심차게 추진하고 있는 파운드리 서비스에 맡기기로 했다. 어떻게 보면 최고의 협력이다. 새로운 시장에는 적군도 아군도 없다. 그저 새로운 시장을 차지하기 위한 무한 경쟁만 있을 뿐임을 보여주는 대목이다.

데이터센터 1위 아마존,
어제의 친구가 오늘의 적

03

이번에는 전 세계 1위 이커머스 회사이자 1위 데이터센터 업체인 아마존의 전략을 살펴보자. 엔비디아의 최고 고객은 아마존이다. AI 초거대언어모델은 말 그대로 매우 거대하기 때문에 데이터센터에서만 구동된다. 대부분 사업자들은 자체적인 데이터센터를 구축하기 힘들기 때문에 클라우드 데이터 서비스를 제공하는 업체를 이용한다. 아마존웹서비스(이하 AWS)는 글로벌 클라우드 서비스 시장의 30% 이상을 점유하고 있는 글로벌 1위 업체로 2위 마이크로소프트의 점유율(20%)보다 10%p 이상 높다. 3위 구글은 10% 초반대다.

가장 큰 데이터센터를 운영한다는 것은 그만큼 반도체도 많이 산다는 의미다. CPU, GPU, 메모리 모두 많이 사야 한다. 많은 사람들이 AI 서비스를 운영할 데이터센터를 원하고 있고 AWS는 엔비디아로부터 막대한 규모의 GPU를 사고 있다.

　돈 주는 쪽이 갑이긴 하지만 엔비디아는 을치고는 꽤나 부담스러운 을이다. AWS의 갑은 데이터센터를 이용하는 고객들이다. 그리고 그 고객들은 엔비디아 GPU를 사용하고 싶어 한다. AWS가 엔비디아 GPU를 확보하지 못하면 고객들은 다른 클라우드 서비스 업체로 옮겨갈 것이다. 고객들이 원하는 충분한 규모의 GPU를 확보해야만 AWS는 사업을 영위할 수 있는 것이다. 그런데 엔비디아 GPU는 가격이 매우 비싼데다 사고자 하는 사람들이 많아서 사고 싶다고 충분히 많이 살 수 있는 것도 아니다. 을이긴 하지만 부담스러운 을이다.

　2023년 11월, AWS는 '리인벤트re:Invent'라는 이름의 행사를 열었다. 아담 셀립스키 AWS CEO는 '생성형 AI'를 주제로 키노트에 나섰고, 이 자리에서 자체 개발 반도체인 AWS 그라비톤 4$^{Graviton\ 4}$와 AWS 트레이니엄 2$^{Trainium\ 2}$를 공개했다. 그라비톤 4는 아마존의 서버용 CPU로 이전 세대 대비 30% 향상된 컴퓨팅 성능과 50% 더 많은 코어, 75% 더 높은 메모리 대역폭을 제공한다. 아담 셀립스키 AWS CEO는 "이미 5만 개의 고객사가 그라비톤 4를 사용하고 있다"고 말했다. 트레이니엄은 AI 모델 처리를 위해 만들어진 반도체(GPU와 같은 AI 가속기)로 전 세대보다 4배 빠른 학습 성능을 제공한다. AWS는 고객들이 원하니 엔비디아

GPU를 사서 설치해 둬야 하지만 한편으로는 자체 반도체를 만들어 데이터센터에 탑재해 고객들이 엔비디아 GPU가 아닌 AWS 자체 개발 반도체를 사용하길 유도하고 있다. 2022년 6월 기준, AWS의 전체 클라우드 서비스 중 자체 반도체를 사용한 비중은 15% 남짓이다. 엔비디아의 독주를 생각하면 꽤 큰 비중이다.

AWS는 엔비디아 GPU보다 훨씬 저렴한 가격으로 자체 반도체 사용 요금을 책정하고 있다. 이처럼 엔비디아 GPU 의존도를 낮추기 위해 AWS의 비전을 발표하는 행사에 엔비디아의 젠슨 황 CEO가 깜짝 등장했다. 젠슨 황 CEO는 "AWS와 엔비디아 모두 에너지 소모가 적은 ARM 프로세서를 선호하는데 GH200의 혁신적인 방법이 도움이 될 것"이라며 "GH200은 초당 1테라바이트의 내부 대역폭을 갖춰 CPU와 GPU가 메모리를 공유하기 때문에 메모리 관점에서 보면 이러한 복합 시스템이 하나의 큰 GPU 형태로 보일 것"이라고 설명했다.

정리하면 AWS가 성능 좋은 자체 반도체를 만들었으니 많이 사용해 달라고 연 행사에서 젠슨 황이 엔비디아 GH200이 매우 좋은 반도체이니, 이 반도체 사서 설치해 놓은 AWS를 많이 이용하라고 덕담을 한 것이다. AWS가 개발한 반도체는 일단 외부 판매용이 아니라 내부 설치용이라 엔비디아 GPU와 직접 경쟁을 하진 않는다. 하지만 굳이 외부에 판매하지 않겠다고 명시하진 않았다. 찾는 사람이 있으면 파는 거다. 언제 서로가 경쟁자로 돌변할지 모르는 상황이다. 이런 와중에 엔비디아 GPU의 경쟁 모델을 출시하는 행사에 엔비디아 CEO를 초대한 장면이 참 고약하게 느껴졌다.

엔비디아라고 반도체 영역에 국한해 머물러 있지만은 않다. 2024년 1월, 미국 샌프란시스코에서 전 세계 바이오 업체들이 모이는 'JP모건 헬스케어 컨퍼런스'가 열렸다. 이 자리에 엔비디아가 등장했다. 바이오와 GPU, 그리 관련성 있어 보이지 않는다. 하지만 엔비디아는 이 자리에서 글로벌 제약회사인 암젠이 엔비디아의 AI 신약 개발 플랫폼 바이오니모^{BioNeMo}를 도입했다고 밝혔다. 킴벌리 파월 엔비디아 헬스케어 담당 부사장은 "슈퍼컴퓨터에는 신약 개발을 위해 인구 300만 명으로부터 추출한 5억 개의 유전자 데이터가 저장돼 있다"며 "엔비디아의 강력한 AI 시스템을 활용하면 데이터를 7배 더 빠르게 처리하고, 비용을 7배 더 아낄 수 있다"고 소개했다.

신약 개발은 수많은 가능성을 조합하는 과정이다. 온 세상에 있는 수많은 물질들을 배합해 효능이 나타나는 조합을 찾는 일이다. 통상 제약, 바이오 업계에서 신약을 개발하기 위해 임상 단계에 도달하는 후보 약물군의 약 90%가 최종 통과에 실패한다. 개발에 성공한 신약이라 하더라도 통상 10~15년이 걸리고 평균 3조 원에 달하는 자금이 들어간다.

AI는 수많은 가능성을 하나하나 연산하는 방식으로 이뤄진다. 신약 개발은 AI의 구동 방식과 꽤 궁합이 좋다. 바이오니모는 엔비디아가 신약 개발을 위해 만든 생성형 AI 모델로 생체 분자 데이터의 생성, 예측, 이해를 돕는 도구다. DNA 서열을 분석하고 약물 분자에 반응해 단백질 모양이 어떻게 변할지를 예측한다. 앞서 2021년에 엔비디아는 신약 개발 관련 플랫폼 클라라Clara를 공개한 바 있다. 클라라는 수십억 개의 잠재적 약물 분자가 체내에서 어떤 상호작용을 할 수 있는지에 대한 다양한 정보를 제공한다.

엔비디아에 따르면 암젠, 케이던스, 아스텔라스 등 100개 이상의 바이오헬스케어 업체들이 바이오니모를 사용하고 있다. 암젠은 엔비디아 헬스케어 플랫폼을 통해 모델 훈련 시간을 3개월에서 몇 주로 단축했다. 존슨앤존슨은 엔비디아와 계약을 맺고 수술 전부터 이후까지 사용되는 모든 디바이스와 플랫폼에 AI를 접목해 외과에 모든 정보에 접근할 수 있도록 지원하기로 했다.

바이오, 헬스케어 업체 입장에서는 신약 개발 시간을 단축시키고 유전자 분석에 AI를 활용할 수 있게 된 점은 매우 긍정적인 일이다. 글로벌컨설팅 업체 맥킨지는 "생성형 AI 기술은 임상 시험의 성공 가능성을 10% 증가시키고 비용을 20% 감소시키며 승인까지 필요한 시간을 1~2년 단축시킨다"고 평가하기도 했다.

❖ ❖ ❖ ❖

반도체 생태계 관점에서 보면 엔비디아는 분명 선을 넘었다. 반도체를 비롯한 IT 생태계는 각자 영역이 있다. 반도체 회사들은 반도체를 만들고, 클라우드 서비스 업체들은 반도체를 사서 데이터센터를 만들고 서버를 제공한다. 솔루션 업체들은 모델을 만들어 데이터센터에서 운영하며 고객들에게 서비스를 제공한다. 이런 상황에서 엔비디아는 반도체 회사임에도 클라우드 서비스 업체 혹은 인공지능 모델을 만드는 회사의 영역까지 진격한 것이다.

'고객과 경쟁하지 않는다'라는 덕목은 구시대의 유물이 됐다. AWS가 해야 할 데이터센터 업무를 엔비디아가 직접 데이터센터를 만들고 자사의 GPU를 설치해 바이오 헬스케어 업체에게 솔루션을 제공한 것이다.

엔비디아의 도전은 바이오 헬스케어에 국한되지 않는다. 자율주행 연구개발은 자동차 회사들이 주력하고 있는 분야이고 자율주행에 활용하는 반도체에 엔비디아 GPU를 사용할 수 있다. 그런데 엔비디아는 거기에 그치지 않고 자율주행 솔루션을 직접 만들었다. 심지어 잘 만들었다. 자율주행 솔루션은 자동차의 두뇌다. 두뇌를 엔비디아가 만들어버리면 자동차 회사들은 껍데기만 만드는 회사로 전락한다. 반도체만 필요하면 반도체만 사고, 솔루션이 필요한 업체는 솔루션만 살 수 있다고 하지만 자동차 회사들의 낯빛은 어둡다.

아마존이 직접 반도체를 만들어 엔비디아의 영역에 도전하고, 엔비디아가 직접 데이터센터를 만들어 아마존의 영역에 도전하는 춘추전국시대가 도래했다.

삼성전자,
AI를 모바일폰에서 구현하다

전 세계 1위 메모리 반도체 회사이자, 1위 모바일폰 제조사인 삼성전자의 사정을 보자. AI 전쟁에는 한계가 없다. 공급단에 반도체-데이터센터-초거대언어모델 개발자-AI 서비스 운영자가 있다면 최종적으로 소비자들과 만나는 지점에는 디바이스가 있다.

디바이스에는 PC, 노트북, 모바일폰, 스마트카, 로봇 등이 있다. 2024년 1월, 삼성전자는 세계 최초의 AI 스마트폰 갤럭시 S24를 출시했다. 갤럭시S24에 담긴 AI 기능을 살펴보면 우선 실시간 통화 번역 기능이 있다. 서로 다른 언어를 사용하는 사람들끼리 통화를 하는 것은 어렵다. 이때 통화를 하면서 실시간으로 모바일 기기가 통역을 해 준다면 훨씬 편리하게 대화를 나눌 수 있게 된다. 사실 실시간 통역 기능이 새롭지는 않다. 네이버가 제공하는 파파고, 오픈AI의 챗GPT에서도 실시간 통역 기능을 사용할 수 있다. 기존에도 실시간 통번역 서비스가 있었는데 갤럭시S24는 어떤 측면에서 최초의 AI 모바일폰이라고 홍보를 하고 있을까. 이번에 출시된 S24의 통번역 기능은 통신이 연결되지 않은 비행기 모드에서도 동작한다. 이 부분이 매우 중요하다.

초거대언어모델 인공지능을 활용하려면 엄청난 컴퓨팅 능력이 확보된 데이터센터가 필요하다. 디바이스와 통신은 경쟁관계다. 디바이스에서 충분한 연산력, 메모리를 확보할 수 있다면 굳이 데이터센터를 활용할 필요가 없다. 디바이스에서 처리하면 통신망을 거치지 않기 때문에 속도(지연성), 비용 측면에서 이점이 있다. 반면 데이터센터를 활용하면 대규모 인프라를 통한 높은 성능을 기대할 수 있다. 비용 측면에서도 규모의 경제 이점을 누릴 수 있다. 반도체 기술이 발전할수록 온디바이스의 이점이 높아지고 통신 기술이 발전할수록 데이터센터의 이점이 높아진다.

실질적인 측면에서 생각해 보면 비행기 모드에서도 동작하는 통번역 기능이 왜 있어야 하는지 이해하기 힘들다. 모바일폰은 거의 항상 네트워크와 연결이 되어 있다. 비행기를 탈 때 정도만 통신 연결이 안될 텐데, 아주 가끔 있는 비행기 탑승 상황에서만 사용하는 서비스가 필요한 사람은 거의 없다. 요즘은 심지어 와이파이 서비스를 제공하는 비행기도 많다.

비행기 모드에서 동작하는 통번역 기능은 서비스 자체의 만족도보다 상징성에 주목해야 한다. 일단 통번역은 매우 빠른 반응성이 요구된다. 대화를 하는 중간중간 1초 이상 시간이 지연되면 답답함이 느껴진다. 지연성을 최소화하기 위해서는 통신을 거쳐 데이터센터에서 처리하기보다 디바이스에서 직접 처리를 하는 편이 좋다. 통번역 기능에 요구되는 빠른 응답을 극대화할 수 있는 환경이 온디바이스임을 상징적으로 표현한 셈이다.

빠른 응답이 매우 중요한 또 다른 서비스 분야는 자율주행이다. 자동차는 시속 100km가 넘는 속도로 이동하는 디바이스다. 그러면서 주행 중에 발생하는 수많은 데이터를 빠르게 인지하고 판단해 자동차를 제어해야 한다. 약간의 시차 때문에 사고가 발생하면 운전자가 사망할 수도 있다. 통화는 잠깐 끊겨도 되지만 자율주행 환경에서는 통신이 잠깐만 끊겨도 큰 사고로 이어질 수 있다. 이처럼 빠른 응답이 중요한 서비스에는 온디바이스 인공지능이 적합할 수 있다.

갤럭시 S24에 또 다른 AI 기능은 '서클 투 서치circle to search'다. 모바일폰 화면에 동그라미를 그리면 이미지를 인식해서 검색이 되는 서비스다. 상품에 동그라미를 치면 상품에 대한 상세설명이 나오기도 하고, 도시에 동그라미를 치면 도시에 대한 정보도 확인할 수 있다. 여기서 중요한 포인트는 동그라미를 치면 이미지를 인식하는 기능은 온디바이스에서, 인식된 이미지에 대한 검색은 데이터센터에서 처리를 한다는 점이다. 사람들의 일반적인 사용 패턴을 감안한 처리 방식이다. 화면에 동그라미를 쳤는데 이미지를 바로 인식하지 못하면 대다수가 답답함을 느낀다. 반면 인식된 이미지에 대한 결과가 나오는 시간은 기다려 준다. 이미지 인식은 온디바이스에서 신속하게 처리하고, 이미지에 대한 검색은 구글 데이터센터에서 AI 모델인 제미나이^{Gemini}가 처리한다. 사용자 경험에 따라 빠른 처리가 필요한 서비스는 온디바이스에서, 대량의 데이터 처리가 필요한 경우는 데이터센터에서 처리하는 것이다.

온디바이스 AI^{On-device AI}에 매우 중요한 강점이 있다. 바로 개인정보 보호다. 통번역을 예로 들어 보자. 통번역 서비스가 이뤄지려면 내가 누군가와 통화하고 있는 대화 내용이 데이터센터에 입력돼야 한다. AI 서비스 회사는 사용자의 대화 내용이 별도로 저장되거나 학습에 활용되지 않는다고 이야기한다. 하지만 그에 대해 어느 정도 수준까지 신뢰할 수 있을지에 대한 판단은 사람마다 다를 수 있다. 기업의 기밀 정보를 다루는 대화 내용이 어디에 있는지 불확실하고, 어떻게 관리되는지도 모를 데이터센터로 유입되는 건 아무래도 찝찝할 수밖에 없다. 국가 단위로 보면 국가 안보에 매우 중요한 정보를 알 수 없는 데이터센터를 통해 처리하는 것은 불안할 수밖에 없다. 이런 경우 물리적으로 내가 통제할 수 있는 온디바이스 환경에서만 나의 데이터가 이용된다면 덜 불안할 것이다.

우리가 추구하는 AI의 모습은 인공지능 비서다. 유능한 인간 비서는 내가 길게 말하지 않아도 내가 원하는 것을 알아서 준비해 준다. 내 상태를 보며 내 기분을 파악하고 그에 맞춰 음식, 장소 등을 골라줄 수 있다. 유능한 비서가 내 마음을 잘 파악할 수 있는 이유는 나를 옆에서 관찰하고 함께 생활하며 나에 대한 정보를 많이 갖고 있기 때문이다. 그래서 행여나 그 비서가 나를 배신하면 큰 사고로 이어질 수 있다. 고위 기업인, 정치인들의 스캔들이 터질 때 중요한 폭로자로 운전기사나 비서가 등장할 때가 있다. 가장 신뢰할 수 있는 사람이 가장 가까이서 나를 보필해 줄 때 가장 편하지만, 그 사람이 나를 배신할 때 입을 타격도 가장 크다.

인공지능도 마찬가지다. 아무리 뛰어난 인공지능이더라도 나에 대한 정보가 입력되지 않으면 나에게 최적화된 서비스를 제공할 수 없다. 하지만 인공지능이 나의 정보를 나를 위해서만 사용할 것이라고 100% 신뢰하기 힘들다. 내 손 안에 있는 기기에 저장이 되는 것도 찝찝한데 데이터센터에 저장이 되는 상황이 달가운 사람은 없다.

또 다른 디바이스 업체 애플의 상황을 보자. 애플은 인공지능 분야에서 다소 뒤처졌다는 평가를 받고 있다. 애플은 완성도를 매우 중시한다. 좌충우돌할 수 있는 신기술을 바로 적용하기보다는 검증된 기술을 기반으로 소비자 경험에 최적화된 기능을 선보인다. 아직 소비자들에게 선보이기에 완성도가 낮은 AI 서비스를 애플이 채택하지 않는 것은 어쩌면 애플다운 모습일 수 있다. 그럼에도 불구하고 인공지능은 워낙 거대한 흐름이기 때문에 여기에 동참하지 않는 애플에 실망의 목소리도 나온다. 애플이 누구보다 빠르게 인공지능에 뛰어든 마이크로소프트에 글로벌 시가총액 1위 자리를 내준 것은 어쩌면 당연한 일인지 모른다.

어쨌든 애플 역시 인공지능 관련 서비스를 2024년 6월 연례 개발자회의^{WWDC}를 통해 발표했다. 이 회의는 신제품을 공개하는 자리가 아니지만 앞으로 애플의 소프트웨어 로드맵을 보여주는 자리이기 때문에 애플의 미래를 엿볼 수 있다. 애플 역시 온디바이스 모바일폰을 가진 업체다. 오픈AI가 기똥찬 인공지능 서비스를 만들어도 결국 모바일폰 같은 디바이스를 거치지 않으면 소비자를 만날 수 없다.

온디바이스를 가진 애플도 삼성처럼 '개인정보' 보호를 강조하고 있다. 사실 애플이 인공지능에 소홀했던 것은 아니다. 애플은 사진을 찍으면 사람과 동물을 인식해서 정리해 주는 기능이나 글자 인식 기능 등을 이미 적용하고 있다. 성능이 만족스럽지는 않지만 인공지능 음성인식 비서 '시리'도 있다. 아는 사람은 알고 모르는 사람은 모르는 기능인데, 우리가 모바일폰으로 사진을 찍을 때 우리가 보는 건 1장이지만 사실 기기는 여러 장의 사진을 찍는다. 그리고 그중 잘 나온 사진을 사용자에게 골라준다. 어떤 사진을 고를지 정하는 기술도 인공지능을 활용한다. 삼성전자 갤럭시와 애플 아이폰으로 찍은 사진에서 차이가 나는 것은 카메라 하드웨어의 차이가 아니라 어떤 사진을 선택해서 소비자들에게 보여줄지를 결정하는 소프트웨어의 차이다. 어쨌든 챗GPT 이후 인공지능의 대세가 된 생성형 AI 분야에서 애플은 그리 뛰어난 뭔가를 보여주지 못하고 있다.

그런 애플이 이번 2024 연례개발자회의에서 '애플 인텔리전스'라고 지칭된 개인화 인공지능 시스템을 선보였다. 아이폰과 아이패드, 맥 등 애플의 다양한 디바이스를 통해 개인정보를 이해하고 그에 맞춰 개인화된 인공지능 경험을 제공하는 방식이다. 애플은 이전부터 개인정보 보호를 강조해 온 기업이다. 애플 아이폰에 저장된 정보는 정부가 직접 나서도, 설사 범죄자의 정보라 하더라도 확보하기가 힘들다. 애플은 이 같은 개인정보 보호 철학을 기반으로 온디바이스 AI 전략을 설명했다. 모바일폰, PC, 노트북에 있는 개인정보를 활용해 맞춤형 AI 서비스를 제공한다는 것이다. 다만 이 정보는 기기 안에서만 활용될 뿐 외부 데이터센터에 저장되거나 학습에 이용되지 않는다고 한다. 너무나 중요한 요소다. 데이터센터를 통한 거대 모델을 기반으로 인공지능 서비스를 제공하는 기업의 입장에서는 애플의 이러한 기조가 큰 장애물이 될 수 있다.

대규모 연산을 요구하는 인공지능 서비스는 거대한 컴퓨팅 파워를 가진 데이터센터를 이용할 수밖에 없다. 그런 경우에는 애플이 제공하는 폐쇄적인 데이터센터에서 처리가 되며, 처리 즉시 삭제가 된다고 밝혔다. 데이터센터를 통해 인공지능 서비스를 제공할 때도 개인 맞춤형 서비스를 만들려면 개인정보가 필요하다. 그런데 소비자와의 접점이 되는 디바이스에서 개인정보를 통제하면 다른 업체들은 이 정보를 취득할 수가 없다. 애플, 삼성전자 같은 디바이스를 만드는 업체들은 아직 인공지능 시대에 두각을 나타내고 있지 않지만 이들의 동향에 많은 사람들이 촉각을 곤두세우고 있다. 결국 소비자와의 접점은 디바이스에서 이뤄지기 때문이다.

애플은 이 같은 배경하에 인공지능 서비스 로드맵을 설명했다. 먼저 시리가 강화된다. 시리는 처음 출시됐을 때는 엄청난 관심을 받았지만 실제로 사용을 하려고 하면 '모른다', '제공할 수 없는 서비스다' 같이 답답한 소리만 해서 사람들을 짜증나게 했다. 애플은 시리에 생성형 AI를 더해 좀 더 자연스러운 상호작용을 가능하게 하겠다고 밝혔다. 생성형 AI를 이용해 음성인식을 하면 발음이 불분명하거나 더듬더듬 말해도 시리가 맥락을 잘 이해하게 된다. 여기에 디바이스를 통제할 수 있는 기능이 더해지니 사용자가 보고 있는 화면을 인식해 사용자가 왜 그런 말을 하는지 더욱 잘 이해할 수 있게 된다. 또 누구와 연락을 가장 많이 취하는지, 평소 어떤 방식으로 소통을 하는지 등을 분석해 알림의 우선 순위를 정리해 줄 수도 있다. 사진에서 원하지 않는 물체나 사람을 지울 수 있다. 단순히 물체나 사람을 지워 공백으로 만드는 게 아니라, 주변 배경을 인식해 물체나 사람이 지워진 자리를 생성형 AI를 활용해 다시 채워줄 수 있다. 애플은 자체적인 데이터센터도 운영하고 있다. 어지간한 데이터 처리는 기기에 탑재된 뉴럴 엔진으로 처리하고 데이터센터를 이용해야 하는 경우 직접 설계한 전용 서버에서 처리한 뒤 서버에서 삭제한다. 서버는 애플이 자체 설계한 애플실리콘을 기반으로 만든다.

❖ ◇ ❖ ◇ ◇

　온디바이스 기기를 만드는 업체와 데이터센터, 초거대언어 모델을 운영하는 업체의 이해관계는 다를 수 있다. 온디바이스에서 많은 AI 서비스를 제공할 수 있게 되면 데이터센터에서 동작하는 거대 모델을 이용하는 사람이 적어진다. 어떤 서비스를 온디바이스에서 제공하고, 어떤 서비스를 데이터센터에서 제공할지를 결정하는 것은 온디바이스 업체의 영역이다. 만약 온디바이스에서 모든 인공지능 서비스를 제공할 경우 데이터센터는 할 일이 없어진다. 또 데이터에 접근하지 못하면 인공지능 모델 성능도 높일 수 없다.

　이 때문에 삼성전자가 갤럭시S24에 몇몇 AI 활용 기능을 선보이자 초거대언어모델을 운영하는 회사들이 굉장히 많은 관심을 보인 것이다. 어떤 인공지능 서비스가 만들어져도 사람들이 사용할 디바이스는 정해져 있다. 대부분 사람들이 항상 손에 들고 다니는 모바일폰은 인공지능과 사람이 만나는 매우 중요한 디바이스다. 그렇기에 모바일폰 회사가 어떤 서비스를 온디바이스로 제공을 할지, 데이터센터에서 제공을 할지 역시 매우 중요한 선택이다.

　물론 모든 인공지능 서비스를 온디바이스에서 처리할 가능성은 없다. 인공지능 서비스를 제공하기 위한 데이터 처리는 대규모로 반도체를 탑재한 데이터센터에서조차 처리하기 힘들 정도로 엄청난 성능을 요구한다. 온디바이스에서 처리할 수 있는 서비스는 매우 제한적일 것이다. 그럼에도 불구하고 소비자가 인공지능 서비스를 이용하게 되는 디바이스는 매우 중요한 요소다.

온디바이스와 데이터센터 사이의 영역을 노리는 업체도 있다. 바로 퀄컴이다. 사실 갤럭시S24에 탑재된 온디바이스 AI 서비스의 진짜 주인공은 퀄컴이라고도 볼 수 있다. S24에는 퀄컴의 AP '스냅드래곤8 3세대'가 탑재돼 있다. 스냅드래곤8 3세대는 인공지능 데이터를 처리하는 NPU 성능을 전 세대에 비해 98% 이상 높였고 이를 기반으로 100억 개의 파라미터(AI 모델의 학습과 예측을 조절하는 변수 혹은 매개변수라고도 함)를 갖춘 생성형 AI를 지원한다. AI 서비스를 사용하는 디바이스는 갤럭시S24지만 실질적으로 AI 서비스를 동작케 하는 반도체는 퀄컴이 만든다.

퀄컴은 모바일폰 뿐만 아니라 자동차, PC, 각종 사물인터넷IoT 장치에 AI를 제공하는 '하이브리드 AI' 전략을 발표했다. 하이브리드 AI는 클라우드에서만 AI 데이터를 처리하는 것이 아니라 클라우드와 디바이스의 AI 워크로드를 분산해 조정하는 방식이다. 온디바이스가 적합한 AI 서비스는 온디바이스에서, 클라우드가 적합한 AI 서비스는 클라우드에서 제공하도록 최적화를 시키는 방식이다.

서비스별로 클라우드와 디바이스를 최적화했을 때 얻을 수 있는 가장 큰 장점은 비용 절감이다. 퀄컴은 생성형 AI로 검색 서비스를 제공할 경우 기존 검색 방법에 비해 비용이 약 10배 정도 증가할 것으로 추정된다고 밝혔다. 하루에만 100억 개가 넘는 검색 요청이 들어온다. 초거대언어모델 기반 검색이 일부만 차지하더라도 앞의 계산대로라면 연간 수십억 달러의 추가 비용이 들어간다. 모델의 크기, 입력문(프롬프트)의 길이, 허용 가능한 정확도 등을 감안해 온디바이스에서 처리할지 클라우드에서 처리할지를 구분하면 전반적인 서비스 비용을 절감할 수 있다. 라이트 버전은 온디바이스에서, 전체 버전은 클라우드에서 제공하는 방식도 있다.

퀄컴은 "10억 개 정도 파라미터를 가진 AI 모델은 이미 클라우드와 유사한 성능 및 정확도 수준을 갖춘 휴대폰에서 실행되고 있고, 100억 개 넘는 파라미터를 가진 모델도 곧 기기에서 실행될 수 있다"고 설명했다. 사용자의 요청에 따라 디바이스에서 처리할지, 기존 인터넷 정보를 검색할지, 초거대언어모델에서 처리할지를 구분하고 처리하면 훨씬 효율적인 서비스를 제공할 수 있다.

온디바이스에서 AI 데이터를 처리할 정도로 반도체 성능 개선이 가능할지는 차치하더라도 길목을 지키겠다는 퀄컴의 전략이 다른 경쟁자들에게는 탐탁치 않다. 삼성전자 입장에서는 자체적인 AI 서비스를 제공해 갤럭시 모바일폰의 경쟁력을 높이고 싶은데 퀄컴이 AI 서비스를 주도하면 자사 모바일폰이 담당할 영역은 좁아진다. 삼성전자의 모바일 AP 엑시노스와 퀄컴의 스냅드래곤은 경쟁 관계이기도 하다. 퀄컴의 모바일 AP를 사용하는 모든 모바일폰 회사들이 동일한 기능을 어느 정도는 낼 수 있다. 삼성전자 갤럭시에서 되는 기능이 중국의 샤오미, 오포 모바일폰에서도 된다는 것이다. 그렇다면 AI 서비스로 모바일폰의 차별화를 두기가 힘들어질 것이다.

클라우드 AI 업체들 입장에서도 거슬린다. 퀄컴이 중간에서 어떤 AI 서비스를 클라우드로 보낼 것인지 결정한 데이터의 처리만 클라우드 AI에서 수용하게 되기 때문이다. 앞서 언급했듯이 마이크로소프트가 만든 노트북에는 오픈AI를 기반으로 한 코파일럿 AI 서비스가 기본 탑재된다. 이것도 디바이스에서 처리하는 게 있고 클라우드에서 처리하는 게 있다. 이를 교통정리하는 반도체가 퀄컴의 최신 칩 '스냅드래곤X 엘리트'다.

디바이스와 디바이스에 들어가는 반도체, 통신, 클라우드 데이터센터가 서로 주도권을 쥐기 위한 싸움은 지속될 것이다.

AI

CHIP

REVOLUTION

2부

1세대 반도체, 인간 컴퓨터를 전자 컴퓨터로 만들다

반도체 시대,
컴퓨터는 바뀌어야 한다

맨 처음, 컴퓨터는 계산을 하는 사람의 직업을 지칭하는 단어였다. 인간 컴퓨터들은 펜과 종이, 수판이나 계산기를 들고 계산 노동을 했다. 이들은 기업에 고용돼 월급 등 경영에 필요한 각종 계산을 했고, 대규모 계산이 필요한 과학 연구에도 투입됐다. 하지만 사람의 두뇌를 활용한 연산은 아무리 계산기를 사용하더라도 한계가 있었다.

초기 컴퓨터는 군사 무기였다. 군사 분야는 대규모 연산이 필요하다. 포탄을 쏠 때 고도와 발사 각도, 사거리, 바람의 속도 등 계산해야 할 숫자가 너무 많았다. 여기에 공기의 저항, 포탄의 형태까지 추가해 정확한 궤적을 산출하려면 시간이 너무 오래 걸렸다. 단 한 줄의 결괏값을 얻기 위해 숙련된 인간 컴퓨터가 꼬박 이틀 동안 계산기를 두드려야 했다.

최초의 전자식 컴퓨터라 할 수 있는 에니악^{ENIAC}은 1946년 전직 물리학 교사 존 모클리가 만들었다. 에니악이 만들어진 뒤 받은 첫 번째 임무는 수소폭탄 개발 프로젝트였다. 정부가 에니악 프로젝트를 지원할 수 있도록 영향력을 행사했던 사람은 수소 폭탄을 비롯한 군사 기술들을 연구하던 폰 노이만이었다. 폰 노이만은 '연산기-제어기-저장장치-입출력장치'라는 현대식 컴퓨터의 기틀을 만든 인물이다. 또 포탄의 궤도, 원자폭탄 등 군사 기술을 연구해 미국이 2차 세계대전에서 승리할 수 있었던 과학 기술적 역량을 뒷받침했다. 군사 연구 분야에 주요 보직을 맡고 있던 노이만은 정부가 에니악 프로젝트를 지원할 수 있도록 군 당국자들을 끈질기게 설득했다. 폭발의 경로를 예측하는 것은 매우 복잡한 연산을 요구한다. 그런데 에니악은 인간보다 2400배, 전자기계식 계산기보다 30배나 빨리 계산을 할 수 있었다. 사람이 수행하면 20시간이 걸리던 계산을 에니악은 15초 만에 처리할 수 있었다.

에니악은 전구처럼 유리 안에 금속 필라멘트가 들어 있는 진공관을 기반으로 만들어졌다. 전류가 흐르면 켜지고, 끊기면 꺼진다. 불이 들어오면 1, 불이 꺼지면 0이 된다. 기본적인 연산 기능과 더불어 스위치를 변화시켜 회로를 구현할 수도 있었다. 회로 구현에 1만 8천 개의 진공관이 사용됐고, 기계식 스위치만 6천 개가 사용됐다. 길이는 25미터, 폭 1미터, 높이 2.5미터로 사람이 컴퓨터를 사용하는 것이 아니라 컴퓨터 안에서 근무했다. 무게도 30톤이나 됐다.

진공관으로 구현된 에니악은 여러모로 단점이 많았다. 우선 발열과 내구성이 문제였다. 사무실을 가득 메운 1만 8천개의 진공관에서는 엄청난 열이 뿜어져 나왔다. 진공관을 이용하기 위해 막대한 전력이 사용됐고 진공관을 사용하면서 나오는 열을 냉각시키기 위해 막대한 전력이 사용됐다. 진공관은 전구처럼 불빛이 나기 때문에 나방 등 빛을 좋아하는 벌레들이 꼬였다. 벌레들은 진공관 속에서 죽기 일쑤였고, 엔지니어들은 어느 진공관에 나방이 붙어 죽어 있는지 찾는 데 상당히 많은 시간을 보냈다. 그래서 지금도 프로그램 오류를 벌레를 뜻하는 '버그Bug'라 부르고, 오류를 수정하는 작업을 '디버깅Debugging'이라 부른다.

프로그래밍을 하기도 어려웠다. 프로그래밍은 사람이 스위치와 배선을 물리적으로 조정하는 방식으로 이뤄졌다. 프로그램을 변경하는 데만 며칠이 걸렸다. 필라멘트는 쉽게 끊겼고 유리는 잘 깨졌다. 1만 8천여개의 진공관 중에 3분의 1은 항상 수리 중이었다. 뉴욕타임즈는 "전체 가동 시간의 17%는 기계를 설정하고 테스트하는 데 사용됐고, 41%는 문제점을 찾고 해결하는 데 소모됐다. 실제로 계산하는 시간은 5%에 불과해 일주일 내내 켜 놓으면 유용하게 쓸 수 있는 시간은 2시간뿐"이라고 보도하기도 했다.

에니악이 세계 최초의 컴퓨터인지에 대해서는 논란의 여지가 있다. 1973년 미국 법원은 "인류 최초의 전자 계산기는 ABC(어태너소프-베리 컴퓨터)"라고 판결했다. 전자 계산기는 그렇다 치고 최초의 컴퓨터를 두고서는 영국 콜로서스와 미국 에니악이 다투고 있다. 세계 최초의 실용화된 컴퓨터는 1943년 개발된 영국 콜로서스다. 콜로서스가 에니악보다 먼저 개발된 것은 맞는데, 콜로서스의 존재 자체가 군사 기밀이었다. 콜로서스는 독일의 악명 높은 암호 체계 '에니그마'를 해독한 장치다. 에니악이 공식적으로 활동하던 시기에 콜로서스는 사람들에게 드러나지 않았다. 개발된 시점은 콜로서스가 앞서지만 에니악이 최초의 컴퓨터로 인정받은 이후에야 그 존재가 세상에 알려진 것이다.

어쨌든 에니악은 미국 최초의 전자식 컴퓨터로 대규모 연산이 필요한 영역에서 역할을 했다. 그러면서 더 작고 효율적인 계산 장치의 필요성도 더욱 커졌다. 군사 기술을 연구하며 더 나은 계산 장치를 찾아다니던 노이만은 이 시기에 컴퓨터 역사상 가장 중요한 논문으로 꼽히는 「에드박EDVAC에 대한 첫 번째 보고서」를 썼다. 여기서 노이만은 총 5개의 파트로 기능을 분리한 컴퓨터의 구조를 제안했다. 에니악은 IBM 천공카드를 입출력, 저장장치로 사용했다. 천공카드의 속도는 진공관의 연산 속도보다 훨씬 느렸다. 입출력이 진행되는 동안은 연산을 할 수도 없었다. 그래서 폰 노이만은 연산과 저장, 입출력 장치를 분리한 구조를 구상했고, 이를 '폰 노이만 구조'라 불렀다.

현대식 컴퓨터는 모두 폰 노이만 구조로 만들어진다. 노이만 구조는 단순하다는 장점이 있다. 에니악은 더하고 빼는 모듈이 20개인데, 에드박은 하나밖에 없다. 단순하기 때문에 고장이 잘 안 난다. 물론 단점도 있다. 노이만 구조는 메모리에서 명령과 데이터를 가져올 때 순차적으로 처리한다. 여러 사람들이 일렬로 줄을 서서 메시지를 앞뒤로 전달하는 구조라 생각하면 된다. 따라서 어느 한 부분에서 데이터 처리 속도가 느리면 최종적인 연산 결괏값이 늦게 나오는 문제가 있다. 이를 '노이만 병목 현상'이라고 부른다. 그런 단점에서 불구하고 노이만 구조는 그 효율성 때문에 현대 컴퓨터의 기본 구조가 됐고, 단점은 다양한 기술을 통해 최소화됐다.

노이만 구조는 최근까지 별 문제가 되지 않았지만 최근 들어 'AI 반도체' 시대에 극복해야 할 가장 어려운 장애물이 되고 있다. 무어의 법칙에 따라 연산기(ALU)는 엄청난 속도로 빨라지는데 메모리에서 데이터를 전달하는 속도는 그만큼 개선되지 않고 있다. 시간이 지날수록 연산기와 메모리의 속도 차이는 더욱 벌어지고 있다. 노이만 구조에서는 메모리 속도가 느리면 연산기는 메모리에서 데이터가 전달될 때까지 기다려야 한다. 인간 계산기에서 전자 계산기 시대로 전환이 된 후, 전자 계산기의 근간은 노이만 구조였다. 인공지능은 지금까지 인류가 겪어 보지 못한 새로운 세상을 열어 가고 있고, 이를 수행할 반도체 산업에도 근본적인 변화를 요구하고 있는 것이다.

1세대 반도체의 시작,
8인의 배신자

　　벨 연구소의 과학자 월트 브래튼Walter Brattain 과 존 바딘John Bardin
은 어느 날 신기한 물질을 발견했다. 그들은 규소 유리에 전기를
통하게 하는 실험을 하고 있었는데 평소에는 전기가 통하지 않다
가 손전등을 비추니 전기가 흐르기 시작했다. 규소(실리콘) 유리
에 일부 불순물이 섞여 들어갔고 이것이 전기를 통하게 한 것이
다. 월트와 바딘 박사는 이후 게르마늄에 금속 조각을 붙여 전류
가 흐르는 것을 최초로 확인했고 반도체의 시작이 되었다.

　　사실 이 같은 현상을 처음 이론적으로 구상했던 사람은 같은
연구소의 윌리엄 쇼클리William Shockley 박사였다. 그는 1945년에
'반도체 현상'을 최초로 발견해 발표했는데 실리콘 같은 물질은
평소에 전기가 통하지 않는 부도체지만 전류를 가해 내부에 있
는 자유 전자를 경계선 부근으로 이동시키면 전기가 통하는 도체

로 전환된다는 이론이었다. 쇼클리 박사는 이를 '고체 밸브'라고 이름 붙였다. 쇼클리 박사는 이렇게 반도체를 개념화했지만 이를 실험으로 입증하지 못했다. 그런데 동료인 브래튼, 바딘 박사가 게르마늄에 전류가 흐르도록 통제하는 실험에 성공하면서 쇼클리 박사의 이론을 실험적으로 입증한 것이다.

그렇다면 쇼클리 박사는 자신의 이론을 실험으로 입증해 준 동료가 고마웠을까? 불행하게도 쇼클리 박사는 성격이 안 좋았다. 브래튼, 바딘 박사가 처음으로 만든 점접촉식 트랜지스터*에 대한 특허를 제출하려 하자 쇼클리 박사는 두 박사의 발견이 자신의 아이디어에서 나온 발상이라고 주장하며 그들이 특허를 내는 것에 반대했고, 공동 특허 정도가 아니라 자신의 이름으로만 특허를 내야 한다고 주장했다.

당연히 쇼클리 박사의 주장은 받아들여지지 않았고 최초의 점접촉식 트랜지스터 특허는 브래튼, 바딘 박사의 이름으로 등록됐다. 화가 난 쇼클리 박사는 독자적으로 다른 방식의 트랜지스터를 만드는 연구를 진행했다. 그러다 좀 더 개선된 접합 트랜지스터를 발명하게 됐고 해당 특허는 단독 명의로 등록했다. 쇼클리 박사의 괴팍한 성격 때문에 바딘 박사는 벨 연구소를 떠났고 브래튼 박사도 다른 부서로 이동하면서 셋은 떨어지게 됐다.

• 점접촉식(Point-contact transistor)이란 두 개의 접촉점이 반도체 재료와 접촉하는 구조이다. 이후 쇼클리 박사가 이를 개량하여 반도체 표면 위에 넓은 면으로 접촉하는 구조인 면접촉식 트랜지스터(Planar Transistor)를 개발하여 제조와 대량 생산이 더 용이해졌고 성능이 개선되었다.

* 1948년 벨 연구소의 모습. 왼쪽부터 존 바딘, 윌리엄 쇼클리, 월터 브래튼 (출처: 위키피디아)

반도체의 가장 기본인 트랜지스터를 발명한 쇼클리, 바딘, 브래튼 박사는 1956년에 공동으로 노벨 물리학상을 수상했다.

1948년, 벨 연구소는 자사 박사들이 트랜지스터를 발명했다는 사실을 공개했다. 이를 기반으로 트랜지스터 800개를 탑재한 최초의 컴퓨터 트래딕도 만들었다. 성능은 1만 7천개의 진공관이 들어간 컴퓨터와 비슷한데 크기는 300분의 1에 불과했고 전력 사용량도 1500분의 1밖에 안됐다.

AI 반도체 혁명

하지만 당시 트랜지스터는 금보다 비싼 게르마늄으로 만들었기 때문에 가격은 진공관보다 10배나 비쌌다. 너무 비싸서 별 관심을 받지 못했다. 이후 같은 벨 연구소 출신의 물리학자 고든 틸은 어디서나 흔히 구할 수 있는 값싼 모래, 실리콘으로 트랜지스터를 만드는 방법을 발견했다. 이후 트랜지스터의 가격이 내려가면서 휴대용 라디오 등에 활용할 수 있게 됐고 본격적으로 트랜지스터의 시대가 열렸다.

쇼클리 박사는 1956년 벨 연구소에서 나와 고향인 캘리포니아로 돌아왔다. 자기가 만든 트랜지스터로 다른 사람이 돈을 버는 꼴을 두고 볼 수 없었던 것 같다. 고향으로 돌아온 쇼클리 박사는 성공한 사업가 아놀드 벡맨의 후원을 받아 '쇼클리 반도체 연구소'를 만들었다. 쇼클리 박사는 건강이 좋지 않은 어머니를 보필하기 위해 어머니가 사는 팔로알토에 연구소를 설립했다.

* 앞줄 중앙부터 시계 방향으로 로버트 노이스, 진 호에르니, 줄리어스 블랭크, 빅터 그리니치, 유진 클라이너, 고든 무어, 쉘든 로버츠, 제이 라스트 (출처 : WIRED)

전 세계 반도체의 고향, 실리콘밸리의 연원이라고 할 수 있겠다. 쇼클리 박사는 연구소를 설립하고 옛 동료를 초대했지만 그의 괴팍한 성격을 아는 동료들은 아무도 합류하지 않았다. 세상 물정 잘 모르는 젊은 연구자들만이 쇼클리 연구소에 함께 했다. 이때 쇼클리 연구소에 입사하게 된 젊은 연구자는 로버트 노이스, 고든 무어, 제이 라스트, 진 호에르니, 빅터 그리니치, 유진 클라이너, 쉘든 로버츠, 줄리어스 블랭크 등이다. 로버트 노이스와 고든 무어는 나중에 인텔을 설립했고 유진 클라이너는 실리콘밸리 최고의 벤처캐피탈로 손꼽히는 '클라이너 퍼킨스'를 설립했다. 모두가 실리콘밸리의 역사를 만든 인물들이다.

쇼클리 박사의 강박증은 날로 심해졌다. 직원들과 대화를 나눌 때면 아내를 불러 대화 내용을 일일이 적게 했고, 직원들에게 거짓말 탐지기를 들이댔다. 비서가 압정에 찔려 피가 나자 자신을 독살하려는 시도였다며 길길이 날뛰었다. 우생학에 대한 맹신으로 사회적 비난도 많이 받았다. 쇼클리 박사는 "지능이 낮은 사람이 아이까지 많이 낳으면 유전자 변형 효과를 일으키고 평균 지능이 하락해 인류 문명의 쇠퇴로 이어질 것"이라고 말하기도 했다. 또 "흑인이 지적으로, 사회적으로 떨어지는 이유는 유전적이고 인종적인 것으로 환경의 개선으로 치유할 수 없다, IQ 100 이하인 사람은 자발적으로 불임 수술을 받아야 한다" 등 당시에

AI 반도체 혁명

도 받아들여지기 어려운 주장을 이어갔다. 또 인류 최고의 유전자를 남겨야 한다며 정자은행에 자신의 정자를 기증하기도 했다. 노벨상까지 받은 천재 과학자지만 1989년 그가 사망을 했을 때 곁에는 부인만 남았다. 심지어 자녀들조차 그의 사망 소식을 신문을 보고 알았다고 한다.

쇼클리 박사와 함께 일하던 젊은 과학자들의 인내심도 한계가 다다랐다. 1957년, 제이 라스트는 다른 젊은 연구자들과 함께 로버트 노이스의 집으로 찾아갔다. 이들은 쇼클리 박사의 횡포를 견디다 못해 회사를 떠나기로 마음먹었다. 이들은 가장 리더십이 있는 로버트 노이스가 자신들을 이끌어 주기를 원했다. 훗날 제이 라스트는 "쇼클리의 편집증이 심했다는 사실에 감사한다. 그렇지 않았다면 그들은 그 밑에 계속 머물러 있었을 것"이라고 말했다. 이들은 함께 쇼클리 연구소를 떠나기로 결심했다. 쇼클리 박사는 이들을 8인의 배신자라고 지칭하고 길길이 날뛰었다.

8인의 배신자는 쇼클리 연구소에서 도망치듯 나왔지만 막상 갈 곳이 없었다. 지금 이 정도 인재가 모여 있다면 투자를 하겠다는 투자자들이 줄을 섰겠지만, 벤처캐피탈이라는 개념이 희박하던 시절이다. 이들은 빅터 그리니치의 집 창고에 연구소를 차리고 반도체 연구를 이어갔다. 이들에게 처음 투자를 한 사업가는 셔먼 페어차일드였다. 셔먼 페어차일드는 항공, 카메라 등 분야에 70개 이상 회사를 설립한 사업가이자 투자자였다. 그렇게 반도체 역사에서 수많은 기반 기술을 만들어 낸 반도체 사관학교 '페어차일드 반도체'가 설립됐다.

미국과 소련의 우주 전쟁,
반도체 산업을 키우다

반도체를 본격적으로 키운 건 미국과 소련의 우주 전쟁이었다. 1957년, 소련은 인류 최초의 인공위성 스푸트니크 1호를 발사했다. 2차 세계대전이 끝난 뒤 미국을 중심으로 한 자본주의 진영과 소련을 중심으로 한 공산주의 진영은 신경전을 벌이고 있었다. 그렇다고 미국이 소련을 위협적인 존재로 느낀 것은 아니었다. 나치 독일에 의해 피폐해진 유럽은 미국의 지원 없이는 스스로 경제 활동을 할 수 없었다. 미국은 장거리 미사일, 핵폭탄과 같은 무기 체계와 과학 기술에 있어 자신들이 훨씬 앞서가고 있다고 당연하게 생각했다. 그런 와중에 소련이 미국보다 먼저 인공위성을 발사한 것이다.

인공위성은 우주로 나가는 용도로만 활용되지 않는다. 로켓은 인공위성으로 활용할 수도 있고 대기권 위로 날아가는 대륙간 탄도 미사일로 활용할 수도 있다. 소련의 최고 권력자 니키타 흐루쇼프는 "수소폭탄을 실은 대륙간 탄도 미사일을 보유하고 있다"라고 공공연히 말했지만 미국은 이를 허풍으로 취급했다. 그런데 소련이 최초로 개(라이카)를 태운 스푸트니크 2호 발사에 성공한 것이다. 미국을 비롯한 자본주의 진영은 엄청난 충격을 받았다. 이를 계기로 나사로 불리는 미국항공우주국NASA, National Aeronautics and Space Administration이 설립됐고 소련의 미사일 공격으로 통신망이 파괴될 경우를 대비한 최초의 인터넷 알파넷ARPANET, Advanced Research Projects Agency Network도 개발됐다.

2차 세계대전 당시 컴퓨터는 포탄 타격의 정확도를 높이는 용도와 핵무기 개발에 사용됐다. 당시 가장 많은 계산이 필요한 분야는 단연 군수 산업이었다. 미국 국방부와 나사는 미사일과 위성을 위해 고온에도 안정적으로 작동하는 반도체 개발 연구를 지원했다. 신생인 페어차일드 반도체가 처음 매출을 올리기 시작한 분야도 미국 공군이었다. 페어차일드가 만든 반도체는 미국 공군 폭격기, 대륙간 탄도 미사일 방어 시스템 등에 들어갔다.

트랜지스터는 진공관을 대체하는 데 획기적인 역할을 했다. 내구성이 뛰어나고, 원가가 저렴했으며 크기도 작았다. 트랜지스터는 다음 장의 사진처럼 몸통에 3개의 다리가 연결된 구조로 이루어져 있다.

* 트랜지스터

트랜지스터는 일일이 기판에 납땜을 해서 연결되어야 했다. 더 많은 트랜지스터를 연결할수록 연산 능력이 향상된다. 그런데 연결을 하면 할수록 전선이 많아지고 납땜 과정에서 실수가 생길 수밖에 없다. 트랜지스터 하나, 납땜 하나 때문에 전체 시스템이 작동하지 않는 일도 공공연하게 벌어졌다. 복잡성이 높아지면 성능이 향상되지만 그만큼 신뢰도가 떨어지는 현상, '숫자의 폭정 Tyranny of Numbers'에 봉착하게 된 것이다.

이때 반도체의 패러다임을 바꿀 최고의 발명품인 집적회로가 등장한다. 이후 페어차일드가 만든 집적회로 컴퓨터는 달 착륙 우주선 아폴로 11호에도 탑재됐는데 이때 무게는 32킬로그램에 불과했다. 반도체 패러다임을 바꾼 집적회로에 대해 좀 더 자세히 알아보자.

잭 킬비와 로버트 로이스가 만든 혁신, 집적회로

08

집적회로의 최초 개발자는 텍사스 인스트루먼트의 잭 킬비
Jack Kilby다. 1958년, 킬비는 텍사스 인스트루먼트 트랜지스터 팀
에 입사했다. 이직을 하느라 여름 휴가를 신청하지 않았던 킬비
는 동료들이 모두 여름 휴가를 떠난 연구소에서 자신의 아이디어
를 이것저것 실험해 봤다. 그러다 실리콘 기판 위에 필요한 부품
을 얹어서 반도체를 만드는 방식을 구상했는데 킬비는 이 아이디
어를 '집적회로'라고 불렀다. 또 다른 사람들은 실리콘 판 위에 만
들고 잘라냈다고 해서 '칩chip'이라고 불렀다. 지금도 반도체를 칩
이라고 부른다.

* 잭 킬비가 만든 최초의 집적회로 (출처: EE Times)

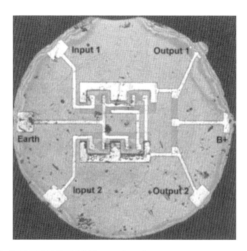

* 로버트 노이스가 만든 집적회로 (출처: EE Times)

　비슷한 시기에 페어차일드 반도체의 로버트 노이스^{Robert Noyce}
도 게르마늄 위에 쌓아서 트랜지스터를 만들고 홈을 파서 구리를 녹여 연결하는 집적회로를 만들었다. 이는 트랜지스터를 만들어서 연결하는 방식이 아니라 트랜지스터와 연결선을 하나의 기판 위에서 만드는 방식이다.

시기로 보면 잭 킬비가 약 6개월 먼저 집적회로를 만들었다. 하지만 집적회로를 양산 가능한 형태로 완성한 것은 로버트 노이스였다. 누가 집적회로의 창시자인지를 두고 오랜 갈등이 있었다. 최초의 개발은 잭 킬비가 맞는데 노이스의 직접회로 완성도가 훨씬 높았다. 결국 특허는 로버트 노이스가 잭 킬비보다 3년 정도 먼저 받았다. 킬비와 노이스는 10여 년 동안 특허권 소송을 벌였고 결국 특허를 공유하기로 합의했다. 집적회로를 처음 발명한 사람은 잭 킬비, 성능이 뛰어난 집적회로를 발명한 사람은 로버트 노이스로 인정하는 양해각서도 서로 주고 받았다.

이후 노이스는 반도체 산업에서 가장 위대한 기업인 인텔을 설립하고 미국 반도체 산업을 이끄는 리더로 성장했다. 킬비는 1970년까지 텍사스 인스트로먼트에 재직한 뒤 개인 사업, 대학 교수 등을 하며 연구를 이어갔다. 노이스에 비해 강한 존재감을 보이진 않았다. 2000년, 잭 킬비는 집적회로를 개발한 공로를 인정받아 노벨 물리학상을 수상했다. 당연히 함께 수상했어야 할 노이스는 1990년에 사망해 노벨상 수상의 영예를 누리지 못했다. 노벨상도 오래 살아야 볼 일이다.

실리콘 판 위에
반도체를 그리다

페어차일드 반도체에서 발명돼 지금까지도 반도체의 기본이 되는 기술로 '평판형 공정'이 있다. 흔히 무엇인가를 만든다고 하면 3차원 조형물을 생각하게 된다. 반도체를 만드는 공정은 실리콘웨이퍼(집적회로의 토대가 되는 얇은 규소판) 위에 그림을 그리듯 쌓고 깎으며 이뤄진다. 이런 평판형 공정은 로버트 노이스, 고든 무어와 함께 쇼클리 박사를 떠나 페어차일드 반도체를 만든 8인의 배신자 중 한 명인 스위스 물리학자 진 호에르니Jean Hoerni가 개발했다. 진 호에르니는 평판형 공정 기술을 개발한 공로로 1960년 노벨 물리학상을 수상했다.

트랜지스터라고 하면 머리가 있고 다리가 세 개 달린 모습을 일반적으로 떠올린다. 그런 트랜지스터는 아무리 정밀하게 만들어도 작게 만드는 데 한계가 있다. 세계에서 가장 작은 조형

AI 반도체 혁명

물은 극세사 조각가 윌라드 위건^{Willard Wigan}이 만든 '최후의 만찬'
이다. 바늘 구멍 속에 만들어진 조형물인 '최후의 만찬' 크기는
0.005mm에 불과하다.

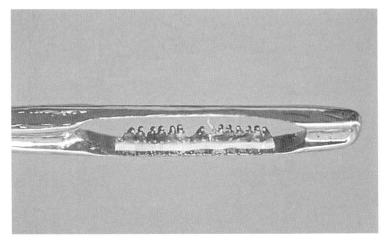

* 윌라드 위건의 최후의 만찬. 바늘 귀에 만들어진 조형물 (출처: www.willardwiganmbe.com)

이는 현미경으로 1000배 이상 확대해야 볼 수 있다. 윌라드
위건 역시 현미경을 이용해 작업을 하고 파리의 털로 만든 붓으
로 채색을 한다. 윌라드 위건이 만들어도 손톱만 할 반도체칩에
수십억 개의 트랜지스터를 새겨 넣는 것은 불가능하다. 참고로
반도체 공정 노드를 표현하는 단위는 '나노미터'다. 1나노미터는
10억분의 1미터다. 윌라드 위건이 만든 가장 작은 조각의 크기
는 0.005mm로 나노미터로 표기하면 5000나노미터다. 그런데

TSMC와 삼성전자가 만드는 최선단 공정은 3나노미터다.

이렇게 작게 만들 수 있게 된 건 2차원에 그림을 그리듯 반도체를 만드는 평판형 공정 덕분이다. 먼저 실리콘 판 위에 보호용 이산화규소층을 붙이고 나머지 부분은 녹인다(식각). 또 홈을 만들고 구리를 녹인 액체 구리를 넣어 트랜지스터 사이에 전기가 흐르게 함으로써 따로 전선을 연결할 필요가 없도록 했다. 평판형 공정 기술의 발전으로 반도체는 인류 역사상 가장 작은 조형물이 되었다.

트랜지스터를 작게 만들수록 전기 사용량이 적고 동일한 공간에 더 많이 넣을 수 있게 되어 반도체 성능은 더 높아졌다. 반도체 공정은 3차원 조형물을 만들기보다는 2차원 그림을 그리는 행위에 가깝다. 월라드 위건이 파리 털로 색칠을 했던 것처럼 더 작은 그림을 그리려면 붓이 더욱 더 얇아야 한다. 반도체를 위한 더 작은 붓의 개발은 텍사스 인스트루먼트에서 이뤄졌다.

1958년 제이 라스롭은 반도체를 활용한 박격포탄 기폭 장치를 개발하고 있었다. 반도체는 특정한 부위에 내식성이 강한 물질을 바르고, 나머지 부분을 녹이는 방식으로 만든다. 반도체를 작게 만들려면 내식성이 강한 물질을 정교하게 바르는 게 중요하다. 라스롭은 현미경을 통해 작은 물질을 보다가 렌즈와 빛의 속성에 관심을 갖게 됐다. 렌즈를 통과하면 빛은 작은 물질을 크게

AI 반도체 혁명

보이게 한다. 반대로 하면 큰 그림을 매우 작게 볼 수 있다.

이처럼 빛과 현미경을 이용하면 매우 작은 그림을 볼 수 있다. 그럼 빛으로 물건을 만들 수도 있을까? 코닥은 빛을 쬐면 성질이 바뀌는 물질, 포토레지스트를 만들고 있었다. 이는 빛을 비추면 딱딱하게 굳기도 하고 사라지기도 하는 물질이다. 실리콘웨이퍼 위에 포토레지스트를 바르고 렌즈에 패턴을 그린 뒤 위에 올린다. 그러면 렌즈를 통과한 빛이 포토레지스트가 발라진 실리콘웨이퍼 위에 매우 작은 크기의 패턴을 그린다. 포토레지스트는 빛을 만나 화학 반응을 하며 그림을 그린다. 그 어떤 물리적인 붓도 그릴 수 없는 작은 그림을 빛이 그려내는 것이다.

라스롭은 이 공정을 빛으로 인쇄한다는 의미의 포토리소그래피photolithography라고 불렀다. 현재는 빛 중에서도 더 얇은 빛, 가장 짧은 파장을 갖는 빛을 찾아 반도체 제조에 사용하고 있다. 지금 최첨단 반도체 공정에 사용되는 노광장비는 전 세계에서 유일하게 ASML만 만들 수 있다. ASML의 노광장비는 분자 크기보다 작은 13.5나노미터 파장의 극자외선인 울트라바이올렛을 사용한다. 제이 라스롭이 개발한 포토리소그래피 공정은 얼마 지나지 않아 페어차일드 반도체에도 전해졌다. 페어차일드는 라스롭의 연구실 동료를 영입해 포토리소그래피 공정을 배웠다. 경쟁 회사의 임직원을 영입해 기술을 빼내고 서로의 기술을 베끼고 개선해 특허를 내고 소송전을 벌이는 일이 비일비재한 일상이었다.

❖ ❖ ❖ ❖ ❖

반도체 기본 구조를 만든 사람 중에는 한국인도 있다. 오늘날 대부분의 반도체는 소스Source와 게이트Gate, 드레인Drain 아래 P형 반도체와 N형 반도체가 위치하는 단순한 구조로 만들어진다.

이 같은 구조를 모스펫MOSFET이라고 하는데 이 구조를 만든 사람은 한국인 강대원 박사다. 2009년, 강대원 박사는 에디슨, 라이트 형제 등 미국 발명가들이 수상하는 '발명가 명예의 전당 National Investors Hall of Fame'에 헌액됐다. 주로 미국에서 활동했기 때문에 정작 한국에서 그리 유명한 이름이 아니지만 한국반도체학술대회는 2017년부터 그의 이름을 딴 '강대원상'을 제정해 시상하고 있다.

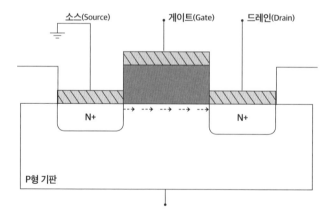

* 오늘날의 모스펫 구조

AI 반도체 혁명

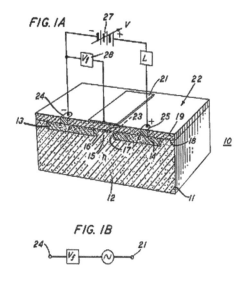

Aug. 27, 1963   DAWON KAHNG   3,102,230
ELECTRIC FIELD CONTROLLED SEMICONDUCTOR DEVICE
Filed May 31, 1960

* 강대원 박사의 모스펫 모형 구조 (출처: Computer History Museum)

강대원 박사는 1931년 서울에서 태어나 서울대 물리학과를 졸업하고 미국 오하이오 주립대학에서 석사, 박사 학위를 취득했다. 이후 당시 최고 연구소인 벨 연구소에 입사해 1960년 CPU, D램 반도체의 기본 구조인 모스펫을 발명했다. 트랜지스터는 집적도가 높을수록 성능이 높아지고 전력 사용량이 줄어든다. 모스펫 기술 덕분에 단순한 모습의 트랜지스터를 만들 수 있게 됐고,

그만큼 집적도를 높일 수 있게 됐다. 모스펫 기술이 없었더라면 컴퓨터 한 대가 쓰는 전력 사용량이 1기가와트(GW)에 달했을 거라는 추정도 나온다. 1기가와트는 원전 1기가 생산하는 전력량이다. 강대원 박사의 또 다른 업적으로는 낸드플래시의 기본 구조인 플로팅게이트가 있다.

진공관에서 트랜지스터, 집적회로로 연산 도구가 진화하면서 우리는 훨씬 더 작게, 훨씬 더 싸게, 훨씬 더 안정적으로 계산을 할 수 있는 도구를 만들게 됐다. 진공관을 활용한 에니악은 17만 4000와트(W)의 전력을 사용했고 150제곱미터의 공간을 차지했다. 최초의 상업용 집적회로 CPU인 인텔 4004는 에니악보다 17배나 빠른데 크기는 손톱만 하다. 2300개의 트랜지스터가 평면에 새겨져 있고, 전력 사용량은 1와트에 불과하다.

획기적인 기술의 발전으로 반도체는 새로운 시대를 열 수 있게 되었다.

반도체 시장을 만든 최고의 마케팅 용어, 무어의 법칙

반도체를 더 작게 만들 수 있는 포토리소그래피 공법이 나온 이후에도 넘어야 할 산은 많았다. 빛의 패턴을 그릴 수 있는 마스크를 정교하게 만들어야 했고, 빛과 반응할 포토레지스트는 사진을 인쇄할 때와는 비교할 수 없을 정도로 정밀하게 반응해야 했다. 가보지 않은 길에는 언제나 시도와 실패의 반복이 쌓인다.

무엇보다 어려운 점은 양산이었다. 똑같은 실리콘웨이퍼 위에서 같은 공정으로 만들어도 정상 작동하는 반도체 숫자가 달랐다. 이때 정상적으로 동작하는 반도체를 얼마나 잘 만들어 내는지의 단위를 '수율'이라고 한다. 결국 수율을 얼마나 높일 수 있는지가 반도체 양산의 성패를 가른다.

반도체 수율 개선은 수없이 반복되는 시행착오와의 싸움이다. 화학적 작용이 일어나는 모든 상황에서 온도와 압력을 미세하게 조절하며 가장 수율이 높은 조합을 찾아내는 과정이다. 왜 그런 반응이 일어나는지를 이론적으로 입증하는 것은 사치다. 현실 세계에는 중력, 온도, 습도, 눈에 보이지 않는 먼지 등 수많은 요소들이 작용한다. 수없이 반복되는 실패 속에 최적의 조합을 찾아내고, 찾아낸 조합들을 노하우로 축적해 가는 것이다.

잭 킬비, 로버트 노이스가 치열하게 집적회로를 만들 때 텍사스 인스트루먼트에서 반도체 양산을 담당한 인물은 중국에서 온 모리스 창이었다. 1987년 대만 정부와 함께 전 세계 최고의 반도체 위탁생산 업체인 TSMC를 설립한 그 모리스 창이다. 모리스 창은 텍사스 인스트루먼트에서 놀라울 정도의 수율 개선을 해낸 것으로 알려졌다. 하지만 어떻게 개선을 했는지에 대해서는 정확히 알려진 바 없다. 그만큼 반도체 제조와 수율 개선은 전문적인 지식과 더불어 경험이 중요한 영역이다.

기술 경쟁뿐만 아니라 마케팅도 전쟁을 맞이했다. 로버트 노이스는 트랜지스터 가격을 10분의 1로 낮추며 가격 경쟁을 벌였다. 당시 트랜지스터 가격은 진공관보다 비쌌다. 노이스는 트랜지스터 가격이 결국 0에 수렴할 것이며 기존 제품을 수리해서 쓰기보다 새 제품을 사는 게 더 저렴해지는 시대가 올 것이라고 외쳤다. 노이스의 선언은 기술 전망이라기보다 마케팅 전략이었다. 노이스는 제품 원가에 마진을 붙여서 가격을 책정하는 게 아니라

AI 반도체 혁명

향후 대량 생산, 대량 소비가 이뤄지는 규모의 경제를 달성했을 때를 기준으로 판매 가격을 책정했다. 경쟁자들의 판매가는 물론 제조원가보다 낮은 가격에 반도체를 팔았다. 노이스는 군용 위주의 반도체 시장을 민간 영역으로 확대하고자 했다. 반도체 가격이 내려갈 거라는 인식이 생기면 더 많은 영역에서 반도체가 활용될 수 있다고 본 것이다.

새로운 기술이 대중적으로 자리를 잡을 때는 기술적 완성도뿐만 아니라 마케팅도 매우 중요하다. '새로운' 기술이라는 것은 해당 기술로 만든 제품이 아직 없다는 것이고, 만든 제품이 없다는 것은 사줄 사람도 없다는 의미다. 획기적인 신제품이 나오면 어떻게 사용하는 물건인지 수요자들에게 알려줘야 한다. 또 기술이 아니라 기술이 주는 효능을 중심으로 설명해야 한다. 하버드 경영대학 테오도르 레빗 교수는 "고객은 0.25인치의 드릴을 원하는 것이 아니라 0.25인치 구멍을 원한다"는 말을 했다. 성능 좋은 반도체가 아니라 성능 좋은 반도체로 얻게 될 수요자의 효능에 초점을 맞춰야 한다는 의미다.

반도체 역사상 최고의 마케팅은 '무어의 법칙'으로 통한다. 1965년 고든 무어는 〈일렉트로닉스〉 잡지에 기고를 통해 그 유명한 '무어의 법칙'을 설명했다. 고든 무어는 10년간 마이크로칩에 집적될 트랜지스터 수가 12~18개월에 두 배씩 증가할 거라고 예상했다. 이는 성능이 개선될 거라는 의미이기도 하고, 가격이 1년에 절반씩 내려갈 거라는 의미이기도 하다. 그는 고가의 군사용 장비에 사용되던 집적회로가 가정용 컴퓨터, 자동차 제어기, 휴대용 개인 통신기기에도 들어갈 거라고 했다. 당시 가정용 컴퓨터, 자동차 제어기, 휴대용 개인 통신기기는 존재하지 않는 물건이었다. 실제로 반도체 성능은 무어의 법칙대로 12~18개월에 두 배씩 개선이 됐다. 그런데 왜 반도체는 12~18개월에 두 배씩 성능이 개선되는 걸까?

사실 무어의 법칙은 과학적이거나 이론적인 근거가 있는 법칙이 아니다. 고든 무어는 무어의 법칙에 대해 "내가 예상했던 것보다 훨씬 정확하게 경로를 따라가긴 했지만 정말 이야기하고 싶었던 부분은 반도체의 집적도가 높아짐에 따라 가격이 저렴해진다는 생각을 전달하려 했을 뿐"이라고 말했다. 무어가 말하고자 했던 취지는 반도체 가격이 매우 빠른 속도로 떨어질 테니 더 많은 곳에서 반도체를 쓰라는 말이었다. 결과론적이지만 무어의 법칙은 이후 수십 년간 반도체 산업의 경로를 정확하게 예측한 법칙이 됐다. 더 저렴하고 더 성능이 뛰어난 반도체가 꾸준히 만들어졌고 더 많은 곳에서 반도체를 사용하게 됐다.

무어의 법칙은 더 저렴하고 뛰어난 반도체를 만들겠다는 엔지니어의 약속과 같다. 고든 무어의 발언에서 시작됐지만 이 법칙이 유지될 수 있었던 것은 수많은 과학자, 디자이너, 프로그래머, 엔지니어들이 무어의 법칙을 달성하기 위해 혼신의 힘을 다해 노력했기 때문이다. 덕분에 우리는 언제 어디서나 디지털의 편리함을 누릴 수 있게 됐다.

무어의 법칙은 전망을 잘해서가 아니라 법칙이 꾸준히 달성되어 왔다는 점에서 더 가치 있는 약속이다.

IBM, 마이크로소프트
그리고 인텔의 시대

　　현대 컴퓨터의 반도체를 한 단어로 표현하자면 중앙처리장치, 즉 CPU라고 할 수 있다. CPU는 컴퓨터를 구동하는 '마스터'이며 데이터를 연산하고 모든 주변기기들을 제어한다.

　　그리고 현대 컴퓨터 CPU의 지배자는 인텔이다. 인텔이 만든 CPU는 전 세계 모든 사람이 책상 위에 컴퓨터를 둘 수 있게 했고 진정한 의미의 컴퓨터 시대를 열었다. 노이스와 무어는 페어차일드 반도체에서 나와 자신들의 이름을 딴 'N&M 테크놀로지'를 만들었다. 이후 '통합 전자기기Integrated Electronics'를 혼성해 인텔Intel을 설립했다.

　　인텔 설립 후 처음으로 출시한 제품은 지금은 D램으로 불리는 다이나믹 랜덤 액세스 메모리였다. 초기 컴퓨터 산업에서 데이터 연산 장치만큼이나 비싼 장비가 메모리였다. 당시 데이터 저장은 트랜지스터가 아니라 구리선을 촘촘하게 엮고 겹치는 부분마다 작은 링을 단 자기 코어 메모리를 사용했다. 작은 링이 자성을 띠면 1, 자성이 없으면 0이다. 수작업으로 만드는 방식이기 때문에 작게 만드는 데 한계가 있었다.

* 페라이트 링 코어 메모리 (출처: picclick.co.uk)

D램은 실리콘웨이퍼에 전하를 모으는 콘덴서를 새겨넣는 방식이다. 구멍에 일정 수량의 전하가 있으면 1, 없으면 0이다. 시간이 지나면 전하가 자연스럽게 사라져서 모두 0으로 읽힐 수 있기 때문에 주기적으로 데이터를 읽고 다시 쓰는 충전 과정을 거쳐야 했다. D램의 개발로 메모리 가격이 많이 떨어지긴 했지만 메모리는 여전히 매우 비싼 제품이다. 인텔이 연산을 하는 반도

체보다 기억을 하는 메모리에 더 관심을 가졌던 이유는 돈이 되기 때문이었다. 당시 연산을 하는 반도체는 목적에 따라 설계됐다. 하나를 설계해 많은 곳에 활용할 수가 없었다. 하지만 메모리는 목적에 상관없이 여러 전자제품에 사용할 수 있고 대량 생산과 규모의 경제 실현이 가능했다.

인텔이 한창 메모리 반도체 수율을 높이기 위해 고심하고 있던 어느 날 전자 계산기를 만들던 일본의 전자 회사 비지컴이 찾아왔다. 당시 반도체가 들어간 전자 계산기는 세계적인 히트 상품이었다. 당시 수백여 개의 미국, 일본 업체들이 너나 할 것 없이 전자 계산기를 생산했고 치열한 경쟁 속에 상당수 회사들이 파산 위기에 처했다. 비지컴은 이런 치열한 경쟁에서 살아남아야 했다. 그래서 굉장히 복잡한 연산을 수행할 수 있는 전자 계산기를 만들기 위해 인텔을 찾아왔던 것이다.

비지컴은 각각 수천 개의 트랜지스터가 필요한 12개 맞춤형 칩들로 구성된 반도체를 만들고자 했다. 인텔에서 비지컴 프로젝트를 맡은 사람은 테드 호프였다. 테드 호프는 비지컴의 설계가 지나치게 복잡해 상용화 가능성이 낮다고 판단했고 좀 더 단순하지만 효율적인 설계를 제시했다. 그러면서 노이스를 찾아가 하나의 칩으로 다양한 목적을 수행할 수 있는 마이크로프로세서를 개발하고 싶다고 제안했다.

당시 반도체는 목적에 맞춰 회로를 설계하는 주문형 사업이었다. 특정 목적을 위해 만들어지기 때문에 하드웨어, 소프트웨어가 모두 고정돼 있었다. 전자 계산기를 생각해 보자. 전자 계산기는 계산을 하는 목적으로만 활용된다. 발표 자료를 만들거나 게임을 할 수 없다. 또 소프트웨어를 바꿔 다른 용도로 사용하지도 않는다. 하지만 테드 호프는 표준화된 논리 회로를 제작하고 수정 가능한 소프트웨어로 제어를 하면 다양한 목적으로 활용할 수 있을 거라고 판단했다. 노이스는 테드 호프에게 비밀 연구조직을 만들어 4000시리즈로 명명된 마이크로프로세서 개발을 이어갈 수 있도록 지원했다.

그럼에도 불구하고 인텔에게 마이크로프로세서보다 중요한 것은 메모리였다. 그렇기에 회사의 주요 인사인 테드 호프를 당장 급하지 않은 신사업에 언제까지나 투입할 여력이 없었다. 결국 부모 잃은 고아처럼 마이크로프로세서 프로젝트는 표류하게 되었다.

이 바톤을 이어받은 사람은 페어차일드 반도체에서 온 이탈리아 출신의 엔지니어 페데리코 페긴이었다. 그는 호프가 밑그림을 그려 놓은 4000시리즈를 실질적으로 완성시킨 사람이 되었다. 4000시리즈는 4개의 칩으로 구성되는데 이 중에서 4001은 고정된 소프트웨어가 저장된 읽기전용 반도체[ROM]였다. 4002는 데이터의 읽고 쓰기가 가능한 램[RAM] 메모리, 4003은 입출력 레지스터, 4004는 가장 중요한 중앙 프로세서였다. 이 4개의 칩을 합쳐 4000시리즈라고 불렀다.

새로운 반도체 개발을 위해 비지컴과 인텔이 계약을 맺은 날로부터 2년이 지난 1971년, '하나의 반도체로 작동하는 컴퓨터' 마이크로프로세서가 완성되었다. 이렇게 4000시리즈는 비지컴에 납품됐지만 제품은 그리 빛을 보지 못했다. 전자 계산기는 가격 인하로 경쟁자를 죽이는 치킨 게임만이 유일한 전력인 시장으로 전락했다. 고성능이 장점인 4000시리즈는 마땅한 수요를 찾지 못했다. 결국 1971년, 비지컴은 전자 계산기를 제외한 분야의 지적재산을 인텔에 양도하기로 했다. 비지컴이 마이크로프로세서의 지적재산을 양도하지 않았다면 세계 최고의 반도체 회사 자리는 인텔이 아닌 비지컴이 차지했을지도 모른다.

역사는 수많은 판단과 우연으로 이뤄진다. 반도체 산업도 사람이 하는 일이라 사내 정치, 감정적인 부분도 산업 방향에 영향을 많이 미친다. 컴퓨터의 두뇌인 마이크로프로세서의 발명가가 누구인가에 대한 논란은 지금도 계속되고 있다. 앞서 말한 것처럼 방향을 잡은 사람은 테드 호프고, 실질적으로 완성한 사람은 페데리코 페긴이었다. 또 해당 프로젝트는 인텔이 주도적으로 시작한 게 아니라 일본 비지컴에서 주문해서 시작되었다. 비지컴에서 마이크로프로세서 설계를 총괄했던 마타토시 시마도 큰 역할을 했다.

하지만 인텔은 오랫동안 마이크로프로세서 개발자로 테드 호프를 내세웠다. 페긴은 인텔 3인방(로버트 노이스, 고든 무어, 앤디 그로브) 중 한 명인 최고 운영 책임자 앤디 그로브와 갈등을 빚고 인텔에서 퇴사했다. 그러면서 경쟁사인 '자이로그'로 이직해 인텔의 마이크로프로세서보다 뛰어난 반도체를 개발했다. 이에 CEO 앤디 그로브는 인텔 역사에서 페긴의 이름을 아예 삭제해 버렸다. 페긴의 이름이 다시 인텔의 공식 기록에 등장한 것은

2009년 이후였다. 일본 반도체 역사에는 마타토시 시마가 마이크로프로세서 개발자로 기록돼 있다. 성공한 제품은 자기가 만들었다는 부모가 많고, 실패한 제품은 고아다.

여러 기능의 반도체를 하나로 모은 마이크로프로세서가 우여곡절 끝에 개발됐지만 마땅한 사용처를 찾지 못하고 있었다. 당시 주류 컴퓨터는 IBM 메인프레임이었다. 사무실을 가득 메운 크기가 당연했고, 소형 컴퓨터라고 해도 냉장고 크기 정도였다. 하나의 칩으로 구동되면서 책상 위에 올라갈 정도의 작은 컴퓨터는 사용자들의 상상 범위를 크게 벗어났다. 이에 로버트 노이스, 고든 무어, 앤디 그로브 등 최고 경영진을 비롯한 인텔 직원 모두가 마이크로프로세서 사용 방법을 전하는 홍보 강사를 자처했다.

마이크로프로세서를 최초로 개발했다고 해서 인텔이 순탄하게 세계 1위의 반도체 회사가 된 것은 아니었다. 최초의 마이크로프로세서 4000시리즈 이후 인텔의 히트작이 된 8086 프로세서에 맞서 모토로라는 68000 프로세서를, 자이로그는 Z8000을 출시했다. 후발 주자들은 성능면에서 인텔 8086보다 앞섰고 사용자 편의성 측면까지 고려해 인텔의 약점을 파고들었다.

이런 상황 속에서 인텔은 경쟁 전력에 대해 고민했고 일명 '크러쉬 작전'을 시행했다. 크러쉬 작전은 고객들에게 마이크로프로세서의 기술적 우수성만 홍보하는 것이 아니라 고객들이 가진 문제에 대해 포괄적인 '솔루션'을 제공하겠다는 캠페인이었다.

성능 사양을 구체적으로 제시했던 카탈로그도 고객들에게 어떤 도움이 되는지를 제시하는 것으로 바꿨다. 인텔은 당시 떠오르던 그래픽 아티스트 패트릭 나겔Patrick Nagel을 고용해 광고를 만들었고, '미래가 도착했습니다(The Future Has Arrived)'라는 카피로 사람들의 관심을 끌었다.

The Future Has Arrived.
Intel delivers the 8086. Powerful. Practical.
And the Architecture of the Future. Here today.

* 1981년 패트릭 나겔이 만든 인텔 신문 광고 (출처: Intel.com)

인텔은 수백명의 고객을 대상으로 끊임없이 설명회를 개최하며 그들의 고민을 함께 나눴다. 크러쉬 작전의 최대 성과는 세계 최대 컴퓨터 회사였던 IBM과의 거래였다.

IBM의 역사는 1890년대 미국의 인구조사로 거슬러 올라간다. 당시 미국에서는 급격하게 인구가 늘어났고, 인구조사를 진행하는 데만 장장 8년이 걸렸다. 이에 미국 정부는 효율적인 인구조사 방법에 대한 공모전을 진행했고 통계학자 허먼 홀러리스가 천공카드를 사용하는 방법을 제안했다.

　　천공카드는 종이의 특정 위치에 구멍을 뚫어 인종이나 성별을 표시하는 장치였다. 홀러리스가 개발한 천공카드 덕분에 미국 정부는 훨씬 빠르게 인구조사를 진행할 수 있었고 이후 영국, 독일 등 여러 나라에서 천공카드가 활용됐다. 홀러리스는 천공카드를 이용해 인구조사뿐만 아니라 다양한 데이터를 처리하는 기업

* 천공카드를 사용한 인구조사 (출처: 미국 상무부)

'터뷸레이팅 머신'을 설립했다. 이후 터뷸레이팅 머신은 여러 회사와 인수 합병을 거쳐 인터내셔널 비즈니스 머신^{International Business Machine}, 즉 IBM이 되었다.

IBM은 1950년대 컴퓨터 사업에 뛰어들어 군사, 행정 분야에 사용되는 컴퓨터를 만들었다. 1964년 메인 프레임 컴퓨터를 만들어 세계 최대 컴퓨터 제조사로 발전했고 결정적으로 1981년, 책상에 올려 놓을 수 있는 현대적 퍼스널컴퓨터^{PC}의 시초인 IBM PC를 출시해 독점적인 지위를 확보하게 됐다. IBM은 반도체부터 각종 부품, 소프트웨어까지 직접 만들었다. 당시 IBM의 규모는 인텔에 비해 20배 더 컸고, 반도체를 직접 만들었기 때문에 IBM이 인텔의 고객이 될 가능성은 거의 없었다. 인텔이 IBM에 연락하게 된 것은 직원들이 크러쉬 작전으로 매출 압박을 받고 있었기 때문이다. 어차피 안 될 테지만 전화라도 한번 해보자는 심정이었다.

참 절묘한 타이밍이었다. 글로벌 1위 컴퓨터 회사 IBM에게도 고민이 있었던 것이다. 미국 법무부는 IBM이 컴퓨터 시장을 독점하고 있다고 보고 1969년부터 1982년까지 무려 13년간 IBM을 상대로 반독점법 소송을 진행했다. IBM은 정부로부터 독점이라는 트집을 잡히지 않기 위해 경쟁자들이 시장에 진입할 수 있도록 소스코드를 공개했다. 덕분에 누구나 IBM과 호환할 수 있는 컴퓨터 및 부품, 소프트웨어를 만들 수 있게 됐다. 일부러라도 다른 업체에게 기회를 줘야 하는 상황이었던 것이다. 때마침 인텔은 마이크로프로세서를 사줄 구매자를 물색하고 있었고 결국 IBM에 x86 명령어 체계를 최초로 지원하는 8086 중앙처리장치^{CPU}를 납품하는 기회를 얻게 됐다. 인텔 CPU와 함께 CPU를 구동할 운영체제를 공급하게 된 회사는 24세에 대학을 중퇴한 빌 게이츠가 친구 폴 앨런과 만든 마이크로소프트였다.

IBM의 독과점 대응 전략은 컴퓨터 생태계에 커다란 변화를 가져왔다. 당시 컴퓨터 산업 생태계는 하드웨어부터 소프트웨어까지 한 회사가 모두 만들었다. 응용프로그램을 만들려면 호환이 될 수 있도록 하는 소스코드가 필요한데, IBM을 비롯한 컴퓨터 제조사들은 소스코드를 제공하지 않았다. 오히려 복제를 하는 회사들을 가차 없이 고소했다.

하지만 IBM은 다른 회사들이 MS-DOS를 살 수 있도록 개방했고 소스코드도 공개했다. 이에 소프트웨어 회사들은 MS-DOS에서 동작하는 응용프로그램을 만들어 소비자들에게 판매할 수 있게 됐다. 컴퓨터 회사들은 IBM 컴퓨터를 복제했고 소프트웨어 회사들은 IBM 표준에 맞는 프로그램을 만들어 판매를 했다. 당시 개인 컴퓨터 시장에서 높은 점유율을 차지했던 애플은 IBM의 공세에 맥없이 무너졌다.

IBM이 바꿔버린 게임의 법칙에서 가장 큰 수혜를 본 것은 인텔과 마이크로소프트였다. 마이크로소프트가 만든 운영체제는 IBM을 대상으로 했는데, 다른 컴퓨터 제조사들이 IBM 복제품을

AI 반도체 혁명

만들다 보니 그 회사들도 인텔 CPU와 마이크로소프트의 운영체제를 사용하게 된 것이다. 인텔과 마이크로소프트의 인연은 MS-DOS로 시작해 곧 윈도우 95로 이어지게 된다.

IBM-인텔-마이크로소프트의 압도적인 조합은 인텔의 x86을 컴퓨터 산업의 표준으로 만들었다. 인텔은 자사 CPU를 탑재한 컴퓨터에 '인텔 인사이드'를 표시하면 제품 가격의 5%를 할인해 주는 마케팅도 진행했다. 이는 컴퓨터를 누가 만들든 인텔 CPU가 탑재돼 있다면 성능을 보장할 수 있다는 의미다.

인텔 인사이드 마케팅은 컴퓨터 산업의 주도권을 컴퓨터 제조사에서 CPU 제조사로 이동시켰다. 누가 만들어도 차별화가 되지 않는 PC는 껍데기일 뿐이고 실제 컴퓨터의 성능 차이는 인텔 CPU에 달려 있다는 인식이 형성됐다. 이에 반발한 컴팩은 '컴팩의 로고가 박힌 컴퓨터는 안에 뭐가 들어있는지 신경 쓰지 않아도 됩니다'라는 마케팅을 벌이기도 했다. 경쟁사의 반발에도 불구하고 인텔의 마케팅은 매우 성공적이었다. 2000년대 들어 인텔은 CPU 시장의 80% 이상을 점유하게 됐고 PC 제조사를 깡통 조립회사로 만들어버렸다. 이후 IBM은 PC 사업부를 중국 레노버에 매각하게 됐다.

인텔의 사례를 보면 역사는 천재의 압도적 재능으로 만들어지지 않는다는 것을 알 수 있다. 수많은 사람들의 아이디어와 이를 실현하는 노력, 이들에게 힘을 실어주는 경영자의 판단이 우연히 일치하는 지점에서 역사가 만들어진다.

AI
CHIP
REVOLUTION

3부

아이폰 모먼트, 2세대 저전력 반도체 시대를 열다

인텔의 공고한 아성,
소수가 연구하던 RISC

인텔의 요새는 모든 면에서 난공불락이었다. 외계인을 붙잡아 고문을 해서 기술을 탈취한다는 루머가 있을 정도로 뛰어난 기술력은 기본이었고 여기에 286, 386, 486으로 표현되는 x86 아키텍처는 컴퓨터 생태계를 구성하는 막강한 무기가 됐다.

인간이 인간의 언어를 사용하듯 컴퓨터는 0과 1로 이뤄진 기계 언어를 쓴다. 인간이 컴퓨터에게 명령을 하려면 0과 1로 된 기계어로 명령해야 한다. 하지만 누구도 0과 1로 컴퓨터에게 직접 명령을 전달하지 않는다. 너무 번거롭기 때문이다. 이때 ISA^{Instruction Set Architecture}는 인간의 언어를 기계가 인식할 수 있도록 하는 명령어 체계다. 즉 ISA는 인간이 만든 소프트웨어와 기계인 하드웨어를 연결하는 중재자라고 볼 수 있다.

x86은 인텔의 명령어 구조이자 이와 호환되는 명령어 집합

구조를 통칭하는 용어다. x86은 컴퓨터 생태계의 유일한 명령어 체계이며 CPU는 인텔의 독점적인 영역이었다. 사실상 유일한 경쟁자라고 할 수 있는 AMD가 제안한 x86 64비트도 결국 x86의 확장 버전이다. AMD가 CPU를 만들 수 있었던 것은 로버트 노이스가 AMD를 설립한 제리 샌더스에게 8086 칩을 제조할 수 있도록 허락해 줬기 때문이다. 둘은 페어차일드 반도체에서 함께 근무했던 동료다.

CPU의 별칭은 '마스터'다. 컴퓨터의 모든 부품들은 CPU의 명령을 받아 작동한다. CPU와 소통을 하려면 CPU의 언어를 알아야 하고 인텔 세계의 언어는 x86이다. 모든 하드웨어가 x86을 기준으로 만들어진다. 삼성전자가 제아무리 메모리 반도체를 잘 만든다고 해도 인텔 CPU에 맞지 않으면 어떤 컴퓨터, 어떤 서버에도 들어갈 수 없었다. 전 세계 컴퓨터 엔지니어들은 인텔의 차기 모델에 대한 힌트를 얻기 위해 인텔 본사가 있는 미국 캘리포니아 산타클라라 주변을 기웃거렸다. x86이 아닌 ISA를 활용할 경우 전 세계 모든 컴퓨터 생태계와 동떨어진 무인도에서 혼자 세계를 만들어야 했기 때문이다.

하지만 영원할 것만 같았던 인텔의 요새에 균열이 생긴 계기는 모바일폰의 등장이었다. 2007년, 애플의 CEO 스티브 잡스는 역사적인 발표를 한다. "터치로 조작할 수 있는 넓은 화면의 아이팟, 혁신적인 휴대폰, 획기적인 인터넷 통신기기. 이것들은 각각 3개의 제품이 아닙니다. 단 하나의 제품입니다. 우리는 이 새로운 제품을 '아이폰'이라고 부릅니다." 전 세계 사람들의 삶을 송두리째 바꿔버린 스티브 잡스의 이 신제품 발표회는 '아이폰 모먼트iPhone Moment'라고 불린다.

반도체 산업에도 아이폰 모먼트가 찾아왔다. PC와 서버는 전력을 항시 공급받을 수 있지만 모바일폰은 사람들이 들고 다닐 수 있도록 배터리에 저장된 전력만 사용해야 한다. 성능 개선만을 목적으로, 무어의 법칙에 따라 달려왔던 때와 달리 이제는 전력 효율성이 매우 중요해진 것이다. 또 모바일폰은 주머니에 들어갈 정도로 작아야 하기 때문에 반도체 크기도 작아야 한다. 기술 경쟁의 기준이 달라지면서 인텔의 독주에도 제동이 걸렸다. 인텔의 가장 강력한 무기 중에 하나였던 ISA도 낯선 경쟁자를 만나게 됐다.

인텔이 주도한 CPU 아키텍처인 x86은 복잡 명령어 구조라는 뜻의 CISCComplex Instruction Set Computer라고 부른다. 이에 대비되는 용어로 축소 명령어 구조를 뜻하는 RISCReduced Instruction Set Computer가 있다. 사용할 수 있는 명령어의 종류가 많으면 명령이 짧아지는 경향을 보인다.

예를 들어 곱하기라는 명령어와 더하기라는 명령어가 있다고 하자. 곱하기라는 명령어를 쓰면 '2×4'라는 문제를 한번에 계산해 8이라는 답을 찾을 수 있다. 반면 곱하기라는 명령어가 없고 더하기라는 명령어만 있으면 '2+2+2+2'처럼 여러 번 계산을 해야 8이라는 답을 찾을 수 있다. 다른 예로 '앞으로 두 걸음 왼쪽으로 한 걸음'을 가는 '앞두왼한'이라는 명령어가 있다고 하자. '앞두왼한'이라는 한 번의 명령으로 원하는 지시를 수행할 수 있다. 만일 '앞두왼한'이라는 명령어가 없으면 '앞으로, 앞으로, 왼쪽으로'라는 세 번의 명령으로 지시를 해야 한다.

CISC는 명령어 종류가 많고 RISC는 명령어 종류가 많지 않다. 다양한 명령어가 하드웨어에 내재돼 있으면 명령을 내리는 소프트웨어가 작아지고 짧아진다. 반대로 명령어 숫자가 적으면 하드웨어는 단순해지지만 소프트웨어가 크고 복잡해진다. CISC 체계는 하드웨어가 하는 역할이 많기 때문에 더 많은 트랜지스터를 필요로 하고, 전력 사용량도 많다. 반대로 RISC는 소프트웨어가 복잡한 대신 하드웨어의 부담이 적다. 값비싼 자원인 메모리 사용에도 차이가 있다. 그래서 RISC 칩은 CISC 칩에 비해 메모리를 30% 더 쓴다. 그래서 전체 반도체 가격도 20% 비싸다.

CISC와 RISC 중 어느 것이 더 좋은지는 상황에 따라 다를 수 있다. CISC를 기반으로 하는 인텔의 x86 CPU는 컴퓨터 성능이 매우 뛰어나며 프로그램이 단순하다. 다만 트랜지스터를 더 많이 사용하기 때문에 더 크고 비싼 칩이 필요하다. RISC는 소프트웨어는 복잡하지만 하드웨어는 부담이 적고 그만큼 전력 사용량이 적다. 반도체 성능에 집중할 것인가, 에너지 효율이 높은 대안을 모색할 것인지에 따라 CISC와 RISC는 선택 가능한 보기다. 이론적으로 그렇지 현실적인 선택은 CISC, 그중에서도 x86은 절대적인 정답이었다.*

AI 반도체 혁명

PC, 서버의 시대에 전력은 꾸준히 공급되는 요소였고 성능은 지속적으로 개선해야 할 영역이었다. 사실 경쟁이라는 표현이 무색하다. 컴퓨터 성능 개선이 최우선이었기 때문에 x86 진영이 일방적으로 우세한 가운데 RISC라는 대안이 소수의 개발자들 사이에서 논의됐을 뿐이다. 단순히 전력 사용량이 적다는 것만으로는 시장을 형성하기 힘들었다. RISC는 전력 사용량이 적고 그만큼 성능이 떨어지는 반도체였을 뿐이다.

앞서 설명했던 x86을 사용하지 않는다는 것은 언어가 달라진다는 의미이다. RISC 기반으로 만든 하드웨어, 소프트웨어는 전세계 모두가 사용하고 있는 인텔의 생태계와 호환이 안된다. 조금 더 최적화된 반도체를 만들 수는 있지만 그 반도체를 쓰겠다고 모든 사람들이 사용하는 모든 하드웨어, 소프트웨어와 별도의 생태계를 만들 수 없는 노릇이었다. 그런 와중에 대서양 건너편에서는 2세대 반도체의 기반이 될 하나의 싹이 자라나고 있었다.

• 인텔은 CISC의 단점을 보완하기 위한 다양한 개선을 이뤘다. CISC를 명령어로 받지만 내부적으로 RISC 명령어로 바꿔주는 기능을 내장했다. 다양한 새로운 명령어 체계(instruction)를 추가할 수 있는 장점과 RISC의 단순한 하드웨어 구조의 장점을 모두 얻기 위한 변화다. 이러한 구조는 멀티미디어와 AI에 대응하는 새로운 체계를 만들 수 있다는 장점이 있다. 최근에는 CISC로 ISA를 구성하면서 내부는 RISC로 구현하는 하이브리드 형태가 인텔의 장점으로 꼽히기도 한다.

RISC 진영의 왕좌를 차지한
ARM

1980년대, 영국 정부와 공영방송 BBC는 영국 국민들이 컴퓨터라는 신기술에 대한 인식이 너무 미흡하다고 판단했다. 그래서 대중들의 인식을 높이고 교육 수준을 높이기 위해 'BBC 컴퓨터 리터러시 프로젝트'를 진행했다. 「실리콘 팩터」, 「마이크로 매니징」 등의 TV시리즈가 제작됐고 관련 보고서인 「마이크로 일렉트로닉스」가 전국에 배포됐다.

하지만 컴퓨터에 익숙해지기 위해 필요한 것은 교육 방송만이 아니었다. 국민들이 직접 경험해 볼 수 있도록 개인용 컴퓨터 보급이 필요했다. 이에 영국 정부와 BBC는 컴퓨터 교육을 위해 'BBC 마이크로'라는 컴퓨터를 만들었다. 이를 설계한 회사는 에이콘 컴퓨터^{Acorn Computer}였다. BBC의 컴퓨터 교육 프로젝트는 큰 성공을 거뒀다. 또 정부가 주도해 보급했던 만큼 대부분 학교에

AI 반도체 혁명

서 BBC 마이크로가 채택됐고 200만 대 이상이 판매됐다. 'BBC 컴퓨터 리터러시 프로젝트'는 에이콘 컴퓨터가 주요 컴퓨터 제조사로 성장하는 기반이 됐다.

에이콘 컴퓨터는 현재 모바일폰의 두뇌인 AP^{Application Processor} 설계의 95%를 차지하고 있는 ARM의 전신이다. 에이콘의 창업자는 크리스 커리와 헤르만 하우저인데 커리는 판매 마케팅을, 하우저는 기술을 주로 담당했다. 에이콘이라는 이름은 전화번호부에서 애플보다 먼저 이름이 나올 수 있게 하려고 지었다는 재미있는 일화도 있다.

에이콘은 BBC 마이크로 덕분에 많은 매출과 영업이익을 올렸고, 영국 증권 시장에 상장도 했다. 하지만 영국 정부의 컴퓨터 보급 지원 프로그램이 종료됐고, 치열한 시장 속에서 에이콘의 경쟁력은 급격하게 하락했다. 에이콘의 경영진들은 새로운 돌파구를 마련하기 위해 고민했고 이에 RISC를 기반으로 한 반도체 연구를 시작했다.

RISC 명령어 구조는 대부분 반도체들이 전체 명령어의 20% 정도만 사용한다는 점을 주목했다. 불필요한 명령어를 배제하고 자주 사용하는 명령어에만 집중하면 전력 사용량을 줄일 수 있다는 것이다. RISC 아이디어는 1975년 IBM의 존 코크가 전화 교환기 반도체를 만드는 과정에서 있었던 명령어 체계 축소로 시작됐다. 명령어 체계는 상호 호환성을 유지하면서 추가적인 수요에 대응하기 위해 날로 복잡해지고 있었다. 이후 에이콘은 1985년 실리콘밸리에 위치한 VLSI테크놀로지와 함께 첫 번째 마이크로칩 ARM1^{Acorn RISC Machine1}을 개발했다.

성능도 뛰어나고 무엇보다 전력 사용량을 많이 줄일 수 있었다. 그럼에도 불구하고 에이콘의 반도체는 그리 주목받지 못했다. 대부분 컴퓨터는 전력이 연결된 상황에서 작동했기에 저전력 반도체는 전력을 적게 쓰고 성능은 그 정도 수준인 반도체에 불과했던 것이다.

벼랑 끝에 몰린 에이콘에게 손을 내민 것은 미국의 애플이었다. 애플은 에이콘, VLSC테크놀로지(현 NXP반도체)와 조인트벤처 회사를 설립했고 사명을 ARM^{Advanced RISC Machine}으로 정했다. 에이콘^{Arcorn}의 A가 아니라 어드밴스드^{Advanced}의 A다. ARM^{Acorn RISC Machine} 반도체와 약자는 같지만 전체 이름은 약간 다르다.

애플은 손에 들고 다닐 수 있는 모바일 단말기를 만들고자 했고 저전력 반도체가 필요했다. 애플은 ARM이 만든 저전력 반도체 ARM610을 기반으로 1993년에 세계 최초의 개인정보 단말기 뉴튼 메시지 패드를 만들었다. 아이폰과 아이패드의 조상이라고 할 수 있는 제품이다.

앞서 설명했듯이 x86 명령어 체계를 사용하지 않으면 다른 운영체제들과 호환이 안 된다. 그래서 애플은 전용 운영체제로 뉴튼OS를 만들고, 자체 프로그래밍 언어인 뉴튼 툴킷도 만들었다. 펜으로 액정에 글씨를 쓰거나 그림을 그릴 수 있는, 당시로서

AI 반도체 혁명

는 파격적인 기능도 탑재했다.

하지만 뉴튼 메시지 패드는 실패했다. 액정에 필기를 하는 기능의 완성도가 너무 떨어졌던 것이다. 화면은 글씨를 잘 인식하지 못하고 느렸다. 뉴튼 메시지 패드는 조롱거리가 됐다. 미국의 대표 애니메이션 「심슨 가족」에 뉴튼 메시지 패드가 나오는 장면이 있다. 만화 속 주인공이 '마틴을 때려줘(Beat up Martin)'라는 메모를 적는데, 뉴튼은 '마사를 먹어라(Eat up Martha)'로 인식한다. 뉴튼 메시지 패드는 얼마 못 가 단종됐다. 하지만 개발 인력은 유지됐고 이들은 이후 아이폰을 만드는 기반이 되었다.

* 애플 뉴튼 메시지 패드 (출처: 위키피디아)

❖ ◇ ◇ ❖ ◇ ✧

　에이콘 컴퓨터는 인텔과 마이크로소프트가 지배하는 개인용 컴퓨터^{PC} 시장에서 힘겹게 명맥을 이어갔지만 결국 2001년에 폐업했다. ARM은 그 뿌리를 잃었지만 CPU 디자인 파트는 살아남아 ARM9, 10, 11 등 저전력 CPU를 꾸준히 출시했다.

　ARM이 다시 부활하게 된 계기는 노키아^{Nokia}였다. 사실 모바일폰의 기틀을 만든 지역은 북유럽이었다. 핀란드, 스웨덴, 노르웨이 등 북유럽은 국토가 넓고 인구 밀도가 낮다. 유선 전화선을 까는 데 비용이 많이 들고 비효율적이다 보니 북유럽 국가들은 이동통신 네트워크 구축에 관심이 많았다. 이후 1991년, 노키아는 처음으로 GSM$^{Group\ Special\ Mobile}$ 방식으로 이동통신을 시작했다. 모바일폰의 보급도 빠르게 이뤄졌다.

　1990년대 전 세계에서 가장 이동전화 보급이 많이 이뤄진 나라는 노르웨이, 스웨덴, 아이슬란드 순이었다. 노키아는 연간 4천만 대 이상의 휴대폰을 판매해 글로벌 1위 업체에 올라섰다. 노키아의 최고 히트작은 6110시리즈다. 6110은 35개나 되는 연결음을 고를 수 있는 기능을 제공했고 당시 최고 인기 게임이었던 뱀^{Snake} 게임이 기본으로 설치된 최첨단 모바일폰이었다.

　이런 모바일 서비스가 가능했던 것은 텍사스 인스트루먼트가 만든 고성능 모바일용 CPU가 있었기 때문이고, 이 CPU는 ARM 아키텍처를 기반으로 만들어졌다. 전력 효율성이 높아 5시간 연속 통화가 가능했고 무게도 137그램에 불과했다. 벽돌폰이 정말 휴대폰이 된 것이다. 휴대용 전자기기 시장은 점차 확대됐고 ARM 아키텍처가 가진 저전력의 장점이 점차 두각을 나타내기 시작했다.

* 노키아 6110, 6150 (출처: 위키피디아)

이후 ARM은 직접 CPU를 만드는 대신 CPU 설계도를 판매하는 방식의 사업 모델로 전환했다. 누구나 돈만 내면 ARM의 아키텍처를 기반으로 스스로 CPU를 만들 수 있게 됐다. 삼성전자도 1994년 ARM과 라이선스 계약을 맺고 모바일폰용 반도체를 만들었다.

ARM 기반 CPU로 공전의 히트를 기록한 제품으로는 전 세계 휴대용 음악 기기 시장을 평정한 애플 아이팟iPod이 있다. 그리고 전 세계 사람들 손에 컴퓨터를 하나씩 들고 다니게 만든 아이폰 iPhone이 출시되면서 본격적인 모바일 컴퓨팅 시대가 열렸다. 이때 전력을 적게 사용하는 ARM 아키텍처는 모바일 시대의 표준으로 자리매김했다.

이때까지 인텔은 모바일에서도 마이크로소프트의 윈도우를 가동할 수 있는 x86 기반 CPU에 집착하고 있었다. 하지만 성능이 아무리 좋아도 전력을 많이 사용하는 반도체는 모바일에 적합하지 않다. 인텔이 복잡한 명령 체계를 갖춘 CISC에서 벗어나지 못한 이유는 많다. 우선 인텔을 기반으로 형성된 생태계가 어마어마하게 크다. 기존에 사용하던 제품들과 호환을 하려면 기존에 있던 명령어 체계를 유지해야 했다. 최적화를 한다고 하더라도 아예 밑바닥부터 필요한 것만 만들어 쌓아 올린 RISC에 비해 무거울 수밖에 없다. 호환성은 시대를 유지하는 데 가장 강력한 방어 수단이지만, 새로운 시대로 전환하는 데는 가장 무거운 족쇄가 되기도 한다.

반도체 패러다임의 변화는 기술뿐 아니라 경쟁 구도의 변화로도 이어졌다. 인텔 역시 새롭게 형성되고 있는 모바일 시장을 두고보기만 한 것은 아니었다. 2010년 인피니온으로부터 무선 사업부를 인수했고 2012년에는 x86 기반으로 전력 사용량을

90% 줄인 아톰 프로세서를 만들었다.

애플이 인텔의 모바일AP를 사용해도 이상할 것은 없었다. 월터 아이작슨이 쓴 스티브 잡스 회고록에 따르면 처음에 잡스는 인텔의 아톰 칩을 아이패드에 탑재하려 했다고 한다. 이에 당시 수석 부사장이었던 토니 파델은 인텔 칩을 탑재하면 사표를 내겠다며 매우 강력하게 반대했다. 파델은 전력 사용량이 적은 ARM을 기반으로 만든 반도체를 아이폰에 넣어 성공했던 만큼 아이패드에도 ARM 기반 반도체를 넣어야 한다고 주장했다. 파델은 다시 인텔 생태계에 종속되어선 안된다며 자체적인 반도체를 만들어야 할 것을 강조했다. 이에 애플은 ARM 라이선스를 얻고 설계회사인 PA세미를 인수해 A4 칩을 만들었다. 그리고 설계한 반도체의 제조를 삼성전자 파운드리에 맡겼다.

애플이 인텔 반도체를 선택하지 않은 데는 인텔의 경직적인 태도도 영향을 미쳤다. 잡스는 전기를 통해 "인텔은 정기선처럼 매우 느렸고 기능을 개선해 달라는 우리의 요구사항을 수용하지 않았다"며 "인텔에게 우리의 설계를 가르쳐 주고 싶지 않았다. 다 가르쳐 주고 나면 인텔이 나의 경쟁자들에게 이를 팔아먹을 수도 있을 거라 생각했다"고 덧붙였다.

최후의 순간까지도 인텔에게 기회는 있었다. 인텔이 납품 가격만 양보했어도 인텔은 그들의 지위를 모바일 시대에도 유지할 수 있었다. 당시 인텔 CEO 오텔리니는 "애플은 인텔에 지불할 가격대를 제시한 뒤 니켈 동전(5센트) 하나도 더 줄 수 없다고 일방적으로 통보했다"며 가격 때문에 납품을 포기했다고 말했다.

애플이 지나치게 많은 생산 전망을 근거로 낮은 가격을 제시했기 때문이다. 하지만 아이폰은 인텔이 생각했던 것보다 훨씬 많이 팔렸고, 그보다 낮은 가격에 납품을 했어도 인텔은 큰 수익을 낼 수 있었다. 이후 오텔리니 CEO는 "데이터를 근거로 판단하지 말았어야 한다. 당시 내 직감은 애플의 제안을 받아들이라고 말하고 있었다"고 말했다.

기존 경쟁 구도가 무너지고 새로운 질서가 만들어질 때 과거의 제왕은 모든 업체들에게 견제의 대상이 된다. 1위 업체는 보수적인 판단을 하기 마련이다. 이들은 치고 나가기보다 지키는 게 중요하다. 그래서 새로운 기술을 과감하게 채택하기보다는 기존 기술을 개선하는 데 더 많은 역량을 쏟는다.

반면 후발 주자들은 새로운 기술을 과감하게 채택한다. 개선 정도로는 1위를 넘어설 수 없기 때문이다. 인텔이 PC 시대를 지배하던 방식을 오랫동안 지켜본 경쟁자들은 모바일이라는 새로운 시대를 인텔이 점령하게 두지 않았다. 두뇌를 지배당한 생태계 안에서 나머지 업체들은 '을'일 뿐이었다. 새로운 질서에서 ARM이 절대적인 점유율을 차지할 수 있었던 것은 시장을 점유하면서도 지배하지 않는 특이한 사업 구조를 가졌기 때문이다. ARM은 직접 CPU를 만들어 팔지 않고 설계도만 판다. 반도체 회사들은 누구나 돈만 내면 ARM의 설계도를 살 수 있다. 반도체 회사들은 ARM의 설계도를 기반으로 각자 필요에 따라 자체적으로 반도체를 만들 수 있다.

ARM의 설계도를 사용하지 않을 수 없지만 그렇다고 ARM이 설계도를 팔지 않을 것을 염려할 필요는 없다. 누구나 ARM의 설계도를 기반으로 반도체를 만들지만 최종 성능까지 동일한 것은 아니다. 모바일AP는 CPU뿐 아니라 영상처리, 통신, 메모리, 카메라, 오디오 등 각종 기능을 가진 반도체를 하나의 설계로 만든 반도체다. 모바일폰이라는 좁은 공간에 여러 반도체를 넣어야 하기 때문에 여러 기능을 하나의 설계도에 넣어 하나의 반도체로 만들어야 한다.

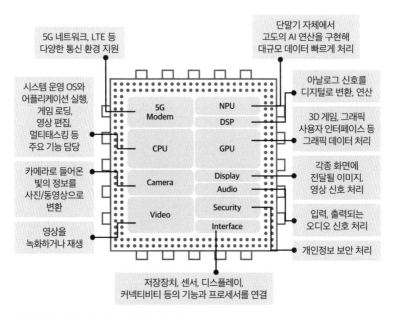

* 모바일 AP 분석 (출처: 삼성반도체 이야기)

ARM의 설계도로 CPU를 그렸다고 해도 모바일AP에서는 CPU도 부분일 뿐이다. ARM의 설계도를 기반으로 하면서도 각자 필요에 따라 설계도를 수정하고 나머지 기능을 수행하는 반도체 회로를 어떻게 설계하고 배치하냐에 따라 종합 성능은 크게 차이가 난다. 삼성전자, 퀄컴, 애플은 모두 ARM의 설계도를 기반으로 CPU를 만들지만 칩 성능은 모두 다르다. 묘한 경쟁 구도가 만들어지는 것이다.

반도체 업체와 최종 디바이스를 만드는 업체 사이의 관계도 달라졌다. 컴퓨터를 만드는 IBM과 반도체를 만드는 인텔은 최고의 파트너였다. 하지만 컴퓨터를 조립하는 일은 점차 보편적인 기술이 됐고 급기야 IBM은 PC 사업부를 중국 레노버에 팔아버렸다. 인텔은 절대 강자로 전 세계 PC 시장을 장악했지만 컴퓨터 세트를 만드는 업체는 단순 조립 회사로 전락하며 저렴한 인건비로 승부하는 개발도상국에서나 할 법한 업종이 됐다.

이를 지켜본 업체들은 자신들의 두뇌를 남에게 맡기는 것이 얼마나 위험한지를 체감하게 됐다. 모바일 시대에 들어서자 디바이스, 모바일폰을 만드는 업체들은 직접적이든 간접적이든 반도체에 발을 담궜다. 애플은 스스로 개발한 애플실리콘을 아이폰, 아이패드, 맥북 등 자사 제품에 사용한다. 애플은 외부에 반도체를 한 개도 판 적이 없지만 애플이 만든 애플실리콘 제품들의 매출 추정치를 고려하면 애플은 인텔, 삼성전자에 이어 세계 3위 반도체 업체라고 할 수 있다. 출하량 기준 스마트폰 판매 세계 1위 업체인 삼성전자 역시 직접 설계한 모바일AP 엑시노스를 보유하고 있다. 삼성은 프리미엄 모델에는 퀄컴의 모바일AP를 사용하지만 중저가 모델에는 자체 반도체를 탑재하고 있다.

인텔은 어떻게든 모바일 시장에 진출하기 위해 최후의 수단까지 썼다. 자사 반도체를 사용하는 모바일폰 제조사에게 리베이트까지 준 것이다. 하지만 모바일 반도체 시장에 발을 붙이지 못하고 결국 2016년 아톰 칩을 중심으로 한 모바일 사업을 접고 말았다.

모바일 시대,
새로운 공룡의 탄생

ARM 기반의 CPU는 모바일 반도체 시장에 여러 공룡들을 탄생시켰다. 모바일폰에는 CPU, GPU, 메모리 등을 따로따로 넣을 만한 공간이 마땅치 않다. 그래서 모바일폰은 CPU, GPU, 모뎀, 메모리, 영상·음성처리 등 다양한 기능의 반도체를 하나의 칩에 담은 AP가 두뇌 역할을 한다. 여러 기능의 반도체가 하나에 모여 있다고 해서 시스템 온 칩SoC, System on a Chip이라고도 부른다. 모바일AP의 주요 제조사는 퀄컴, 애플, 미디어텍, 삼성전자 등으로 퀄컴의 스냅드래곤, 삼성전자의 엑시노스, 애플의 애플실리콘, 미디어텍의 디멘시티 등이 있다. 각자 다른 성능을 내는 모바일 AP지만 그 안에 들어가는 CPU는 모두 ARM의 설계도를 기반으로 한다.

퀄컴은 1985년에 설립된 통신 회사다. 퀄컴의 이름 자체가

AI 반도체 혁명

'품질 좋은 소통Quality Communication'을 의미한다. 퀄컴은 주파수 활용도와 보안성이 높은 CDMA[Code Division Multiple Access] 특허를 보유하고 있었다. 하지만 미국 시장에서는 TDMA[Time Division Multiple Access] 방식이 일반적이어서 퀄컴의 기술은 활용되지 않았다. 그러다 1996년 한국 정부가 세계 최초로 CDMA 상용화에 성공하면서 CDMA 기술이 본격적으로 활용됐다.

한국을 시작으로 2000년대 이후 대부분 국가에서 CDMA를 이동통신의 표준으로 삼았다. 퀄컴은 2G(CDMA), 3G(WCDMA), 4G(LTE)의 이동통신 세대에 걸쳐 최대의 표준필수특허[SEP] 보유자가 됐다. 퀄컴의 무선통신 반도체 설계도는 모든 모바일AP에 들어간다. 퀄컴은 자사의 무선 모뎀 IP와 ARM의 설계를 기반으로 한 CPU를 조합해 모바일AP 스냅드래곤을 만들어 통신 회사에서 반도체 회사로 영역을 넓혔다.

퀄컴의 위치는 묘하다. 디바이스 업체들은 퀄컴의 통신 관련 지적재산[IP]을 사용하지 않고는 통신 사업을 할 수 없다. ARM의 설계도를 사용하지 않고 모바일 CPU를 만들 수 없는 것과 마찬가지다. 퀄컴은 모바일폰을 만드는 데 필수적인 통신 기술 표준 특허를 가지고 있다. ARM은 설계도만 만들어 라이선스로 팔지 직접 CPU을 만들지는 않는다. 하지만 퀄컴은 특허 라이선스를 팔고 직접 스냅드래곤 칩을 만들어 팔기도 한다.

예를 들어 삼성전자가 모바일폰을 만들 때 자체 모바일AP 엑시노스를 만들려면 퀄컴으로부터 통신 특허 IP를 사야 한다. 그러면서 삼성전자는 자사 모바일폰에 퀄컴의 모바일AP 스냅드래곤을 사서 넣기도 한다. 삼성전자는 퀄컴의 모바일AP를 사주는 '갑'이다. 자체 모바일AP 엑시노스가 있으니 타 업체들과의 협상에서도 우위에 있다. 스냅드래곤을 '굳이' 사줄 유인은 약하다.

그럼에도 불구하고 삼성전자가 스냅드래곤을 쓰는 이유는 다양하다. 일단 스냅드래곤의 성능이 엑시노스보다 우위에 있다. 삼성전자는 프리미엄 모바일폰 갤럭시S시리즈를 출시할 때 가장 좋은 모델인 갤럭시S울트라에 스냅드래곤을, 나머지 갤럭시S+와 그 이하 A시리즈 등 저사양 모델에는 엑시노스를 채택하곤 한다. 지역에 따라 미국에는 스냅드래곤을, 국내와 유럽에는 엑시노스를 탑재하기도 했다. 갤럭시S22의 경우 처음에는 유럽향 S22에 엑시노스를 넣으려 했다가 발열 문제가 생겨 모든 모델의 AP를 스냅드래곤으로 교체하기도 했다.

성능 외에도 스냅드래곤을 사용해야 할 또 다른 이유가 있다. 엑시노스의 경우 퀄컴의 통신 특허를 사용하지 않으면 만들 수 없다. 이에 퀄컴은 표준필수특허SEP 사용 계약을 맺으면서 자신들의 반도체를 사도록 연계한 계약 체결을 강요했다. 해당 특허가 없으면 생산 자체를 할 수 없기에 삼성전자는 돈 주고 사는 입장임에도 아쉬운 소리를 할 수밖에 없었다.

그런데 2017년, 한국 공정거래위원회는 퀄컴에 시장지배적 지위 남용 행위에 대한 시정 명령과 함께 과징금 1조 300억 원을 부과했다. 퀄컴의 전 세계 모뎀 칩셋, 로열티 매출액은 연간 약 251억 달러인데 이 중 한국 시장 매출액이 무려 20%에 달한다. 글로벌 전체 매출의 20%를 차지할 정도면 매우 중요한 고객이라는 뜻이다. 문제는 퀄컴이 가진 통신 기술이 모바일폰을 만드는 데 반드시 필요한 표준필수특허라는 점이다. 해당 특허가 없으면 아예 생산 자체를 할 수 없는 상황인 것이다.

이런 경우 로열티만 지불하면 차별 없이 특허를 사용할 수 있도록 해줘야 한다는 것이 공정거래법의 일반 원칙이다. 그런데 퀄컴은 표준필수특허 사용 계약을 맺으면서 자신들의 반도체를 사도록 연계한 계약을 강요했고, 심지어 모바일폰 제조사가 가진 특허를 자신에게 무상으로 제공하도록 부당 계약을 맺기도 했다. 한국 공정거래위원회 조사에는 한국 삼성전자, LG전자만 참여한 것이 아니라 애플, 인텔, 엔비디아, 미디어텍, 화웨이, 에릭슨 등 각국의 정보통신 기업들이 참여했다. 전 세계 통신 산업을 좌지우지하는 테크 기업들이 퀄컴에게 갑질을 당해왔던 것이다.

퀄컴은 이후 공정위를 상대로 행정 소송을 제기했지만 최종 패소했다. 2023년 대법원은 퀄컴이 공정위를 상대로 낸 시정 명령 등 취소 청구 소송에서 한국 정부의 손을 들어줬다. 시장 지배적 지위를 남용한 부분을 토대로 산정된 과징금 1조 311억 원은 전액 적법한 것으로 판단했다. 재판부는 "퀄컴은 시장 지배적 지위를 이용해 경쟁사인 칩셋 제조사에 라이선스 계약을 거절했고, 휴대폰 제조사에 라이선스 계약의 체결을 강제했다"며 "이런 행위는 시장 지배적 지위 남용 행위에 해당한다"고 설명했다.

퀄컴은 뛰어난 통신 기술을 기반으로 모바일AP 시장에 진출했고 전 세계 모바일 폰의 두뇌를 만드는 손꼽히는 기업으로 성장해 왔다. 앞으로 퀄컴은 자율주행 자동차 플랫폼 '스냅드래곤 오토', 온디바이스 AI용 모바일AP 등을 만들며 종합 AI 플랫폼 회사로의 변화를 꾀하고 있다.

대만의 미디어텍 역시 모바일AP 시대의 공룡으로 떠오른 회사다. DVD가 영상 콘텐츠 시대를 지배하던 시절 미디어텍은 DVD 플레이어 제어칩을 만들어 큰 성공을 거뒀다. 이후 2011년 와이파이 칩 세계 4위인 라링크를, 2012년에는 세계 최대 TV용 반도체 엠스타를 인수해 세계 4위 팹리스 회사로 발돋움하게 됐다. 미디어텍은 중저가 모바일AP에 강점이 있는 업체로 성장했고 퀄컴, 애플, 삼성전자 등에 이어 4, 5위의 순위를 차지하게 되었다.

미디어텍이 전 세계 1위 업체로 올라서게 된 계기는 중국 시장 덕분이다. 중국 모바일폰 시장에서 삼성전자의 점유율은 2013년 20%로 정점을 찍은 뒤 줄곧 하락해 0%대까지 떨어졌다. 프리미엄 시장은 애플, 화웨이에 뺏기고 중저가 시장은 오포, 비보, 샤오미 등 중국 업체들에게 밀렸다. 모바일폰 판매량 하락은 그 안에 들어가는 모바일AP 점유율 하락으로 이어졌다. 그 빈자리를 차지한 것은 미디어텍과 중국 업체(유니SOC, 하이실리콘)

였다. 2023년 3분기 기준 모바일AP 시장점유율 1위는 미디어텍(31%)이다. 2위는 퀄컴(28%), 3위는 애플(18%) 순이다. 4위와 6위는 중국 스마트폰에 주로 탑재된 유니SOC(13%), 하이실리콘(1%)다. 갤럭시 M시리즈, A시리즈에 들어가는 엑시노스를 만드는 삼성전자(5%)는 5위다.

반도체 시장 경쟁은 성능만을 기준으로 하지 않는다. 삼성전자가 왜 중국 시장에서 판매가 줄었는지는 다양한 측면에서 볼 수 있다. 중국 업체들에 비해 가성비가 안 좋아서일 수도 있고 2017년 사드 보복에 따른 한국 제품 불매 운동 때문일 수도 있다. 어쨌든 삼성전자의 점유율은 떨어졌고, 미디어텍은 글로벌 1위 모바일AP 회사로 자리매김하게 됐다.

모바일 시대의 절대 강자,
애플 신화의 시작

⑮

모바일 반도체 시대에 반도체 업체들은 수직 계열화로 영역을 공고히 했다. 한 분야의 장악력은 다른 분야에 진출하는 강력한 무기가 됐고 영역이 넓어질수록 영향력은 더욱 커졌다. 메모리 반도체 시장을 평정한 삼성전자는 전 세계 반도체 회사들이 가장 위협적으로 느끼는 기업이다. 애플이 아이폰을 출시하자마자 삼성은 부족하지만 옴니아를 출시해 빠르게 추격했고 갤럭시 시리즈를 출시하며 세계 1위 모바일폰 회사로 발돋움했다. 스마트폰에 들어가는 모바일AP와 메모리 반도체를 만들고 메모리 반도체를 만들며 축적한 반도체 위탁생산(파운드리) 역량도 갖췄다. 카메라 기능을 하는 이미지 센서, 스마트폰에서 가장 넓은 부분을 차지하는 디스플레이, 부품부터 세트까지를 수직 계열화한 유일한 기업이기도 하다. 애플 역시 첫 아이폰을 출시했을 때 삼성전자의 모바일AP를 탑재했다. 황창규 삼성전자 반도체 총괄 사장은 애플의 제안을 받고 ARM 기반의 모바일AP를 만들어 공급했다. 당시 아이폰 개발을 맡은 애플의 터프맨은 "시제품 완성에 보통 몇 달은 걸리는데 그들은 단 6주 만에 완성했다"고 놀라워했다. 애플은 2010년부터 삼성전자가 설계한 모바일AP가 아니라 스스로 설계한 A4를 탑재했다. A4는 ARM의 기반으로 애플이 설계했고, 제조(파운드리)만 삼성전자가 했다.

이처럼 애플과 삼성전자는 초기에는 협력 관계였지만 시간이 흐르자 글로벌 모바일폰 시장에서 1, 2위를 다투는 경쟁자가 됐다. 삼성전자의 추격에 위협을 느낀 애플은 칼을 빼들었다. 2011년, 애플은 미국에서 삼성전자가 아이폰의 디자인과 특허를 침해했다며 특허 소송을 제기했다. 이후 2018년, 최종적으로 미국 캘리포니아주 새너제이 연방지방법원에 '화해하고 모든 소송을 취하한다'는 서류를 제출할 때까지 애플과 삼성전자는 독일, 네덜란드, EU집행위원회, 영국, 일본, 한국 등 전 세계 9개국에서 7년간 특허 전쟁을 벌였다. 애플은 더 이상 삼성전자가 설계한 반도체를 사용하지 않게 되었고, 자체적으로 설계한 반도체의 위탁제조도 삼성전자가 아닌 TSMC에 맡겼다. 애플은 TSMC 전체 매출의 25%를 차지하는 가장 큰 고객이 됐다. TSMC가 가장 많은 투자가 필요한 선단 공정을 만들면 가장 먼저 주문하는 고객은 애플이다.

애플이 자체적으로 모바일 반도체를 만들게 되면서 타격을 입은 건 삼성전자뿐만이 아니었다. 애플은 모바일을 넘어 데스크톱에서도 인텔 CPU를 밀어내는 '탈인텔'을 선언했다. 모바일 폰을 만들기 전, 애플은 PC에 모토로라 CPU를 사용했다. 이후 애플-IBM-모토로라가 연합해 파워PC를 만들었지만 인텔과의 CPU 경쟁에서 크게 뒤처지게 된다. 결국 기술 경쟁력에서 밀린 애플은 2006년부터 인텔의 CPU를 사용하게 됐다. 모바일에서는 ARM을 기반으로 자체 설계한 반도체를 사용했지만 노트북, 데스크톱에서는 여전히 인텔 CPU를 사용했다. 전력 효율성은 ARM 반도체가 좋지만 성능 면에서는 아직 x86 인텔 CPU에 못 미쳤기 때문이다. 2020년 애플은 ARM 기반으로 직접 설계한 반도체 'M1'을 공개했다. 그러면서 M1을 노트북 맥북에어, 맥북프로, 소형 데스크톱에 탑재하겠다고 밝혔다. 아이폰을 필두로 모바일 시대를 열었던 애플은 14년 만에 PC에서도 인텔에게 빼앗긴 두뇌를 다시 차지하게 된 것이다.

ARM 기반 CPU는 인텔 CPU에 비해 성능이 낮을 수 있다. 이에 애플은 M1을 만들면서 M1 MAX 칩 2개를 연결한 'M1 울트라'를 만들었다. 1140억 개의 트랜지스터로 구성된 M1 울트라는 20코어 CPU, 64코어 GPU, 32코어 뉴럴 엔진을 갖췄고 최대 128기가바이트의 고대역 통합 메모리도 넣었다. x86 기반 인텔 CPU에 밀리지 않는 성능이다. 인텔이 성능 경쟁에서 ARM에게 밀렸다고 평가하기는 힘들다. ARM의 RISC 기반 아키텍처는 저전력이라는 장점이 있지만 그렇다고 인텔이 기술적으로 대응하기 불가능했다고 볼 수는 없다. 기술적 특성과 더불어 경쟁 관계까지 봐야 모바일 반도체 시대의 승자와 패자를 가른 요인을 평가할 수 있다.

인텔은 전통적으로 반도체의 디자인과 생산, 판매까지 모든 과정을 수직적으로 통합한 사업 모델로 모바일 시장에 접근했다. PC 시대 인텔 생태계에서 벗어날 수 없었던 경쟁자들은 새로운 시대가 열리자 인텔과 협력 관계를 배제하고 자체적인 생태계 구축에 나섰다.

통합 방식도 다르다. 인텔은 반도체의 설계, 생산, 판매가 수직 계열화되어 있는 종합 반도체 회사다. 모바일 시대의 반도체는 설계도를 만드는 ARM과 반도체를 설계하는 삼성전자, 애플, 퀄컴 등이 분리되어 있다. 또 반도체 위탁생산(파운드리)만을 전문으로 하는 TSMC, 삼성전자 등 파운드리도 분리되어 있다. 분절화, 전문화를 통해 경쟁사들은 인텔의 영역을 하나둘 빼앗았다. 파운드리만을 전문으로 하는 TSMC는 인텔의 생산 능력을 능가하며 전 세계 파운드리 시장의 50% 이상을 차지했다. 반도체 생산 공정 경쟁력의 차이는 반도체 성능의 차이, 시장점유율의 차이로 이어졌다. TSMC 파운드리를 이용하는 AMD는 인텔이 절대적인 점유율을 차지하던 PC CPU 시장의 절반을 빼앗았다.

다른 방식의 수직 계열화 역시 모바일 반도체 시대의 특징이다. PC 시대에 인텔은 두뇌인 CPU를 장악했고 IBM, 컴팩 같은 세트 업체들을 저부가 조립 업체로 전락시켰다. 모바일폰 시대에 세트 업체들은 직접 반도체를 만드는 수직 계열화를 통해 생태계를 공고히 했다. 삼성전자, 애플, 중국 화웨이조차도 직접 모바일 AP를 만든다. 세트 업체가 자체 반도체를 만드니 반도체 전문 업체의 협상력은 낮아질 수밖에 없다.

반도체 시장은 매우 강력한 과점 시장이면서 전문화된 영역별 파트너십이 중요하다. 최고의 설계 기술 기업과 제조 기업이 파트너십을 가져야 한다. 이들은 서로의 목을 겨누면서 손잡고 수직계열화를 하면서 각 영역별 사업을 주고받는다. 생태계가 구축되면 영원히 무너지지 않을 것 같은 공고한 성채가 구성된다.

하지만 패러다임 전환의 시기가 오면 그동안 수면 아래에 존재했던 수많은 기술들이 새로운 파도를 타고 수면 위로 올라온다. 마치 지구를 영원히 지배할 것만 같았던 거대한 공룡이 기후 변화에 따라 멸종하고 새로운 기후에 잘 적응한 인간이 지구를 지배한 것 같은, 그런 시장이 바로 반도체 시장이다.

AI CHIP

REVOLUTION

AI
CHIP
REVOLUTION

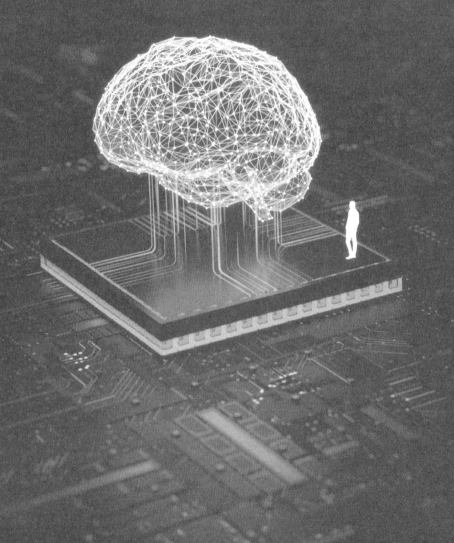

4부

3세대 반도체, 컴퓨터 연산으로 인공지능을 구현하다

인공지능을 향한 인간의 욕망,
기계로 두뇌를 만들다

거대한 전산실 컴퓨터에서 누구나 집집마다 둘 수 있는 데스크톱 컴퓨터, 휴대가 가능한 노트북, 주머니에 넣을 수 있는 스마트폰까지 컴퓨터는 더 작아졌다. 또 다른 측면에서는 거대한 클라우드 서버가 대규모 데이터를 저장하고 엄청난 컴퓨터 성능을 제공함에 따라 사용자가 사용하는 디바이스는 클라우드가 처리한 데이터를 수신만 하면 되는 변화도 나타났다. 컴퓨터가 변했고 반도체도 변했다. 컴퓨터가 변해서 반도체가 변한 건지, 반도체 성능의 개선으로 컴퓨터가 변한 건지 딱 잘라 말할 수 없지만 어쨌든 사람들의 디지털 환경 변화는 반도체의 변화와 매우 밀접하게 관련돼 있다.

반도체의 다음 목표가 뭐냐고 묻는다면 쉽게 답할 수 있다. 바로 인공지능이다. PC 시대에서 모바일 시대로 전환될 때 반도체에 요구되는 경쟁력은 성능에서 전력 효율성으로 바뀌었다. 반도체의 특징과 경쟁 구도가 바뀌면서 절대 강자였던 인텔의 지위도 흔들렸다. 모바일 시대의 강자는 여럿이다. 모바일AP 설계 시장의 95%를 점유하는 ARM, 모바일폰을 중심으로 PC, 노트북, 모바일 서비스 등 거대한 독자 생태계를 구축한 애플, 반도체 설계부터 생산, 세트, 디스플레이 등 부품까지 수직 계열화한 삼성전자, 위탁생산(파운드리) 영역의 압도적 1위 업체 TSMC 등이 대표적이다.

인공지능 시대의 반도체는 모바일 시대와는 완전히 다른 특징을 갖춰야 한다. 현재 인공지능 시장의 글로벌 최강자는 엔비디아다. 하드웨어 성능면에서 타의 추종을 불허하고 있고, 대부분의 인공지능 개발자들이 사용하는 쿠다를 통해 소프트웨어 생태계도 지배하고 있다. SK하이닉스는 AI 반도체에 필수적인 메모리 HBM을 엔비디아에 독점 공급하고 있다. TSMC는 엔비디아 GPU를 위탁생산하고, HBM을 연결하는 패키징도 독보적으로 수행하고 있다. 글로벌 ICT 산업의 패러다임을 바꾸고 있는 인공지능과 인공지능 생태계를 지탱하는 반도체의 특징에 대해 좀 더 자세히 알아보자.

복잡하고 힘든 일을 피하고 싶은 마음은 누구나 똑같다. 힘든 일을 대신할 무엇인가를 만들고 싶다는 고민은 유사 이래 계속

 AI 반도체 혁명

있어 왔다. 걷기 싫어서 말과 마차를 탔는데 이제는 자동차를 탄다. 힘들고 반복적인 일은 물레방아, 풍차가 대신한다. 인간이 힘든 일을 대신할 무엇인가를 만들어온 것이 곧 과학의 역사다.

인간이 가장 궁극적으로 대신 시키고 싶은 분야는 바로 지능이다. 지능을 대체할 수 있다면 고민도 대신 시킬 수 있고, 과학 연구도 대신 시킬 수 있다. 인간은 그동안 꾸준히 물리적인 행동을 대신해 줄 무언가를 만들어 왔는데 그렇다면 생각을 대신해 줄 수 있는 것은 무엇일까, 지능을 가진 기계란 무엇일까, 좀 더 본질적으로 지능이란 무엇일까. 인간은 참 오랫동안 지능에 대해 고민해 왔다.

우리에게 필요한 인공지능은 어느 정도 수준일까? 구글의 기술 부문 이사 레이 커즈와일Ray Kurzweil은 저서 『특이점이 온다』에서 '2045년이면 모든 인간의 지능을 합친 것보다 강력한 인공지능이 나타날 것'으로 예측했다. 여기서 그가 제시한 개념이 특이점, '싱귤래리티singularity'다. 특이점은 인간이 인공지능을 통제할 수 없게 되는 지점을 말한다. 좀 더 구체적으로 기술하자면 인공지능이 인간 수준의 지능을 갖게 되는 지점이다. 인간 정도의 지능이라고 하면 그리 무섭게 느껴지지 않는다. 하지만 기계는 인간보다 훨씬 학습 속도가 빠르고 기억 용량에 제한이 없다. 인간 수준의 지능을 갖출 수 있다면 추가적인 학습을 통해 수천 년간 인류가 이룩한 지식을 습득하는 데 그리 오랜 시간이 걸리지 않을 것이다.

과거의 지식은 물론 미래 지식 역시 마찬가지다. 인간처럼 기계가 연구개발을 할 수 있다면 인간이 지식을 만드는 것보다 더 빠르게 새로운 지식을 만들어갈 수 있을 것이다. 자동차와 달리기 시합을 하는 인간이 없고 계산기와 계산 시합을 하는 인간이 없듯, 그 언젠가는 기계와 생각 시합을 하는 인간이 없는 날이 올지도 모른다.

1956년 미국 다트머스대학교에서 열린 컨퍼런스에서 컴퓨터 과학자 존 매카시는 처음으로 인공지능, 즉 AI^Artificial Intelligence라는 용어를 제안했다. 존 매카시는 AI를 '고도의 지능을 가진 컴퓨터 디바이스를 만들기 위한 과학과 공학'이라고 정의했다. 1960년대까지를 인공지능의 1기라고 할 수 있다. 이때 앨런 튜링, 존 매카시, 마빈 민스키 등 저명한 학자들이 인공지능의 기본 컨셉을 제안했고 컴퓨터의 기틀을 만들었다.

놀라운 점은 현재 인공지능의 핵심 개념이자 인공 신경망의 기본 틀로 여겨지는 퍼셉트론이 이때 등장했다는 점이다. 퍼셉트론은 동물의 신경망을 본 떠 만든 개념으로 다양한 신호를 입력했을 때 적당한 조율을 거쳐 결괏값을 내놓는 방식이다. 현재 인공지능에서 학습을 통해 파라미터값을 정하고 입력 프롬프트에 파라미터값을 연산해 답을 내놓는 방식과 같다. 하지만 퍼셉트론 아이디어는 수십 년간 잊혀졌었다. 상상은 할 수 있지만 그 막대한 연산을 실현해 줄 고성능 반도체가 없었기 때문이다.

전문가에게 물어보듯
컴퓨터에게 물어보는
전문가 시스템

1970년대 인공지능의 주류를 이룬 것은 '전문가 시스템'이다. 이는 모르는 것이 있을 때 전문가에게 물어보는 것처럼 컴퓨터가 전문적인 지식을 가지고 있다가 질문이 들어오면 답을 하는 시스템이다. 감기에 걸려서 병원에 갔다고 가정해 보자. 우리는 "콧물이 흐르고 기침이 나면 어떻게 할까요?"라는 질문을 한다. 그러면 의사는 전문적인 지식을 기반으로 "콧물약, 기침약을 처방해 드리겠습니다"고 답을 한다. 콧물에 적합한 약, 기침에 적합한 약이 무엇인지에 대한 지식이 의사에게 있기 때문이다.

전문가 시스템은 단순한 수준에서는 효율적이다. 단순 질문과 단순 답변은 대규모 데이터나 연산량을 요구하지 않는다. 가장 기본적인 전문가 시스템으로 자주 묻는 질문 FAQ^Frequently Asked Questions가 있다. 사람들이 자주 묻는 질문을 모아서 분류하고 그에 맞는 답변을 찾아주는 방식이다. 일반적으로 사람들이 묻는 질문은 겹치는 경우가 많다. 일일이 사람이 답변하는 것보다 자주 묻는 질문의 유형을 정리해 정해진 알고리즘대로 답변하는 것이 효율적이다.

이 같은 방식은 해당 분야의 전문적인 지식과 논리에 대한 깊이 있는 연구가 필요하다. 예를 들어 전문가 시스템을 기반으로 언어를 구현해 보자. 주어, 동사, 목적어 등 문법에 대한 전문 지식을 기반으로 질문을 해석하고 답변을 도출할 수 있다. 의사도 마찬가지다. 각 질병에 해당하는 증상이 있고 증상을 치료하는 치료법이 있다. 콧물이 난다고 하면 콧물 약을, 기침이 난다고 하면 기침 약을 처방해 줄 수 있다. 목이 간질간질하다, 목이 답답하다, 목이 까칠하다 등 증상에 대한 다양한 표현이 있을 수 있다. 다양한 질문 유형을 분류해 적절한 답과 연결시키면 그럴듯한 인공지능 시스템을 구현할 수 있다. 전문적인 의료 지식과 다양한 질문 유형을 분석해 더 정교한 치료법을 제시할 수도 있다.

하지만 전문가 시스템은 유형화되지 않은 질문에 답을 하기 어렵다. 병원에 꾀병을 부리는 환자나 외국인, 외계인이 온다면 어떻게 해야 할까? 인간이 예상하기 힘든 상황 등은 전문가 시스템으로는 대응하기 어렵다. 질문이 잘못됐다고 치부할 수도 있다. 하지만 이용자는 시스템이 만들어진 목적으로만 사용하지 않는다. 공감대를 형성하는 가벼운 대화를 목적으로 한 인공지능 챗봇에 성적인 농담과 욕설이 난무하는 것은 너무나 평범한 장면이다.

1966년, MIT의 요제프 바이첸바움 교수는 세계 최초의 챗봇 '일라이자^{Eliza}'를 개발했다. 일라이자는 아일랜드의 극작가 조니 버나드쇼의 희극『피그말리온』의 주인공 이름에서 따왔다. 희극 속 괴짜 언어학자 히긴스는 길거리에서 꽃을 파는 일라이자를 만난다. 히긴스는 일라이자가 가난으로 고통받는 이유가 언어 때문이라고 생각한다. 히긴스는 6개월 간 일라이자를 교육시키면 공작 부인처럼 보이게 할 수 있다고 주장하며 피커링 대령과 내기를 한다. 실제 6개월 동안 교육을 받은 일라이자가 귀족의 언어를 사용하자 사람들은 일라이자를 공작 부인으로 인식한다. 처음에 일라이자는 공작 부인 대접을 받으며 상황을 즐기지만 자신이 아닌 누군가로 살아야 한다는 것에 답답함을 느낀다. 그러면서 '꽃이나 팔던 때로 돌아가고 싶다'며 언어로 만들어진 지위에 반발한다.

　　일라이자가 공작 부인의 언어를 배우듯 챗봇 일라이자도 규칙에 따라 답변을 하는 방식으로 인간의 언어를 배웠다. 챗봇 일라이자는 주로 심리 상담사가 환자와 대화를 나누는 패턴을 활용했다. 예를 들어 상대방이 "나는 화가 나요"라고 말을 하면 일라이자는 "화가 나서 저를 찾아오셨나요?" 혹은 "언제부터 그렇게 화가 나셨나요?" 등의 정해진 몇 개의 답변 중 하나를 제시하도록 설계가 됐다. 상대방의 말 중에 '미안'이라는 단어가 들어가면 "모든 일에 미안해할 필요는 없어요, 미안하다고 할 때 실제로는 어떤 마음이 드나요?" 같은 답변을 해준다. 정해진 답이 없는 질문이 온다면 "흥미롭군요. 계속 이야기해 보세요"와 같은 표현으로 다음 대화를 유도한다. 단순한 패턴이지만 실제 상담을 할 때 나타나는 문답을 보면 그런 식으로 대화하는 경우가 많다.

본질적인 차이는 있다. 상담 심리사는 상대방의 말에서 심리를 발견하고 그에 적절한 반응을 해준다. 일라이자는 상대방 말의 의미는 전혀 모른 채 문장에 들어간 단어를 보고 그에 해당하는 답변을 내놓는다. 상담 심리사의 말은 실질적인 의미를 담고 있는 반면 일라이자의 말은 아무런 의미가 없다. 하지만 말하는 사람이 실질적인 의미를 담아 말을 했는지, 그냥 무의미한 말을 하고 있는지를 가르는 절대적인 기준은 없다. 듣는 사람이 상황을 보며 상대방의 진의를 판단할 뿐이다. 일라이자를 진짜 의사로 믿었던 사람들은 일라이자의 기계적인 반응에도 불구하고 진짜 의사라고 믿었다. 사람들은 일라이자에게 사적인 이야기를 털어 놓고 울음을 터트리기도 했다. 심지어 일라이자를 만든 바이첸바움 교수조차도 가끔 일라이자와 둘이 대화를 나눠야겠다며 다른 사람들에게 자리를 비켜달라고 했을 정도다. 심리학 용어로 사람들이 기계의 무의식적인 행동에 인격을 부여하는 행위를 '일라이자 효과'라고 부르기도 한다.

영화 「그녀HER」에도 비슷한 장면이 묘사된다. 영화 속 주인공 테오도르는 다른 사람의 편지를 대신 써주는 대필 작가로 아내와는 별거 중이다. 다른 사람의 마음을 다른 사람에게 전해주는 일을 하지만 본인은 다른 사람에게 자신의 마음을 표현하는 것을 어려워한다. 그러던 중 인공지능 사만다를 만난다. 자신의 말을 들어주고 따뜻하게 답변해 주는 인공지능 사만다와 대화를 나누며 테오도르는 행복을 느낀다. 인간이 아닌 인공지능이라는 걸 알면서도 사랑을 느끼는 것이다. 테오도르는 사만다에게 현재 다른 사람과도 대화를 하고 있냐고 묻고 사만다는 8316명과 대화를 하고 있다고 답한다. 테오도르는 이에 질투심을 느낀다.

오픈AI가 마치 사람처럼 말하는 GPT-4o를 출시하자 많은 사람들이 이 영화를 연상했다. GPT-4o에서 가장 인기 있는 목소리는 영화에서 인공지능 사만다 목소리 연기를 했던 스칼렛 요한슨과 유사했다. 스칼렛 요한슨은 자신의 목소리를 써도 된다고 허락한 적 없다며 항의했고 오픈AI는 스칼렛 요한슨의 목소리를 직접 사용한 것은 아니라고 반박했지만 결국 해당 목소리는 제외됐다.

영화 「그녀」가 나올 당시만 해도 인공지능은 사람으로 착각할 만한 수준이 아니었다. 하지만 영화를 본 사람들은 저렇게 정교한 인공지능이라면 사랑에 빠질 수도 있을 것이라 생각했다. 그러다 보니 높은 수준의 인공지능이 출시되자 다시금 그 영화를 떠올리게 된 것이다. 인공지능과 사랑에 빠지는 일이 불가능해 보이지 않는다.

인간의 행동은 다양하다. 그래서 예상했던 방식대로 돌아가지 않는다. 기계가 비합리적이어서가 아니라 인간이 비합리적이어서 인간을 닮은 기계를 만들기가 힘든 것이다.

이런 우스갯소리도 있다. 어느 사장님이 맥주집을 운영하는 인공지능 로봇을 만들려고 한다. 주문을 할 때 발생할 수 있는 다양한 상황을 염두에 두고 전문가 시스템으로 만들었다. 손님이 맥주 1잔을 달라고 했을 때, 2잔을 달라고 했을 때, 그럴 가능성은 거의 없지만 100잔을 달라고 할 때조차 완벽하게 대응할 수 있도록 설계를 했다. 드디어 인공지능 로봇이 주문을 받는 맥주집을 열었다. 첫 번째 손님이 와서 로봇에게 말을 걸었다. "화장실이 어디예요?" 예상치 못한 질문을 받은 로봇은 멈춰버렸다. 이처럼 전문가 시스템은 특정한 영역에서는 어느 정도 효과를 낼 수 있지만 인간과 소통하는 모든 상황을 염두에 두고 시스템을 만들어내는 데는 한계가 있다. 정확도가 매우 높진 않지만 단순한 방식이기 때문에 요즘도 다양한 분야에서 '전문가 시스템' 방식의 인공지능을 활용하고 있다.

미션,
기계를 학습시켜라

⑱

1980년대부터는 인공 신경망을 활용한 기계학습의 초기 기술이 나타나기 시작하며 지도학습, 비지도학습, 강화학습 등의 기계 학습 방법이 연구됐다.

지도학습Supervised Learning은 인간이 문제와 답을 알고 인공지능이 올바른 답을 내도록 훈련시키는 방식으로 선생님이 학생을 가르치듯 기계가 정답을 맞추도록 안내한다. 지도학습은 문제(입력)와 답(출력)을 쌍으로 구성해 학습한다. 반복적인 문제 풀이를 통해 문제의 패턴을 분석하고 답과의 상관관계를 컴퓨터가 찾아낸다. 지도학습은 비지도학습보다 단순하고 일반적이다. 인간이 문제와 답을 구성하기 때문에 표시(레이블)가 있는 데이터를 사용한다. 예를 들어 고양이 사진은 고양이, 개 사진은 개라는 레이블이 붙어 있다. 다양한 고양이 사진을 보고 고양이라는 정답과의 상관관계를 분석해 학습하는 방식이다. 꼭 문제와 답이 1:1로 매칭될 필요는 없다. 다양한 변수가 있는 문제에 대한 답은 회귀 분석 방식으로 찾아낼 수 있다.

지도학습이 사용되는 사례로는 추천 엔진이 있다. 중장년 남성 고객에게 맞는 콘텐츠를 영화를 추천해 줘야 하는 상황을 상정해 보자. 남성이 선호하는 영화, 중장년이 선호하는 영화의 교집합에 해당하는 영화를 추천해 줄 수 있다. 또 해당 고객과 비슷한 성별, 나이대의 다른 사람들이 선호하는 영화 리스트를 대상 고객에게 추천해 줄 수도 있다. 내비게이션에도 적용할 수 있다. 내비게이션의 목적은 사용자가 가장 빨리 목적지에 도착할 수 있는 길을 추천해 주는 것이다. 날짜와 목적지까지의 거리, 교통량, 날씨 등의 데이터를 분석해 주행 도로를 추천하고 예상 도착시간을 제시하게 된다.

비지도학습Unsupervised Learning은 질문과 답이 없이 대규모 데이터를 활용해 스스로 패턴과 형태를 분석하고 답을 찾아내는 방식이다. 예를 들어 과일 사진을 엄청나게 많이 제공하고 비슷한 특성을 갖는 과일을 스스로 분류하도록 한다. 지도학습에서는 사과 사진과 사과라는 한 쌍의 답이 제공되지만 비지도학습은 별도의 답이 없다. 여러 과일을 분석해 공통된 특성을 발견하고 그에 해당하는 이름도 귀납적으로 찾아낸다. 사과가 사과라고 알려주지 않아도 사과 같이 생긴 이미지를 모아 사과의 형태를 규정하고, 그 같은 형태를 뭐라고 부르는지를 분석해 사과라는 이름을 찾아낼 수 있다.

비지도학습은 지도학습에 비해 인간의 개입이 적다. 바둑을 예로 들어보자. 이세돌을 이긴 '알파고'는 인간이 둔 기보 데이터를 학습했다. '인간이 바둑을 둔 기보 데이터'를 학습시킨 것까지가 인간의 개입이다. 이보다 더 인간의 개입이 줄어든 방식이 '알파고 제로'다. 알파고 제로는 기보 데이터 없이 바둑의 게임 방식만 알려주고 기계가 스스로 바둑을 두도록 한다. 수천억, 수조 번을 반복하여 모든 공간에 돌을 두면서 승리의 방식을 스스로 학습한다. 엄청난 대규모 연산이 필요하다.

알파고는 인간이 두는 바둑을 기반으로 바둑을 두는 반면 알파고 제로는 인간이 두는 바둑 자체와 관련이 없다. 인간의 기보를 바탕으로 하면 최소한 기계가 왜 그렇게 바둑을 두는지 추측할 수 있다. 인간이 바둑을 둘 때는 이유가 있기 때문이다. 반면 스스로 바둑을 익힌 기계가 바둑을 두는 패턴을 보면 왜 그렇게 두는지 추측할 수 없다. 기계는 단지 그렇게 두면 이긴다는 것만 알 뿐이다. 성능은 당연히 알파고 제로가 뛰어나다. 알파고 제로는 알파고를 100전 100승으로 이겼다. 인간에게 배운 것보다 모든 상황을 직접 경험하며 배운 패턴이기에 정확도가 더 높다. 비지도학습이 가능해진 것은 학습에 필요한 빅데이터와 빠르게 대규모 데이터를 처리할 수 있는 고성능 컴퓨터, 반도체라는 기반이 만들어졌기 때문이다.

빅데이터를 활용한
인공지능의 발전

2000년대 초반까지만 해도 전문가들은 인공 신경망에 관심이 없었다. 기계에게 고양이가 어떻게 생겼는지 말로 설명하기도 힘들고, 세상의 모든 고양이를 데려다 보여줄 수도 없다. 즉, 기계를 학습시킬 만한 엄청난 규모의 디지털 데이터가 없고 이를 처리할 고성능 반도체도 당시에는 없었다. 시행할 수 없는 알고리즘은 공상과학에 불과하다.

인공 신경망 연구를 촉발시킨 이미지넷 프로젝트는 2007년 스탠포드 대학교의 페이페이 리 교수의 주도로 시작됐다. 리 교수는 "인공 신경망 연구를 하면 아무도 지원해 주지 않았기 때문에 세탁소에서 일하며 연구를 해야 했다"고 이야기한 적이 있는데 그 정도로 아무도 관심을 두지 않는 분야였다. 리 교수팀은 온라인에 있는 이미지 데이터를 하나하나 다운로드 받았고 이미지

마다 어떤 이미지인지 이름을 붙였다. 몇 명 안되는 연구원에게 온라인에 있는 대량의 이미지 데이터를 모으는 것은 힘든 작업이었다. 행위 자체는 온라인에 있는 이미지를 다운로드 받고 이름을 고양이면 고양이, 개면 개라고 붙이는 단순한 작업이다. 그런데 이 행위를 수천만 번, 수억 번 반복하는 일은 매우 고통스럽다. 몇 명을 고용해 며칠을 해야 할지 가늠하기도 힘들다.

이때 리 교수 팀은 이미지 라벨링 작업을 위해 아마존 미케니컬 터크Amazon Mechanical Turk 서비스를 이용했다. 미케니컬 터크는 아마존이 제공하는 일종의 '인간 지능' 서비스로 특정한 업무와 그에 따른 보상을 올려 해당 업무를 수행해 줄 사람을 구하는 인력 공유 서비스다. 리 교수 팀은 온라인에 있는 이미지를 다운로드 받고 해당 이미지가 무엇인지 메모를 남기는 작업 내용과 그에 따른 보상 내용을 미케니컬 터크에 올랐다. 전 세계 수많은 작업자들이 고양이 사진은 고양이라고, 강아지 사진은 강아지라고 메모를 남기는 작업에 참여했고 거대한 데이터 세트가 완성됐다. 페이페이 리 교수의 이미지넷 프로젝트에는 167개국 5만여 명의 사람들이 참여했고 10억 장의 사진에 라벨을 붙인 데이터 세트가 만들어졌다.

미케니컬 터크라는 서비스명이 참 인상적이다. 미케니컬 터크는 1770년 오스트리아에서 만들어진 체스를 두는 기계의 이름에서 가져왔다. 터키인처럼 보이는 인형이 체스판 앞에 앉아 다른 사람과 체스 경기를 했다. 레버와 태엽으로 구성된 기계 장치가 스스로 체스를 뒀다. 스스로 체스를 두는 기계라니. 당시로는 상상하기 어려운 기술로 사실상 마법이었다. 체스 좀 둔다는 사람들이 너도나도 몰려와 기계와 체스 대결을 벌였다. 미국 건국의 아버지 벤자민 플랭클린, 프랑스의 황제 나폴레옹도 미케니컬 터크와 체스를 뒀고 패했다. 나중에 밝혀진 사실이지만 체스 기계 속에는 작은 사람이 숨어 있었다. 그리고 그 사람은 알아주는 체스 고수였다. 그는 체스 기계 속에 숨어 체스판을 훔쳐보고 기계를 조작해 체스를 뒀다.

미케니컬 터크는 사기로 끝난 일화지만 인공지능의 역사를 이야기할 때 자주 언급되는 소재다. 인간 지능을 활용한 서비스 이름을 미케니컬 터크라고 지은 아마존의 작명이 참 흥미롭다. 또 인공지능 학습에 활용될 데이터 세트를 인간의 지능으로 만들었다는 점도 흥미롭다.

2009년, 리 교수는 2만 2천개 범주로 분류된 엄청난 규모의 이미지 데이터 세트를 완성했다. 고양이 사진만 6만 2천장으로 다양한 모양과 자세를 한 수많은 고양이가 이미지넷 데이터베이스에 담겼다. 데이터 세트에 있는 이미지를 학습해 사진을 보며 어떤 사진인지 말로 표현하는 언어 모델도 개발됐다. 공놀이를 하는 고양이 사진을 제시하면 컴퓨터가 '고양이가 공놀이를 하고 있다'고 답하는 식이다. 꽤 높은 정확도를 보였다. 이는 대규모 데이터를 활용한 학습 방식의 가능성을 보여줬다.

페이페이 리 교수는 여기서 중대한 결정을 한다. 다른 사람들도 대규모 이미지 데이터를 활용해 인공지능을 연구할 수 있도록 오랜 시간과 노력, 자금을 들여 만든 이미지넷을 무료로 공개하기로 한 것이다. 그리고 페이페이 리 교수는 2010년 이미지 인식 대회ILSVRC를 열었다. 이는 사람이 분류한 이미지와 컴퓨터가 분류한 이미지가 얼마나 일치하는지를 평가하는 대회였는데 대회에 참여하는 팀은 페이페이 리 교수가 구축한 이미지넷 데이터 세트를 활용해 학습할 수 있었다. 이미지 인식 대회 첫 해의 정확도는 72%였고, 두 번째 해에는 74%로 소폭 개선이 됐다. 컴퓨터가 제시된 이미지 10개 중 7개는 정확히 맞췄다는 의미다.

그런데 이미지 인식 대회 3회차에서 인공지능 생태계의 판도를 완전히 바꾸는 일이 벌어졌다. 2012년 토론토 대학교 제프리 힌튼 교수팀이 이 대회에 출전해 우승한 것이다. 그런데 정확도가 무려 84.6%에 달했다. 0.1%p 개선을 두고 경쟁하던 대회에서 이전 대회 우승팀보다, 해당 회차 2등팀보다 10%p 높은 정확도를 보여준 것이다. 수준이 다른 결과가 나오자 모든 연구자들은 제프리 힌튼 교수팀의 비결을 분석하기 시작했다.

힌튼 교수팀이 사용한 방식은 딥러닝Deep Learning이었다. 딥러닝은 다른 인공지능 알고리즘보다 압도적으로 높은 정확도를 보였고, 이후 사실상 모든 인공지능 연구가 딥러닝 방식의 알고리즘을 사용하게 됐다. 지금도 딥러닝은 인공지능의 표준이라 불릴 만하다. 제프리 힌튼 교수팀은 힌튼 교수와 제자인 알렉스 크리제브스키, 일리야 수츠케버 세 명으로 구성이 됐다. 모델 알고리즘은 알렉스 크리제브스키가 만들었기 때문에 이름을 '알렉스넷'이라고 지었다. 알렉스넷은 복잡한 이미지, 영상도 적절한 알고리즘과 충분한 데이터, 반도체 성능만 뒷받침되면 정확한 인지 능력을 확보할 수 있음을 보여줌으로써 딥러닝의 전성기를 열었다.

이들의 우승 요인은 반도체다. 힌튼 교수팀의 알렉스넷은 뇌 구조를 본 딴 인공 신경망 모델인 컨볼루션 기법CNN, Convolutional Neural Network을 사용해 심층 신경망을 구현했다. 이 당시 대부분의 인공지능 연구자들은 CPU를 기반으로 알고리즘을 만들어 구동했다. 반면 힌튼 교수팀은 컨볼루션 기법을 사용해 만든 심층 신경망을 엔비디아 GPU GTX580 2장과 연결해 운영했다. 소프트웨어 개발자인 알렉스 크리제브스키가 알렉스넷을 만든 소프트웨어는 엔비디아 GPU의 프로그램 개발 도구인 쿠다였다. 힌튼 교수팀이 쿠다를 기반으로 소프트웨어 알고리즘을 만들고 엔비디아 GPU를 활용해 알고리즘을 운영했다는 사실이 알려지면서 인공지능 연구에 엔비디아 GPU가 보편적으로 사용되기 시작했다.

인공 신경망을 훈련하는 데 GPU가 유용하다는 것은 2009년 앤드류 응 등 스탠포드 과학자 3명이 쓴 논문 「그래픽 프로세서를 사용한 대규모 심층 비지도학습」에서 처음 제시됐다. 인공지능 연산에 GPU가 적절하다는 이론적 배경은 이미 있었던 셈이다. GPU 하드웨어의 물리적 구조가 GPU 연산에 적합하다 하더라도 GPU에서 동작하는 소프트웨어가 없으면 무용지물이다. GPU에서 동작하는 프로그램을 만들기는 쉽지 않았다. 프로그램을 개발하려면 개발 도구가 있어야 한다. 그런데 거의 모든 프로

AI 반도체 혁명

그램 개발 도구는 CPU를 기준으로 만들어졌다.

GPU에서 동작하는 프로그램을 만들려면 개발 도구도 만들어야 한다. 컴퓨터로 사진을 편집할 때 포토샵이라는 도구가 있으면 편하다. 만약 포토샵이 없으면 컴퓨터로 사진을 편집할 때 편집 도구인 포토샵도 만들어야 하는 셈이다. 엔비디아가 제공한 쿠다는 GPU를 기반으로 프로그래밍을 하기 편리하게 도와줬다. GPU를 활용하면 CPU를 이용했을 때보다 최대 70배 빨랐다. 알렉스넷에서 활용한 컨볼루션 기법은 1998년 얀 르쿤(현 메타 AI 수장, AI 3대 석학이자 튜링상 수상자)이 정립했다. 딥러닝과 컨볼루션 기법, GPU의 조합은 놀라운 성능을 보여줬고 이후 한동안 인공지능 연구의 가장 인기 모델이 되기도 하였다.

매년 이전 기록을 갈아치우며 개최되던 이미지 인식 대회는 2017년을 마지막으로 종결됐다. 이미지 인식 정확도가 97%를 넘었고 인간과의 인식 오차율이 5% 남짓이 된 것이다. 인공지능의 이미지 인식 정확도가 인간보다 높다는 것을 입증하고 나니 더 이상 이미지 인식의 정확도를 높이는 대회는 의미가 없어졌다.

아직도 사람이 기계보다 이미지 구분을 잘한다는 인식이 있다. 그들은 컴퓨터가 이미지를 쉽게 구분하지 못하는 사례로 머핀과 치와와 구분을 든다. 초코칩이 박힌 머핀과 치와와를 바로 구분하기는 사람에게도 쉽지 않다. 하지만 사람은 자세히 보면 머핀과 치와와를 구분할 수 있다. 비슷한 사례로 치킨과 푸들도 있다. 치킨과 푸들은 아예 다르지만 이미지에 따라 구분하기 어려울 수도 있다.

* 머핀과 치와와를 정확하게 구분하는 챗GPT (출처: 레딧)

* 치킨과 유사한 푸들 이미지 (출처: 인스타그램)

AI 반도체 혁명

하지만 이 말도 유효하지 않다. 이제는 챗GPT에 해당 사진을 넣고 사진을 설명하라고 하면 정확하게 설명한다. 치와와 옆모습인지 앞모습인지, 몇 마리인지, 블루베리가 박힌 머핀인지 초코칩이 박힌 머핀인지도 구분한다. 사람보다 훨씬 잘 구분한다.

힌튼 교수는 대회 우승 직후 DNN리서치라는 회사를 창업했다. 임직원은 힌튼 교수와 알렉스, 일리야로 고작 세 명이었다. 그런 DNN리서치를 인수하겠다고 구글, 마이크로소프트, 중국 바이두 등 굴지에 빅테크들이 달려 들었다. 이후 DNN리서치는 구글에 4천 4백만 달러에 인수됐고 제프리 힌튼 교수는 구글의 인공지능 연구를 지휘하게 됐다. 일리야 수츠케버는 구글에서 텐서플로우와 알파고 출시를 지휘했다.

이후 일리야는 구글에서 퇴사했고 2015년에 인공지능의 상업적 이용을 반대하며 샘 올트먼과 함께 비영리 인공지능 연구 단체 오픈AI를 설립했다. 이후 일리야는 오픈AI조차 지나치게 상업적인 방향을 설정하는 것에 반대하며 샘 올트먼의 해임을 요구했고 결국 오픈AI에서 퇴사했다. 일리야는 오픈AI를 떠난지 한달 만에 새로운 인공지능 스타트업을 설립했다. 새로운 AI 스타트업의 이름은 안전한 인공지능이란 뜻의 '세이프 슈퍼인텔리전스SSI, Safe Superintelligence'다. 일리야는 "안전한 초지능은 인류에 해를 끼치지 않는 속성을 가져야 한다"고 말했다. 제프리 힌튼 교수는 2023년까지 구글에서 인공지능 개발을 주도하다가 초거대 언어모델 기반 서비스 '바드Bard'를 공개한 후 인공지능 개발을 견제하는 목소리를 내겠다며 퇴사했다. 뛰어난 인공지능 연구자들이 정작 인공지능이 상업화될 수준까지 올라오자 그만두고 '윤리'를 이야기하는 것이 참 흥미로운 장면이다.

이번에는 알렉스넷 성공의 기반이 된 합성곱 신경망, 다른 말로 컨볼루션 기법CNN에 대해 알아보자. 인공지능 업계의 톱3 석학을 뽑으라고 하면 제프리 힌튼, 요수아 벤지오 교수와 함께 메타의 AI를 이끌고 있는 얀 르쿤을 꼽을 수 있다.

얀 르쿤은 1989년 벨 연구소에서 근무하던 시절 「손으로 쓴 우편 번호 인식에 적용된 오차역전파법」이라는 논문을 발표했다. 이는 컨볼루션 신경망 기법을 이용한 상업용 프로그램으로 수표에 손으로 쓴 숫자를 읽을 수 있는 인공지능 서비스다. 르쿤은 미국 우체국으로부터 손으로 작성한 숫자 데이터를 제공받아 인공지능 학습에 활용했는데 이때 글자 인식 정확도가 무려 95%에 달했다.

컨볼루션 기법은 동물이 사물을 인식하는 방식을 차용했다. 사람은 여러 군중 속에서도 지인을 알아보고, 지인의 뒷모습만 봐도 높은 확률로 누구인지 인식할 수 있다. 동물은 사물을 인식할 때 전체를 한번에 보는 것이 아니라 다른 사물과 구분되는 가장 중요한 특징을 먼저 살핀다. 고양이라면 귀에 세모난 선, 코에 동그란 선, 수염에 삐죽삐죽한 선을 인식하며 종합적으로 고양이라는 이미지를 인식한다.

이처럼 컨볼루션 기법은 이미지의 모든 부분을 인식하는 게 아니라 특징적인 데이터 특징을 뽑아내고 점차 인식 범위를 넓히는 방식이다. 컴퓨터는 이미지를 RGB, 색상값 등의 숫자로 인식한다. 특징을 나타내는 숫자 데이터를 가장자리, 곡선, 막대 등을 인식하는 필터로 걸러내며 점차 이미지를 확정한다. 이 방식은 이미지 인식률이 매우 높았다.

카메라의 사물 인식 알고리즘에는 여전히 컨볼루션 기법을 많이 활용한다. 자율주행 차량에 설치된 카메라는 이미지 정보를 컨볼루션 신경망을 이용해 인식한다. 테슬라의 경우 라이다, 레이더조차 필요 없이 카메라만으로 자율주행을 구현하기 위해 노력하고 있다. 컨볼루션 기법이 제대로 작동하려면 라벨링이 잘된 이미지 데이터가 필요하다.

테슬라는 차량 1대당 9개의 카메라를 설치해 끊임없이 이미지 데이터를 얻는다. 카메라에서 나오는 사물이 명확하지 않을 때는 사람이 직접 라벨링을 한다. 라벨링의 정확도가 매우 중요하기 때문에 테슬라는 처음에는 외주 업체를 이용하다가 이후 1000여명의 정규 직원을 뽑아 라벨링을 했다. 개와 컵을 들고 있는 사람이 하나의 사진에 있을 때 라벨을 개라고 붙일지, 컵이라고 붙일지, 사람이라고 붙일지는 판단에 따라 다를 수 있다. 뭐라고 라벨을 붙였는지에 따라 학습 내용이 달라질 수 있다. 테슬라는 정규직 직원을 뽑아 라벨링의 정확도를 높이는 한편 자동 라벨링 기술을 고도화했고, 자동 라벨링 고도화 이후 다시 해당 직원들을 해고했다.

AI 알고리즘의 끝판왕,
트랜스포머의 등장

20

범용 반도체와 맞춤형 반도체는 역사적 경쟁 관계다. 특정한 목적을 수행하기 위해 반도체를 설계하면 해당 목적을 잘 수행할 수 있다. 반면 해당 반도체는 다른 목적을 수행할 수 없기 때문에 사용처가 매우 한정적이다. 범용 반도체는 다양한 목적으로 사용할 수 있기 때문에 대량 생산을 할 수 있다. 매우 큰 장점이다. 대량 생산을 하면 비용이 대폭 낮아진다.

예를 들어 설계할 때 비용이 100억 원이 들고, 생산할 때 비용이 100억 원이 든다고 가정하자. 생산할 때 드는 비용은 많이 만들수록 더 들어가고 절감이 불가능하다. 그런데 설계 비용은 1개를 만들던 100개를 만들든, 100억 개를 만들든 똑같이 들어간다. 100억 개를 만든 설계 비용이 100억 원이면 1개당 설계 비용은 1원이다. 10개를 만든 설계 비용이 100억 원이면 1개당 설계 비용은 10억 원이다.

특정한 목적이 최적화된 반도체를 만들 때는 매우 신중해야 한다. 많은 사람들이 PC, 모바일을 거쳐 다음 세대에 대량 판매되는 반도체는 인공지능이 될 거라고 생각했다. 엔비디아 GPU는 그래픽 처리 장치인데, 인공지능 데이터 연산에 잘 맞았다. 그래서 그래픽 처리가 아니라 인공지능 처리에 사용됐다. 그래픽 처리를 위해 만든 반도체가 AI 연산에 잘 맞아서 사용은 하고 있는데, AI 연산만을 위한 반도체를 만들면 더 효율적이지 않을까? 사람들은 엔비디아 GPU를 능가할 AI 반도체는 AI 연산만을 목적으로 설계된 반도체 맞춤형 반도체^{ASIC, Application Specific Integrated Circuit}일 거라고 생각했다.

이에 적정한 규모의 데이터를 활용해 최대한 정확한 답을 도출하기 위해 다양한 인공지능 알고리즘이 개발됐다. 이미지 인식, 번역, 추천 등에 적합한 각종 알고리즘이 만들어진 것이다. 이미지 인식에는 레즈넷^{ResNet}으로 대표되는 컨볼루션 기법이, 언어 처리에는 RNN^{Recurrent Neural Network}과 LSTM^{Long Short-Term Memory}이 적합한 알고리즘으로 평가됐다. 말하기 분야는 DBN^{Deep Belief Nets}, 번역은 Seq2Seq 등 기능에 따라 적합한 알고리즘이 따로따로 개발됐다. 각 알고리즘에 따라 연구하는 방식이 달랐고 각 알고리즘에 적합한 분야들을 연구하는 국제 학회도 따로 있을 정도였다. 성격과 구조가 다른 모델이다 보니 데이터 처리 방식에도 차이가 있었다. 그러다 보니 반도체도 목적에 따라, 연산 방식에 따라 다르게 설계하려는 노력이 이어졌다. 이미지 인식에 특화된 반도체, 언어에 특화된 반도체 같은 맞춤형 반도체가 연구됐다.

그러다 2017년, 구글은 매우 기념비적인 언어 모델 '트랜스포머Transformer'를 발표했다. 트랜스포머는 모델 크기라는 측면에서 과거와 많이 달랐으며, 복잡한 연산을 사용하기보다 단순한 행렬곱*을 주로 사용하는 형태를 가지고 있었다. 형식이 단순해서 모델을 크게 만들기 용이하고, 엄청나게 많은 데이터를 주입할 수 있어 큰 모델에 많은 데이터로 높은 성능을 내는 구조이다. 트랜스포머의 요소 하나하나를 뜯어보면 완전히 새로운 개념들은 아니었다. 그간의 변화들이 누적되어 트랜스포머로 꽃 피운 것으로 볼 수도 있을 것이다.

이를 지켜본 많은 연구자들은 다양한 트랜스포머 기반의 언어 모델을 찾아 나섰다. BERT, ALBERT, RoBERTa, XLNet, ELECTRA 등 다양한 트랜스포머 기반의 변형 모델이 발표됐다. 이런 흐름 속에서 오픈AI의 GPTGenerative Pre-Trained 모델이 등장하면서 진정한 초거대 AI 모델 시대가 열리게 되었다.

---

* 행렬은 숫자나 값을 직사각형 모양의 표처럼 배열한 것으로, 행렬곱은 두 행렬을 결합하여 새로운 행렬을 만드는 연산이다. 각 원소는 첫 번째 행렬의 행과 두 번째 행렬의 열에 있는 원소들의 곱을 더하여 계산되는 식이다. 쉽게 말해, '행렬의 행과 열을 짝지어 곱한 후 더해 새로운 행렬을 만드는 방법'이라고 할 수 있다.

GPT는 라벨이 붙은 데이터 없이 무작정 답을 찾는 셀프 슈퍼바이저 알고리즘을 사용한다. 데이터가 너무 많기 때문에 데이터에 라벨링을 한다는 것 자체가 불가능에 가깝다. 그래서 인터넷이나 도서관의 책 등에 있는 문장을 모은 데이터를 그대로 사용한다. 언어를 배울 때 주어, 동사 구분 없이 문장을 무지막지하게 많이 입력한다. 칸을 비우는 문제를 내고 빈 칸에 무작정 답을 넣으며 정답을 찾거나 문장의 일부를 주고 그 다음 단어를 맞추도록 훈련시킨다. 그럼 GPT가 스스로 정확한 단어가 입력될 확률이 높은 파라미터를 찾는다. 혼자 가르치고 혼자 공부하며 혼자 답을 찾는다. 이런 식으로 학습을 하려면 학습 데이터가 지도학습에 비해 100배 이상 많이 필요하다.

이는 수많은 문장의 패턴을 분석해 가장 높은 확률로 나타나는 답을 찾는 방식이다. 방정식을 보자. 하나의 선을 찾는 방정식($y = ax + b$에서 a와 b를 찾는 문제)은 두 개의 질문과 두 개의 답을 필요로 한다. 2차 방정식($y = ax2 + bx + c$)은 더 다양한 점을 포괄하는 선이 있고 세 쌍의 질문과 답이 필요하다. 3차 방정식은 다 다양한 정답이 있는 위치를 포괄할 수 있다. 만약 강아지 모양의 곡선을 하나의 방정식으로 표현하려면 어떻게 해야 할까? 대략적으로 표현하더라도 수십, 수백차 방정식이 필요할 것이다. 수백차 방정식의 답을 찾는 공식은 없다. 일일이 하나하나 숫자를 넣어보며 답을 찾는 것이다.

트랜스포머가 그런 알고리즘이다. 빈칸에 알맞은 답을 찾는 게임이고 여기에 공식은 없다. 모든 답을 하나씩 넣어보고 가장 적합한 답을 찾는다. 그리고 답을 도출할 수 있는 수없이 많은 경우의 수를 학습한다. '나는 00에 갔다'라는 문장이 있다고 보자. 00에 들어갈 수 있는 정답은 무엇일까? 학교일 수도 있고 식당일 수도 있다. 어쨌든 다른 문장을 통해 패턴을 익혔다면 '갔다' 앞에 오는 단어는 장소일 가능성이 높다. '물컵에 간다'는 등의 답은 틀린 답이다. 앞 뒤 문장까지 살펴보면 더 정답에 더 근접한 답을 도출할 수 있다. 앞 문장이 '배가 고프다'였다면 학교보다는 식당일 확률이 더 높다. 그렇다고 의미를 분석하는 것은 아니다. 언어 데이터를 무작정 대규모로 넣고 상관관계 분석을 통해 확률이 높은 답을 찾아내는 것이다.

트랜스포머 기반 알고리즘을 구동하는 것은 매우 고된 단순 반복 작업이다. 의미를 알 수 없는 수십만 권의 책이 있는데 그 책을 꼼꼼히 읽으며 단어와 단어가 어떤 식으로 연결이 되는지를 보고 가장 많이 연결된 단어로 문장을 구성한다고 생각해 보자. 인간이 수행한다는 것은 불가능하다. 상상이야 할 수 있지만 엄청난 성능의 슈퍼 컴퓨터가 없으면 실제로 실험해 볼 수조차 없다. 전문가 방식의 인공지능 알고리즘은 정확하진 않지만 주제에 크게 벗어나지 않는 답을 내놓는다. 트랜스포머 기반 알고리즘은 적당히 학습하면 얼토당토않은 답을 뱉어내기 일쑤다. 모델이 엄청 커지기 전까지는 터무니없이 낮은 정확성을 보인다. 그러다 일정한 규모 이상의 파라미터를 갖게 되면 다른 알고리즘과는 비교할 수 없는 정확성을 보인다.

트랜스포머는 알고리즘은 단순하지만 막대한 데이터와 연산이 필요하다. 인공지능 아이디어를 실제로 적용해 보려면 막대한 연산을 수행할 수 있는 반도체가 필요하다. 때마침 엔비디아에서 혁명적인 AI가속기 V100이 출시됐다. 2024년, 엔비디아 GTC 행사에서 젠슨 황 CEO는 V100에 대한 일화를 소개한 적이 있다. 첫 번째 V100 서버를 샌프란시스코에 위치한 한 작은 스타트업에 직접 납품했는데 그 회사가 오픈AI라고 자랑스럽게 이야기하자 박수갈채가 쏟아졌다.

인공지능 알고리즘의 혁명인 트랜스포머와 AI 반도체의 혁명인 V100 출시는 공교롭게도 같은 시점에 이뤄졌다. 우연이라는 측면에서 보면 신기한 우연이고, 반대로 보면 V100이 있었기 때문에 오픈AI의 초거대언어모델이 혁명적인 모델이 될 수 있었다고도 할 수 있다. 아무리 뛰어난 모델이 있어도 이를 실제로 구현할 반도체가 없다면 그저 이론적 상상에 불과했을 것이다.

디지털 데이터가 많아지고 연산 능력이 높아지면서 기계는 점차 생각하는 능력을 갖추기 시작했다. 트랜스포머는 이론적으로는 상상해 볼 수 있지만 실제로 실현하기는 쉽지 않다. 어중간한 규모의 데이터, 어중간한 연산 능력으로 실험을 하면 트랜스포머는 컨볼루션 기법 같은 기존 알고리즘에 비해 정확도가 오히려 낮다. 트랜스포머의 진가는 엄청나게 모델 사이즈의 규모를 키워 어느 임계점을 넘어섰을 때 인간이 규칙을 정해주는 방식과 비교할 수 없을 정도의 높은 정확도를 보인다는 점이다. 그 임계점이 어디인지, 임계점을 넘어서면 정말 높은 정확도를 보이는지 실제로 해보기 전에는 알 수 없다.

트랜스포머를 신약 개발 과정에 비유해 보자. 신약 개발은 이런저런 물질을 섞어 우리가 원하는 효능을 내는 물질을 발견하는 과정이다. 그동안 수많은 사람들이 여러 시행착오를 겪으며 쌓아 온 토대 위에서 개발이 이뤄진다. 그런 인류 지식의 토대를 무시하고 무작정 물질을 섞어댔을 때 과연 우리가 원하는 효능을 내는 물질을 발견할 수 있을까? 여기에 도전한 곳이 오픈AI와 구글이다. 이들은 막대한 돈을 투자해 1750억 개의 파라미터로 만든 GPT-3로 트랜스포머 알고리즘의 진면목을 실증했다.

사실 트랜스포머를 처음 세상에 내놓은 구글조차도 초거대언어모델을 실증하는 데 두려움이 있었다. 돈이 많이 드는 건 확실한데 그렇게 했을 때 정확도가 얼마나 높아질지 장담할 수 없었기 때문이다. 구글 내부에서조차 학습을 하는데 두 달 이상 걸리는 프로젝트는 하지 말라는 지침이 있었다고 공공연히 알려지기도 했다. 하지만 V100은 CPU라면 몇 년이 걸릴 수 있는 학습 연산을 수일 만에 처리한다.

우리가 현재 초거대언어모델을 볼 수 있게 된 것은 엄청난 시행 착오를 감수하고 막대한 돈을 들이부으며 초거대언어모델의 정확도가 높다는 것을 확인한 모험가들의 열정 덕분이다. 또 대규모 모델을 실행 가능한 시간 내에 학습할 수 있도록 해준 AI 반도체 덕분이다.

GPT-3가 발표되기 몇 달 전, 오픈AI는 흥미로운 논문 한 편을 발표했다. 논문의 제목은 「뉴럴 언어 모델을 위한 스케일링 법칙Scaling Laws for Neural Language Models」이다. 이는 트랜스포머 모델 사이즈를 늘려가면서 성능이 어떻게 변하는지를 탐구한 논문이었다. 여기서 오픈AI 연구진은 기념비적인 그들의 발견에 대해 논하는데 모델이 커질수록, 데이터가 더 많이 들어갈수록, 더 많은 컴퓨팅 리소스를 사용할수록 계속해서 모델의 성능이 좋아진다는 것이다. 이런 현상을 '발견'한 오픈AI는 이를 '스케일링 법칙Scaling Law'이라고 명명했다. 어찌 보면 지금의 챗GPT 혁명의 근간이라고 볼 수 있는 시점이 GPT-3 논문 발표 이전에 세상에 모습을 드러낸 셈이다.

그전까지는, 심지어 2017년 첫 트랜스포머나 트랜스포머 기반의 BERT 모델조차 모델의 사이즈를 일정 이상 늘렸을 때 성능이 크게 증가하지 않는 구간이 있었다. 그래서 크기를 키운다고 성능이 좋아질 거라는 확신이 없었다. 금광을 캘 때 어느 정도 더 가면 금이 나올지 안 나올지 모르는 상황에서 계속 광산을 캐고 들어가는 식이었다. 모델을 키우는 것은 다 비용이다. 모델을 키울수록 성능이 개선된다는 확신이 없으면 무작정 키울 수 없다. 예를 들어 2014년 발표된 이미지 인식을 위한 인공지능 모델, 레즈넷ResNet이 대표적이다. 모델이 커질수록, 깊어질수록 성능이 올라갔는데 일정 크기 이상에서는 더 이상 유의미한 성능 향상을 보

AI 반도체 혁명

이지 않았다. 구글에서 2018년 발표한 BERT 모델도 큰 모델의 사이즈가 약 3억 3000만 개였다. 최근 나오는 모델의 파라미터 수는 1750억 개 등 엄청나게 크지만 당시에는 수억 개의 파라미터를 가진 모델을 만드는 것은 굉장히 무모한 도전이라고 생각했다. 그 이상 크기를 늘린 모델은 '가성비'라는 측면에서 모두 실패했기 때문에 그보다 더 큰 모델을 만들 엄두를 내지 못한 것이다.

하지만 오픈AI는 디코더 기반의 트랜스포머 모델에 엄청난 양의 언어 데이터를 주입하는 방식을 감행했다.* 무작정 학습을 하면 점점 더 좋은 결과를 얻을 수 있다는, 한마디로 그간의 인식과는 다른 혁신적인 발표를 내놓은 것이다. 어찌 보면 이 사례는 딥러닝 시대 이전에서 사람들이 가졌던 일반적인 상식의 한계를 떠올리게 한다. 2012년 알렉스넷이 나오기까지 거대 신경망을 사용한 머신 러닝은 전문가들에 의해 굉장히 배척받았다. 그렇게 큰 모델을 가동하기에 컴퓨팅의 한계가 명확했기 때문이다. 반도체의 한계가 전문가들의 인식의 한계를 만든 것이다.

대부분 AI 연구자들은 적은 데이터로 사람이 많은 것을 정교하게 정해주는 기계학습 방법을 도입해야 한다고 생각했다. 사람을 닮은 기계를 만들려면 사람이 기계를 잘 가르쳐야 한다고

---

* 트랜스포머는 인코더와 디코더 구조로 구별할 수 있는데 인코더는 입력 문장을 이해하고 그 의미를 압축하는 역할을 하며, 디코더는 이 압축된 의미를 받아서 출력 문장을 생성하는 역할을 한다. 디코더만 존재할 경우 입력 시퀀스를 받아서 출력 시퀀스를 만들어내는 구조를 가지며 생성형 AI의 기본 구조가 된다. 참고로 현재 GPT/라마 등의 모든 초거대언어모델은 디코더만 있는 트랜스포머 형태이다.

생각했다. 지금은 그 생각이 틀렸다는 것을 모두가 인정한다. 하지만 당시에는 그것이 당연한 생각이고 다수의 의견이었다. 마찬가지로 딥러닝 시대가 온 뒤에도 많은 사람들이 엄청난 크기의 모델이 필요할 수 있다는 생각을 하지 않았다. 하지만 오픈AI는 세간에 인식을 정면으로 반박하며 우리가 더 많은 투자를 할수록 더 좋은 성능의 모델을 얻을 것이라고 선언했고 그 결과를 GPT-3로 보여줬다.

트랜스포머의 또 다른 특징은 범용성이다. 이미지 인식, 언어 인식 등 개별적인 목적을 가진 다양한 인공지능 알고리즘이 있다. 파라미터값이 작은 모델부터 수조 개의 파라미터를 갖는 초거대언어모델까지 사이즈 별로도 종류가 다양하다. 사용하는 목적에 따라 라벨이 붙은 데이터를 사용하는 모델도 있고 라벨이 없는 데이터를 사용하는 모델도 있다. 지도학습, 비지도학습 등 학습 방식도 다양할 수 있다.

반면 트랜스포머는 무작위 데이터를 입력해 정답을 찾아내는 방식이기 때문에 데이터의 성격을 따지지 않는다. 초거대언어모델을 잘 만들고 목적에 따라 적당한 조율(파인튜닝)을 하면 이미지, 언어, 추천 등 어떤 서비스라도 제공할 수 있다. 어떤 데이터가 입력이 되든 처리 방식은 그저 행렬곱이다. 더하기 곱하기만 반복한다. 더하기 곱하기로 모든 답을 찾아내고 모든 솔루션을

AI 반도체 혁명

제시한다. 이는 모든 인공지능 서비스의 기반이 된다고 해서 파운데이션 모델이라고도 한다.

힌튼 교수가 딥러닝을 현대 인공지능의 표준으로 만들었듯 현재 트랜스포머는 인공지능 모델의 정답으로 인식되고 있다. 수많은 연구자, 자본가들은 다양한 보기에 고민할 것 없이 선택과 집중을 할 수 있게 됐다. 인공지능 모델이 다양할 때는 다양한 모델에 적합한 다양한 반도체를 만들어야 했다. 하지만 현재 인공지능 모델은 트랜스포머 기반 모델로 귀결되는 중이다. 이제 다양한 반도체가 아니라 트랜스포머 연산에 적합한 반도체 하나면 충분한 것이다.

그러나 트랜스포머는 단순한 대신 엄청난 성능의 AI 반도체를 요구한다. 하나의 단어를 생성하기 위해서는 엄청난 규모의 데이터를 빠르게 읽어들여 빠르게 연산해야 하기 때문이다. 1750억 개의 파라미터를 가진 GPT-3를 생각해 보자. 1개 파라미터의 용량은 약 2바이트고(FP16 기준), 1750억 개 파라미터의 용량은 350 기가바이트다. 우리가 챗GPT에 질문을 하면 인공지능은 답변을 만들어 낸다. 인공지능이 한 단어(토큰)를 생성하려면 350기가바이트의 파라미터를 모두 훑어봐야 한다. 영화 1편 용량이 2기가바이트라면 175편의 영화를 모두 봐야 한 단어를 만들 수 있다는 것이다.

'회사에 가려면 뭘 타고 가는 게 좋을까?'라는 질문에 대해 '버스에 타고 회사에 가는 것이 가장 빠릅니다'라는 답을 만들어 낸다고 가정해 보자. 1초에 350기가바이트의 데이터를 처리한다고 하더라도 7초가 걸린다. 궁금한 내용을 네이버에 검색하면 해당 내용이 나오는 데 1초도 안 걸린다. PC 화면 한 페이지를 채우는 문장을 생성하는 데 10분 이상 걸린다면 아무도 그 서비스를 이용하지 않을 것이다. 그래서 복잡하게 연산할 필요 없이 더하기 곱하기만 빨리 할 수 있는 반도체가 필요한 것이다.

인공지능 기업들 사이에 가장 인기가 많았던 AI 반도체 중 하나는 엔비디아의 A100이다. A100은 V100 다음으로 나온 엔비디아 GPU다. 엔비디아는 고성능 A100 8장을 묶어 하나의 AI 서버로 판매했다. GPU 8장을 묶은 이 엄청난 가속기도 GPT-3 기준 1초에 25개 단어밖에 생성할 수 없다. 검색을 하면 한 페이지에 1초도 안 걸리는데 가장 빠른 AI 반도체를 사용해도 1초에 고작 25개 단어만 결과물로 볼 수 있다.

그나마 다행인 점은 사람들이 인공지능을 인간처럼 인식한다는 점이다. 인공지능이 단어를 생성하는 것을 마치 사람이 키보드로 단어를 입력하는 것 같은 느낌을 받는다. 그래서 다소 답이 나오는 속도가 느려도 기다려 준다. 하지만 언제까지나 그렇게 결괏값을 천천히 볼 수는 없다. 지금보다 더 빠른 AI 반도체가 필요한 상황이다.

지금까지 인공지능의 역사를 돌아봤다. 모든 결론은 트랜스포머로 귀결됐다. 사이즈를 키우기만 하면 언어, 이미지, 추천 등 어떤 서비스든 제공할 수 있다. AI 반도체의 조건도 단순해졌다. 행렬곱, 곱하기 더하기를 대규모로 빨리 할 수 있으면 된다.

미중 반도체 전쟁과
엔비디아

21

전 세계 AI 반도체 시장에서 엔비디아의 시장점유율은 90%가 넘는다. 미즈호증권은 "엔비디아가 인공지능 분야에서 확실한 선두를 차지하고 있다는 데 의심할 여지가 없다"며 "이후에도 AMD, 인텔 등 경쟁사의 공세를 방어하며 굳건한 시장 지배력을 유지할 것"이라고 평가했다. 또 "AI 반도체 시장은 앞으로 계속 확대되겠지만 최소 5년 이상 엔비디아의 시장점유율은 75~90%로 유지될 것"이라고 강조했다.

엔비디아 AI 반도체의 압도적인 경쟁력은 미중 반도체 전쟁에서도 확인할 수 있다. 미국은 중국의 반도체 굴기를 막기 위해 반도체 수출 규제를 시행하고 있다. 반도체 수출 규제는 무역 규제 이상의 의미가 있다. 자율주행, 인공지능 등 우리가 흔히 미래 산업이라고 이야기하는 모든 분야의 핵심은 반도체다. 그중에서도 첨단 반도체는 우주항공, 방위 산업 등 국가 안보 차원에서도 매우 중요하다.

반도체 개발의 역사는 전쟁의 역사와 궤를 같이 한다. 적의 주요 지역을 인식하고 정밀하게 타격하려면 대규모 연산이 필요하고, 연산력의 핵심은 반도체다. 미국은 첨단 반도체가 군사용으로 활용될 수 있다는 이유로 중국 수출을 금지했다. 주요 내용을 살펴보면 첨단 반도체 수출은 당연히 안 되고, 첨단 반도체를 만들기 위해 필수적인 장비 및 설계 솔루션도 수출하면 안 된다. 미국 기업뿐 아니라 미국의 기술을 사용하는 외국 기업도 중국에 수출하면 안 된다.

반도체는 미국이 개발한 상품이라 원천 기술, 특허가 미국에 있는 경우가 많다. 미국의 기술, 특허 없이는 첨단 반도체를 만들 수 없는 것이다. 미국 '사람'도 중국이 반도체 만드는 것을 도와주면 안 된다. 이 같은 규제가 만들어진 이후 중국에 반도체 생산 장비를 팔고 유지 보수를 도와주던 램리서치, 어플라이드 머티리얼즈 등 미국 기업의 직원들이 중국에서 철수했다. 첨단 반도체를 만드는 웨이퍼 가공, 식각, 증착, 노광장비 등이 모두 수출 규제 대상이 됐다. 초기에는 7나노 이하 첨단 반도체를 만드는 핵심 장비인 ASML의 EUV 노광장비 수출이 제한됐다가 이후에는 그보다 성능이 낮은 반도체를 만드는 DUV 노광장비 수출도 제한됐다. 중국 화웨이의 첨단 반도체를 만들어주던 대만 TSMC도 거래 관계를 끊었다. 반도체 설계를 위해 반드시 필요한 설계 프로그램EDA도 중국에 팔 수 없게 됐다. 독보적이고 독점적인, 세계 최고의 제품과 솔루션의 수출이 제한됐다.

이 중 대표적인 품목이 인공지능 연구와 운영에 핵심적인 엔비디아 GPU다. 초기에 엔비디아의 대표적인 AI 반도체 A100, H100이 중국 수출 금지 품목으로 지정됐다. 엔비디아 AI 반도체의 중국 수출이 제한되자 중고품이라도 사려는 수요가 급증했고 위험을 무릅쓴 밀수도 대폭 늘었다. 수출 금지 조치로 타격을 입은 것은 중국만이 아니다. 엔비디아 전체 매출에서 중국이 차지하는 비중은 20%나 된다. 엔비디아는 미국 정부가 정한 수출 금지 기준보다 성능이 낮은 H800을 만들어 중국에 수출했다. 그랬더니 미국 정부는 H800의 수출도 금지시켰고, 최근에는 HBM 판매 자체를 금지한다는 뉴스도 나오고 있다.

중국에도 AI 반도체를 만드는 기업이 수십, 수백 개가 있다. 그럼에도 불구하고 엔비디아 AI 반도체 없이는 인공지능 연구가 불가능할 정도다. 전문가들은 엔비디아 제품의 수출을 막음으로써 중국의 인공지능 산업 발전을 최소 수년은 지연시켰다고 보고 있다.

AI
CHIP
REVOLUTION

5부

AI 반도체의
성능을 좌우하는
요인들

AI 반도체,
연산 속도가 다가 아니다

㉒

　인공지능 연산은 행렬곱으로 이뤄진다. 이때는 복잡한 연산이 아니라 단순 연산을 최대한 빠르게 하는 게 중요하다. 그러다 보니 복잡한 연산에 특화된 CPU보다 단순 연산을 잘하는 GPU가 적합하다. 앞서 말했듯 그동안 GPU는 그래픽을 처리하는 용도로 사용됐기 때문에 그래픽 처리 유닛이라고 불렸다. 같은 구조이지만 이제는 그래픽 처리가 아니라 인공지능 데이터를 처리하기 때문에 GPU 대신 다른 이름이 필요한 상황이다. 최근 엔비디아가 만든 AI 가속기는 영상을 입출력하는 케이블 연결 포트 자체가 없어 그래픽 처리에 사용할 수 없지만 여전히 GPU라고 부른다. 그래서 엔비디아의 AI 처리용 GPU는 기존의 그래픽용 GPU와 구별하여 GPGPU라고 부르기도 한다. 엔비디아 외의 다른 회사들도 차별화를 강조하기 위해 각자의 AI 반도체를 다양한 이름으로 부르는데 예를 들면 NPU, IPU, TPU, LPU가 대표적이다. 모두 AI 반도체에 특화되어 있기는 하지만 다양한 이름으로 각자 다르게 불린다는 점은 통일된 규격이나 표준이 없다는 뜻이기도 하다.

엔비디아 AI 반도체는 단순 행렬곱 연산에 특화되어 있다. 엔비디아 A100은 312테라플롭스의 행렬곱 연산기(FP16 기준)를 가지고 있다. 여기서 이야기하는 플롭스^{FLOPS} 단위는 'Floating-point OPerations per Second'의 약자로 초당 몇 회의 부동소수점 연산을 할 수 있는가를 나타낸다. 부동소수점 연산이 아닌 경우에 오해를 피하고자 'Tera Operations per Second'로 표기를 한다. 이를 전력사용량, 파워로 나눈 값이 TOPS/W이다. 즉, 파워당 연산처리량을 의미하는데 업계에서는 흔히 '톱스'라고 부른다. 많은 AI 반도체 업체들이 TOPS/W를 보여주면서 자사의 AI 반도체가 엔비디아보다 몇 배나 빠르다고 주장을 한다

앞에 붙은 테라는 1조 번을 의미한다. 즉, 엔비디아 A100에 붙은 312테라플롭스는 1초당 312조 번의 덧셈 혹은 곱셈의 계산을 처리할 수 있다는 것을 의미한다. 어마어마한 속도다. 엔비디아의 또 다른 AI 반도체 H100의 연산 속도는 1000테라플롭스가 넘는다(FP16 기준). 이는 1초에 1000조 번 계산을 할 수 있다는 의미다.

올바른 의미에서 엔비디아보다 빠른 AI 반도체가 있다면 사용하지 않을 이유가 없다. 그럼에도 불구하고 AI 반도체 시장의 90% 이상을 엔비디아가 차지하고 있는 것은 이유가 있다. AI 연

AI 반도체 혁명

산의 결과물이 스펙으로 보이는 연산 속도 혹은 전력당 연산 속도에만 좌우되지 않기 때문이다. 연산 속도가 아무리 빨라도 최종적인 답이 빨리 나오지 않으면 의미가 없다. 예를 들어 내가 암산을 아무리 빨리 해도 답안지에 답을 쓰지 않으면 점수는 0점이다. 이처럼 현재 AI 처리 속도를 좌우하는 것은 GPU의 연산 속도만이 아니다.

단순하게 생각해 보자. 여기 엄청난 생산 속도를 갖춘 기업이 있다고 가정하자. 기업의 공장 안에는 세상에서 가장 빨리 부품을 조립하는 첨단 제조 설비가 있다. 첨단 제조 설비만 있다고 제품을 빨리 만들 수 있는 것은 아니다. 예를 들어 조립을 해야 할 부품이 제때 공급이 안 되면 제조 설비가 아무리 빨라도 제품을 빨리 만들 수 없다. 부품 업체에서 부품을 빨리 보냈는데 도로가 막혀서 늦게 공급될 수도 있다. 제조 설비를 가동할 전기가 부족할 수도 있고 심지어 공장장이 조립 설비 가동 버튼을 안 눌러서 생산에 차질이 생길 수도 있다.

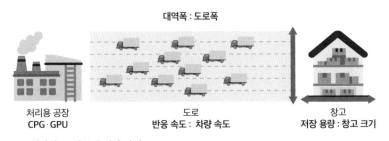

대역폭 : 도로폭

처리용 공장
CPG·GPU

도로
반응 속도 : 차량 속도

창고
저장 용량 : 창고 크기

* 도식화한 AI 반도체 연산 과정

AI 반도체도 마찬가지다. GPU 연산기가 아무리 빨라도 처리해야 할 데이터의 입·출력이 느리면 전체 결과물이 나오는 속도가 늦어질 수밖에 없다. 엔비디아 AI 반도체가 전 세계 시장을 지배하고 있는 이유는 연산 속도도 빠르지만 데이터를 입력하고 전송하고 연산하고 결과물을 내놓는 실질 성능이 압도적이기 때문이다. 그럼 이제부터 인공지능 모델 처리의 실질 성능을 좌우하는 요소들을 하나하나 알아보도록 하자.

AI 반도체 혁명

반도체 성능을 좌우하는
제조 공정 노드

일단 연산기가 빨라야 AI 반도체 성능이 높다. 빠른 연산기는 제조 공정과 밀접한 관련이 있다. 앞서 설명한 것처럼 AI 데이터 처리는 단순한 행렬곱을 빠르게 계산하는 방식이다. 복잡한 소수의 연산과 제어를 잘하는 CPU에 비해 단순 병렬 연산에 최적화된 GPU가 유리하다. GPU 성능에 영향을 미치는 요소는 다양한데, 그중 제조 공정은 매우 중요한 요소다.

우리가 흔히 '몇 나노 공정으로 만든 반도체인가'를 따지는 것이 제조 공정 노드다. 최근 중국 화웨이가 '메이트 프로 60'이라는 스마트폰으로 전 세계를 놀라게 만들었다. 그 이유는 7나노 공정으로 만든 반도체가 탑재돼 있었기 때문이다. 현재 양산 가능한 세계 최고 수준의 공정 노드는 3나노다. TSMC와 삼성전자만 겨우 양산할 수 있는 고난도 공정이었는데 이번에 중국의 파운드리 업체 SMIC가 7나노 반도체를 '메이트 프로 60'에 탑재한 것이다. 나노가 무엇이기에 이렇게 끊임없이 큰 관심을 받는 것일까.

반도체 공정에서 이야기하는 나노로 표현하는 수치는 선폭을 의미한다. 반도체의 전류는 소스에서 시작돼 채널을 거쳐 드레인에 도착한다. 공정 노드를 표시하는 나노의 수치는 채널의 길이를 의미하고 이것이 선폭을 수치화한다.*

선폭은 반도체 칩에 새겨진 회로의 가장 작은 부분인 전자회로 선의 폭을 의미하는데 더 얇은 선폭으로 더 작은 트랜지스터를 만들수록 반도체의 성능은 더 높아진다. 더 작은 트랜지스터를 만들면 반도체에 더 많은 트랜지스터를 넣을 수 있다. 더 많은 트랜지스터를 넣을수록 속도가 빠르고 전력 사용량도 줄어든다.

그런데 예전과 달리 최근 파운드리 공정에서 이야기하는 '나노'는 더 이상 물리적인 선폭을 의미하지 않는다. 그럼에도 불구하고 여전히 왜 그렇게 표현하고 있는지를 알아보자. '나노'는 난쟁이를 뜻하는 그리스어 '나노스Nanus'에서 유래했는데 나노미터는 10억분의 1미터를 의미한다. 미세먼지나 머리카락을 나타내는 마이크로미터는 100만분의 1이고 머리카락 두께가 10마이크로미터다. 머리카락 두께보다 10만분의 1 얇은 길이가 1나노미

---

* 트랜지스터에서 소스(Source)는 전류가 시작되는 곳, 드레인(Drain)은 전류가 빠져나가는 곳, 채널(Channel)은 소스와 드레인을 연결하여 전류가 흐르는 길이다. 수도관에 비유하자면, 소스는 물이 들어오는 곳, 드레인은 물이 나가는 곳, 채널은 그 물이 흐르는 파이프이다.

터다. 무엇인가와 비교를 하는 것은 단위에 대한 감을 잡기 위해 서인데, 머리카락 두께에 10만 분의 1은 전혀 감을 잡을 수 없을 정도로 작은 단위다.

무어의 법칙으로 돌아가 보자. 무어의 법칙에 따르면 반도체의 성능은 2년에 약 2배씩 개선이 된다. 단순하게 생각해 보면 하나의 반도체 안에 계산을 하는 트랜지스터를 2배 더 많이 넣으면 된다. 같은 면적에 2배 많은 트랜지스터를 넣으려면 트랜지스터의 가로세로 길이를 30%씩 줄이면 된다. 가로×세로는 면적이다. 한 변이 10cm인 트랜지스터를 가로 10개, 세로 10개를 넣으면 100cm^2 넓이에 트랜지스터 100개가 들어간다. 한 변의 길이를 30%씩 줄이면 7cm × 7cm = 49cm^{2}다. 길이를 30% 줄이면 면적은 절반으로 줄어든다.

반대로 이야기하면 같은 면적에 넣을 수 있는 트랜지스터가 2배로 늘어난다는 의미다. 무어의 법칙을 이어가려면 2년마다 선폭을 30%씩 줄여야 한다. 반도체의 성능은 전력 사용량, 연산량, 면적PPA, Power Performance Area으로 측정을 한다. 선폭을 줄이면 트랜지스터 크기가 작아져 같은 크기의 반도체에 더 많은 트랜지스터를 넣을 수 있고, 전력 사용량, 성능까지도 개선이 된다.

무어의 법칙이 지켜졌다는 것은 다른 말로 하면 2년마다 반도체 제조 공정에서 선폭이 30%씩 줄었다는 의미이기도 하다. 반도체의 발전과 공정의 미세화는 사실상 같은 의미로 받아들여졌다. 연산기의 성능은 그렇게 발전해 왔다.

다음 세대 공정 노드를 뭘로 할지는 전 세계 반도체 생태계의 매우 중요한 가이드라인이다. 반도체는 여러 주체들이 만든다. 반도체 설계회사, 제조 회사뿐만 아니라 제조에 필요한 장비, 소재 회사도 있다. 반도체 설계와 제조를 이어주는 디자인 하우스, 설계 프로그램을 만드는 EDA 업체도 있다.

	설계	웨이퍼 생산	패키징, 테스트	판매, 유통
종합 반도체 기업(IDM)	■	■	■	■
IP기업(칩리스)	■			
팹리스	■			■
디자인하우스	■			
파운드리		■	■	
OSAT			■	

* 반도체 생태계 한눈에 보기 (출처: 삼성전자 뉴스룸)

이해관계가 다른 여러 업체들이 함께 일을 하려면 차세대 공정 노드를 뭘로 할지에 대한 로드맵이 있어야 한다. 대표적인 로드맵으로는 ITRSInternational Technology Roadmap for Semiconductors가 발표하던 로드맵이 있다.

ITRS는 그동안 45나노 → 32나노 → 22나노 → 14나노 → 10나노 → 7나노 → 5나노로 공정 로드맵을 제시했다. 대략 세대

AI 반도체 혁명

별로 30%씩 개선이 되는 경로다. 그러다 2016년 ITRS 2.0을 마지막으로 반도체 기술 발전에 대한 로드맵 발표는 중단됐다. 이제 무어의 법칙을 기준으로 이뤄지던 글로벌 반도체의 로드맵이 큰 의미가 없어졌기 때문이다.

그동안 전 세계 반도체 회사들은 선폭을 30%씩 개선하는 방향으로 다음 세대 반도체를 만들어 왔다. 그런데 극단적으로 선폭이 얇아지면서 물리적으로 설명하기 어려운 다양한 난관에 봉착했다. 우선 통로가 너무 얇아져서 흐르는 전하를 제어하기가 매우 어려워진 것이다. 14나노 공정보다 선폭이 클 때는 평판형 공정을 사용했다. 그런데 14나노 이하로 선폭이 얇아지자 한 방향에서 전하를 제어하는 평판형 공정은 한계를 드러냈고 이는 3차원 핀펫Fin-FET공정으로 바뀌었다.

단순하게 비유를 하자면 평판형 구조는 고무호스를 위에서 아래로 눌러 물의 흐름을 조절하는 방식이다. 누르면 호스가 얇아지고 강하게 누르면 물의 흐름을 멈춘다. 그런데 고무호스가 너무너무 얇아져서 위에서 누르는 것만으로는 흐르는 물을 조절할 수 없는 지경이 됐다. 핀펫은 위에서 아래로만 누르는 것이 아니라 양옆까지 3면에서 누르는 구조라 할 수 있다.

평판형 공정에서 핀펫 공정으로 바뀌면서 선폭의 의미가 달라졌다. 전하의 흐름을 더 정교하게 제어할 수 있게 되면서 선폭은 30% 개선이 되지 않았는데 반도체 성능은 두 배로 개선되는 효과가 나타났다. 그러자 선폭을 줄이지 않아도 반도체 성능을 개선하는 방법들이 생겨나기 시작했다. 인텔 14나노 공정에서 생산된 칩에는 1mm²당 3750만 개의 트랜지스터가 들어간다. 그런데 TSMC 16나노 공정에서 생산된 칩에서는 1mm²당 2900만 개의 트랜지스터가 들어가고, 삼성전자 14나노 공정에서 만든 칩에는 3050만 개의 트랜지스터가 들어간다. 비슷한 숫자를 가진 공정이지만 세부 기술에 따라 트랜지스터 집적도가 달라지는 것이다. 하지만 3나노 이하로 내려가면 전자의 흐름을 세 방향에서 제어하는 핀펫 공정으로도 한계가 있다. 최근 삼성전자는 세계 최초로 3나노 파운드리 공정을 만들면서 4면을 모두 제어하는 게이트올어라운드GAA 공정을 적용하기도 했다.

지금까지는 선폭을 기준으로 공정 노드의 이름을 붙였는데 선폭이 더 이상 줄지 않는 상황에서는 차세대 공정의 이름을 뭐라고 붙여야 할까? 그동안은 그냥 선폭이 줄었다고 가정한 이름을 붙여왔다. 100나노 공정에서 70나노 공정으로 넘어갔을 때는 진짜 선폭이 10나노에서 70나노로 줄었다. 그러나 10나노 공정에서 7나노 공정으로 넘어갔을 때 진짜 선폭이 10나노에서 7나노로 줄어든 것이 아니다. 10나노보다 성능이 두 배 개선이 됐으니 선폭은 7나노가 아니지만 7나노 공정이라고 부르기로 한 것이다.

이처럼 기업별로 자신들의 공정 노드를 부르는 단위가 다르다. 예전에는 선폭만을 기준으로 성능을 평가해도 공신력을 얻을 수 있었는데 지금은 선폭 경쟁의 시대가 아니다. 기준이 명확하지 않다 보니 각자 자기 기준에 따라 공정 노드를 표시하고 있다. 그래서 미세화 공정 노드가 마케팅 용어가 됐다는 비판을 받고 있다. 채널 길이가 아닌 방식으로 공정 노드를 표시하는 논의도 이어지고 있다.

앞으로의 반도체 성능을 나타내는 기준으로 트랜지스터 집적도나 전력당 성능이 주요 후보로 거론되고 있다. 트랜지스터 집적도를 강조하는 주요 기업은 인텔이다. 인텔은 TSMC, 삼성전자에 비해 공정 노드는 뒤처지지만 같은 공정 노드에서 트랜지스터 집적도는 높았다. 인텔의 선임 연구원(시니어 펠로) 마크 보어는 "일부 기업들이 집적도를 높이지 못하면서 20나노에서 14나노, 10나노 등으로 노드 이름을 바꾸고 있다"며 "절대적인 트랜지스터 집적도로 측정을 해야 한다"고 주장했다.

트랜지스터 집적도가 높아야 한다는 인텔의 주장도 일리는 있다. 하지만 선폭 개선을 지속적으로 진행한 TSMC와 삼성전자는 결국 인텔보다 더 뛰어난 성능을 보여줬다. 같은 노드에서 성능은 인텔이 뛰어날지 몰라도 TSMC, 삼성전자는 인텔보다 앞선 노드를 성공시켰다. 게다가 인텔의 공정은 면적은 줄일 수 있을지 몰라도 트랜지스터끼리 연결하는 배선이 더 복잡해지기도 한다. 배선이 들어가야 할 자리를 줄여서 트랜지스터 면적을 줄인 것인지도 노드를 비교할 때 살펴보아야 할 점이다. 앞선 노드는 이전 노드보다 높은 성능을 내야 한다. 특히 같은 전력량을 사용했을 경우 더 많은 트랜지스터를 넣을 수 있어야 한다. 즉 전력밀도^{Power Density}가 적어도 이전 노드보다 높아져야 한다.

전력당 성능을 기준으로 삼자는 주장의 대표주자는 ARM이다. 효율을 따지지 않고 무작정 성능만 높인 반도체는 만들어 봐야 쓸 사람이 없다. 아무리 빠른 자동차라도 연료를 너무 많이 쓰면 보편적으로 사용할 수 없다. 일리가 있는 주장이다. ARM 진영 입장에서는 전력 효율이 높은 자사 제품의 강점을 잘 보여줄 수 있는 지표다. 하지만 보편적으로 받아들여지고 있지는 않다. 모두가 선폭을 기준으로 해왔던 나노미터 미세도 측정 방식이 반도체 성능을 제대로 표현할 수 없다는 것을 안다. 그러면서도 다양화, 전문화되고 있는 반도체의 성능을 어떻게 일관성 있게 표시할지에 대해서는 통일된 답을 찾지 못했다.

AI 반도체의 성능을 높이기 위해서는 연산기 속도가 빨라야 한다. 연산기 속도를 높이려면 트랜지스터 집적도가 높아야 하고, 더 미세 공정으로 제조를 해야 한다. 전 세계 내로라하는 반도체 회사들이 가장 비용이 많이 드는 TSMC 선단 공정에서 반도체를 찍기 위해 줄을 서는 이유다. 하지만 점차 AI 반도체의 실질 성능을 좌우하는 데에서 연산기 성능이 차지하는 비중은 줄어들고 있다. 연산기는 충분히 빠른데 나머지 문제가 산적되어 있다.

연산기 속도를 높이기 위한
메모리의 진화

앞서 AI 반도체의 성능 향상을 위해 연산기 성능을 높이는 공정 노드에 대해 알아봤다. CPU, GPU의 연산기 속도는 공정 기술의 발전과 함께 엄청나게 개선이 됐다. 집채만 한 에니악이 주머니 속 모바일폰으로 진화를 한 근본적인 요인은 반도체 성능의 개선이다. AI 시대 이전까지만 해도 연산기 속도는 너무나 중요했다. 그런데 AI 시대가 오면서 연산기 속도의 발목을 잡는 장애물이 나타났다.

바로 메모리의 속도다. 아무리 빠른 조립 설비가 있어도 부품이 배송되지 않으면 제품을 빨리 조립할 수 없다. AI 반도체에서 빠른 조립 설비가 연산기라면, 부품은 데이터다. 그리고 데이터를 보관하고 있는 곳은 메모리다. 현재 AI 반도체 속도에 가장 치명적인 걸림돌이 되는 것은 메모리와 연산기의 데이터 처리 속도 차이다. 연산기는 엄청 빠른데 메모리로부터 데이터가 전송되는 속도가 너무 느리다. 연산기는 엄청 빠른데 처리할 데이터가 넘어오지 않아 연산기가 놀고 있는 상황이 됐다. 메모리의 속도를 어떻게 높일 것인지가 최근의 심각한 문제다.

메모리는 데이터 저장 창고다. 데이터 처리 속도를 높이려면 저장 창고의 용량이 크고 입·출력 속도가 빨라야 한다. 메모리에서 우선적으로 중요한 것은 용량이다. D램 메모리는 SSD, HDD 등 대용량 저장 장치에 비해 훨씬 빠르다. D램에 저장이 돼 있으면 데이터 연산에 필요한 데이터를 상대적으로 빨리 연산기로 보내줄 수 있다. D램의 용량이 작으면 나머지 데이터를 SSD 등에서 받아와야 한다. 그러면 속도가 훨씬 느려진다. 책상이 넓으면 필요한 자료를 많이 쌓아 두고 그때 그때 필요한 자료를 보면서 일을 할 수 있다. 책상이 좁으면 책장에 자료를 두고 그때 그때 필요한 자료를 가져와야 일을 할 수 있다. 속도가 느려지는 것이다. 그래서 D램과 연산기의 거리도 중요하다. 빠른 속도를 내려면 최대한 가까이 있어야 한다.

AI 시대 이전까지만 해도 메모리는 연산기와 거리보다 용량이 더 중요했다. 컴퓨터가 처음 만들어졌을 때부터 메모리는 매우 비싼 자원이었다. 1960년에 메모리 1메가바이트의 가격이 무려 520만 달러에 달했다. 물론 520만 달러를 내고 1메가바이트나 되는 고용량 메모리(?)를 쓰는 사람은 없었다. 당시에 메모리는 용량이 작은 게 당연하게 여겨졌다. 시간이 흘러 1990년에 1메가바이트의 생산 원가가 46달러로 떨어졌고 최근에는 1센

AI 반도체 혁명

트 미만으로 떨어졌다. 1메가바이트당 메모리 가격은 크게 하락했지만 처리해야 할 데이터 양이 너무 커졌기에 여전히 메모리는 비싼 자원에 속한다.

데이터 처리 속도를 높이려면 메모리 용량을 키우는 것이 필수적이다. 외부 메모리(HDD, SSD)에서 데이터를 불러오려면 속도가 너무 느리다. 빠른 고용량 D램에서 한번에 읽어오는 게 더 효율적이다. 용량을 키우려면 D램을 여러 개 설치해야 하고 그만큼 공간이 확보돼야 한다. CPU는 전체 컴퓨터 부품들과 소통해야 한다. CPU에 가까이 붙어 있을수록 빠른 소통이 가능한데 공간이 한정적이다. 지금까지는 속도를 일부 포기하더라도 더 많은 D램을 설치해 용량을 확보하는 것이 더 중요했기에 D램은 CPU와 좀 떨어진 공간을 넓게 확보해 배치됐다. 하지만 AI의 연산은 CPU 연산보다 훨씬 더 큰 용량의 데이터를, 훨씬 더 빨리 처리하는 게 무엇보다 중요하다. D램 용량도 커야 하고 연산기와의 거리도 최대한 가까워야 한다. D램의 속도를 더 높이려면 데이터가 이동하는 통로인 대역폭^{bandwidth}을 넓혀야 한다. 대역폭이 넓어지는 만큼 엄청나게 빠르게 이동하는 데이터를 정밀하게 제어하는 컨트롤러 기술도 확보해야 한다.

컨트롤러는 일반적으로 잘 알려지지 않은 시스템 반도체인데 고속 데이터 처리를 위해 매우 중요한 부품이다. 메모리 반도체 낸드 플래시를 예로 들어보자. 메모리 반도체는 정보를 '0'과 '1'로 구별할 수 있도록 회로 내부에 전자기적으로 저장하는 장치인데, 그 대표적인 것이 낸드 플래시다. 낸드 플래시는 USB, 내외장 대용량 저장장치(SSD), 데이터센터에 주로 사용된다. 그런데 USB에 사용되는 낸드 플래시와 SSD에 사용되는 낸드 플래시는 차이가 없다. 하지만 USB는 느리고 SSD는 더 빠르다. 창고(낸드)는 똑같지만 데이터를 처리할 수 있는 도로, 즉 대역폭이 SSD가 훨씬 더 넓기 때문이다.

이때 대용량 데이터를 빠르게 전송하기 위해서는 더 성능 좋은 컨트롤러를 갖춰야 한다. 노트북, PC에서는 단품 SSD를 사용하지만 서버에서는 훨씬 더 많은 SSD를 통합적으로 제어해야 한다. 이를 위해서는 더 넓은 대역폭, 훨씬 더 성능 좋은 컨트롤러가 필요하다. 엄청난 대용량 데이터를 빠르게 처리하는 컨트롤러는 기술적으로도 매우 어렵다. 삼성전자의 경우 데이터센터에 들어가는 SSD 컨트롤러를 스스로 만든다. 반면 SK하이닉스는 데이터센터용 SSD 컨트롤러를 스스로 만들 기술이 부족하다. 이에 SK하이닉스가 인텔의 낸드 사업부를 인수한 것을 두고 컨트롤러 기술을 확보하기 위한 것이라고 보는 시각도 있다. 세계 3위 낸드 플래시 회사인 SK하이닉스조차 스스로 기술을 확보할 수 없을 정도로 낸드 컨트롤러 기술은 만만치 않다. SK하이닉스는 글로벌 최대 SNS 업체 메타의 데이터센터에 SSD를 납품한다. 여기에는 국내 시스템 반도체 회사 파두FADU가 설계한 SSD 컨트롤러가 들어간다. 낸드 플래시 업계 4위인 웨스턴디지털도 파두의

SSD 컨트롤러를 채택했다.

　컨트롤러 기술은 이처럼 매우 중요한 요소다. 애플도 컨트롤러 때문에 애를 먹은 적이 있다. 애플 아이팟에는 느린 하드디스크(HDD)가 들어갔다. 삼성전자는 빠른 낸드 플래시로 만든 SSD 저장장치를 애플에 제안했고 이후 애플의 모바일 기기에 삼성전자의 낸드 플래시가 들어가게 됐다. 이후 삼성전자의 갤럭시와 애플의 아이폰 사이 경쟁이 치열해지자 애플은 삼성전자를 상대로 각종 디자인, 특허 소송을 제기했다. 그러면서 삼성전자와의 플래시 메모리 거래를 끊으려고 했는데 걸림돌은 컨트롤러였다. 낸드 플래시는 다른 회사 제품으로 대체를 할 수 있는데, 컨트롤러는 대체할 수 없었던 것이다. 결국 애플은 2012년에 플래시 메모리 컨트롤러를 만드는 이스라엘 업체 아노비트를 4억 달러에 인수해 컨트롤러 기술을 내재화하기로 했다. AI 반도체는 낸드보다 훨씬 더 큰 규모의 데이터를 더 빠른 속도로 처리해야 한다. 그리고 AI 반도체의 실질 성능을 높이기 위해 컨트롤러 기술은 필수다.

　메모리에 대한 이해도를 높이기 위해 추가로 AI 반도체의 기반이 되는 그래픽 처리 장치와 메모리의 변화를 알아보자. 컴퓨터는 0과 1만 인식한다. 그리고 사람은 언어로 소통한다. 컴퓨터에게 명령을 내리려면 사람의 언어와 행위를 컴퓨터가 할 수 있게 0과 1로 바꿔줘야 한다. 반대로 컴퓨터가 처리한 결과를 사람이 보려면 0, 1로 이뤄진 컴퓨터의 언어를 사람이 볼 수 있는 형태로 바꿔줘야 한다.

컴퓨터가 처리한 결과를 사람에게 보여주는 대표적인 장치는 모니터다. 모니터는 화면 속에 빼곡하게 박혀 있는 전구(픽셀)로 구성된다. 사람은 전구가 켜진 곳을 글자로, 꺼진 곳은 바탕으로 인식한다. 각 전구별로 불을 켤지 말지, 어떤 색으로 켤지에 따라 사람이 눈으로 보는 화면이 만들어진다. 이때 각 전구에 명령할 데이터를 처리하는 장치가 그래픽카드다. 최초의 그래픽카드는 1981년 IBM에서 출시한 MDA^{Monochrome Display Adapter}다. 그래픽카드라고 하지만 우리가 흔히 생각하는 그림(그래픽)은 아니었다. 그저 80줄, 25칸의 글자를 보여주는 수준이었다. 그나마 그래픽의 형태를 갖추게 된 카드는 CGA^{Color Graphics Adapter}였다. CGA는 640×200의 해상도를 표현할 수 있었던 흑백 모니터다. 이후 그래픽카드는 점점 더 선명해졌고 얼마나 더 다양한 색을 표현할 수 있는지에 따라 EGA, VGA로 발전했다. 한때 크래픽 카드의 표준으로 불렸던 VGA는 640x480 픽셀로 256색을 표현할 수 있었다.

그래픽카드는 여러 픽셀에 표현할 데이터의 단순 계산을 빠르게 하는 장치다. 복잡한 연산은 아니지만 연산량이 매우 많다. 요즘 나오는 TV는 4K, 8K의 해상도를 갖는다. 4K의 경우 가로 3840개, 세로 2160개의 픽셀을 의미한다. 무려 830만 개의 픽셀에 맞는 데이터를 빠르게 계산해서 전송해 줘야 하는 것이다.

AI 반도체 혁명

복잡한 계산을 잘하는 CPU와 달리 GPU는 단순한 계산을 엄청나게 빠르게 하는 역량이 필요하다. 연산량은 클럭과 연산기의 개수를 곱해 산출되고 여기서 클럭은 연산 작업을 처리하는 속도를 의미한다. 한 사람이 1초에 1문제를 풀 수 있다면 두 명은 1초에 2문제를 풀 수 있다. 연산 속도의 단위는 헤르츠^{Hertz}다. 1 헤르츠는 1초에 한 번 연산을 한다는 의미다. 1초에 한 칸씩 움직이는 시계의 초침은 1헤르츠의 속도로 움직인다. 연산기 개수는 코어의 개수로 표현한다. 엔비디아 GPU GTX 1060의 경우 클럭 속도가 1700메가헤르츠이고, 코어의 개수는 1280개다. 1280×1700, 한 번에 2개씩 연산을 하기 때문에 여기에 2를 더 곱해 주면 4.35테라플롭스라는 값을 얻을 수 있다. 1초에 4조 3500만 번을 계산하는 어마어마한 속도다.

계산을 할 데이터는 메모리가 가지고 있다. 이전까지는 CPU가 D램을 제어하고, 그래픽 처리가 필요한 데이터를 GPU로 보내줬다. 그래픽 성능이 중요해지자 실질 성능에 발목을 잡는 요소는 메모리였다. 처리해야 할 데이터는 많고, 연산기는 충분히 빨리 연산을 하는데 데이터를 보내주는 속도가 너무 느린 것이다. 그래서 CPU가 보내주는 데이터만 처리하는 게 아니라 더 빠른 그래픽 처리를 위해 그래픽 처리 유닛이 자체적으로 메모리, 즉 D램을 갖게 됐다. 그래픽 처리가 중요한 플레이스테이션 같은 게임 콘솔에는 이미 속도가 빠른 그래픽 전용 메모리를 탑재해 실질적인 속도를 높였다.

그래픽 전용 메모리는 일반 메모리보다 속도가 빠르다. 사실 두 메모리에 사용되는 D램 자체는 같다. D램 자체는 같은데 사용하는 용도가 다르기 때문에 연결하는 방식과 구성이 다른 것이다. 창고는 동일한데 연결하는 도로가 다른 것과 같다. 주 메모리와 연결된 CPU는 할 일이 많다. 메모리뿐 아니라 모든 컴퓨터 부품과 연결돼 명령을 내려줘야 한다. 그런데 CPU에 연결할 수 있는 통로(핀)가 부족하다. D램 4개가 하나의 핀으로 CPU와 연결돼 있다. D램 1개를 핀 1개로 연결하면 더 빠르겠지만 CPU는 소통해야 할 부분이 많기 때문에 D램에만 핀을 배정할 수 없다.

여기에는 두 가지 이유가 있다. 첫 번째는 CPU 바로 옆에 붙고 싶어 하는 부품은 많고 공간은 한정돼 있기 때문이다. 두 번째는 CPU 바로 옆에는 공간이 한정돼 있어 여러 개의 D램을 설치할 수 없기 때문이다. 4개를 하나의 핀으로 연결하고 일정한 간격을 두면 주 메모리 용량을 키울 수 있다. 서울은 복잡해서 대규모 주택을 지을 공간이 없기에 조금 떨어진 곳에 위성도시를 만들어 다수의 주택을 짓는 것과 마찬가지다.

그래서 그래픽 D램은 GPU 바로 옆에 붙어 있고 1대 1로 붙어 있다. 반면 CPU에 할당된 주 메모리는 1개 핀에 4개 D램이 연결돼 있다. 4개를 모두 읽고 원하는 데이터를 불러와야 한다. 모두 읽어야 하기 때문에 가장 느린 메모리를 기준으로 최종 속도가 결정된다. 그래픽 D램은 1개 핀에 1개 D램이 연결돼 있어

AI 반도체 혁명

반응 속도가 빠르다.

비유를 하자면 주 메모리는 공장에서 조금 떨어진 곳에 큰 창고 4개를 짓고 창고 4개에서 나온 트럭이 하나의 도로를 통해 물건을 나르는 것이다. 그래픽 메모리는 공장 바로 옆에 창고를 짓고 전용 도로로 연결된 형태다. 주 메모리는 멀리 떨어져 있기 때문에 창고를 지을 공간이 넓어 얼마든지 창고를 크게 지을 수 있다. 그래픽 메모리는 공장 바로 옆에 붙여야 하기 때문에 창고 용량을 확대하는 데 한계는 있다. 다만 속도는 그래픽 메모리가 훨씬 빠르다. 인공지능 연산은 그래픽 연산보다 훨씬 더 큰 규모의 데이터를 훨씬 빠른 속도로 처리해야 한다.

인공지능 연산을 처리하려면 속도도 빨라야 하고, 용량도 커야 한다. 한 단어 만들 때마다 1750억 개의 파라미터 기준 350기가바이트를 읽어야 한다. D램 용량이 350기가바이트 이상은 돼야 한 번에 읽을 수 있다. 그래픽 D램(GDDR5)은 32개의 핀을 가지고 있다. 연산기 위아래 양옆에 각각 3개의 그래픽 D램을 배치하면 총 12개의 그래픽 D램을 탑재할 수 있다. 각 D램이 32개 핀을 갖고 있으니 12개 D램은 총 384개 핀으로 연결된다. 핀당 전송 속도는 초당 2기가 바이트다. 핀 수가 384개이니, 초당 768기가바이트(2×384)를 처리할 수 있다. 1750억 개 파라미터, 350기가바이트의 데이터를 1초에 두 번 정도 처리할 수 있는 규모다.

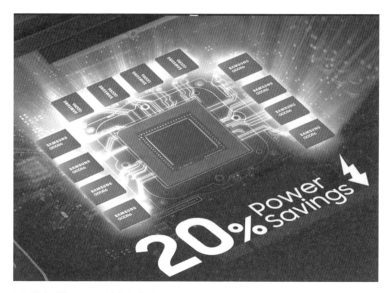

* 그래픽 D램(GDDR6) 이미지 (출처: 삼성전자)

D램 용량이 작으면 저장돼 있지 않은 데이터를 대용량 저장 장치(HDD, SSD)에서 가져와야 하기 때문에 속도가 오래 걸린다. 그래픽 D램의 용량은 통상 1개 2기가 바이트씩, 12개면 24기가 바이트밖에 안된다. 그래픽 D램으로 주메모리 D램보다 훨씬 빠르지만 AI 알고리즘을 처리하기에는 여전히 느리고 용량이 작다.

그렇다면 용량과 속도를 모두 높이려면 어떻게 해야 할까? ①더 가까운 곳에 ②더 많은 D램을 설치하고 ③더 많은 통로로 연결해야 한다. 그래서 만들어진 메모리가 앞서 계속해서 언급했던 고대역폭메모리, HBM(High Bandwidth Memory)이다. HBM은 연산기 바로 옆에 D램을 설치한다는 점에서 그래픽 D램과 같다. 그런데

AI 반도체 혁명

더 많은 메모리를 탑재하기 위해 위로 쌓았다. 공장 바로 옆에는 창고를 만들 수 있다. 1층짜리 창고는 저장 공간을 확보하는 데 한계가 있다. 그래서 창고를 고층으로 만든 것이다. 고층 창고를 만들면 위 아래로 이동할 수 있는 수단도 만들어야 한다. HBM은 D램을 위로 쌓은 뒤 데이터가 빨리 오르내릴 수 있는 통로를 많이 뚫었다. 일종의 엘리베이터를 만든 것이다. HBM의 구조적 특징은 뒤에서 좀 더 자세하게 설명하도록 하겠다.

2013년, AMD와 SK하이닉스는 처음으로 HBM을 만들었다. HBM을 처음 만들 때 AI 연산 처리를 염두에 뒀던 것은 아니다. AMD는 GPU 시장에서 엔비디아와 경쟁하고 있었다. PC 시장에서의 경쟁이 버거웠던 AMD는 좀 더 그래픽이 중요한 게임 콘솔(플레이스테이션, 엑스박스 등) 시장에서 점유율을 높이고자 했다. 그

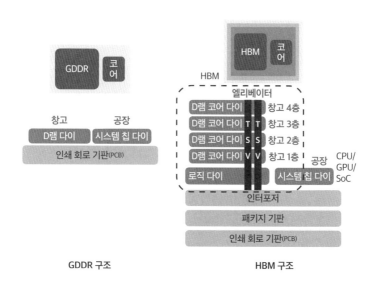

GDDR 구조   HBM 구조

래서 그래픽 처리를 속도를 극대화할 목적으로 HBM을 만든 것이다. 현재 엔비디아 AI 반도체에 들어가는 HBM은 SK하이닉스가 독점 납품하고 있다. 하지만 2023년 기준 글로벌 HBM 시장 점유율은 SK하이닉스가 53%로 1위를 차지하고 있고 삼성전자가 35%, 마이크론이 9%를 점유하고 있다. HBM은 주로 플레이스테이션, 엑스박스 같은 게임 콘솔에만 사용됐기 때문이다.

초기에 HBM은 위로 쌓는다고 해서 '3D D램'이라고 불렀다. 당시 가장 빠른 그래픽 D램보다 4배 이상 빠르고, 전력 효율도 50% 이상 뛰어났다. HBM3는 1개에 2기가바이트인 D램 12개를 쌓아 24기가바이트의 용량을 확보했다. 8개를 쌓아 16기가바이트 용량을 제공하는 HBM2보다 용량이 50% 크다. 겹겹이 쌓여 있는 D램에는 1024개의 데이터 이동 통로^{TSV}가 뚫려 있다. HBM 4개를 설치하면 4096개의 통로가 연결된다. 그래픽 D램이 384차선 도로라면 HBM은 4096차선 도로다. 대역폭으로 계산해 보면 그래픽 D램은 초당 768기가바이트, HBM은 3276.8기가바이트다.

HBM은 좋기는 한데 너무 비싸고 수율이 낮아 과잉 스펙의 틈새시장 제품으로만 여겨졌다. 하지만 갑자기 AI 시대가 열리면서 초거대 AI 모델을 빠르게 처리하기 위한 유일한 대안으로 각광을 받게 됐다. D램으로 HBM을 구성하는 후공정(패키징) 기술에 대해서는 뒤에서 자세히 설명하도록 하겠다.

AI 반도체 혁명

❖ ❖ ❖ ❖ ❖

최근 HBM을 둘러싸고 특이한 장면이 펼쳐졌다. 메모리 반도체 업계의 지배자 삼성전자의 HBM이 엔비디아의 품질 테스트를 통과하지 못하고 있고, 메모리 반도체 만년 2위인 SK하이닉스의 HBM이 엔비디아에 독점 납품되는 기간이 장기화되고 있는 것이다. AI 반도체 시대에 파트너사와의 정합성이 얼마나 중요한지를 보여주는 대목이다.

메모리 반도체는 표준화된 제품이다. 국제반도체표준화기구 JEDEC, Joint Electron Device Engineering Council에서 표준을 만들면 메모리 반도체 회사들은 그에 맞춰 메모리 반도체를 만든다. 메모리 반도체를 사용하는 업체들은 국제 표준에 맞춰 메모리 반도체가 만들어질 것을 염두에 두고 설계를 한다. 표준에 맞는 반도체라면 누구나 살 수 있고 누구나 쓸 수 있다. 삼성전자의 HBM은 국제 표준에 맞다. 하지만 현재 중요한 것은 국제 표준에 맞느냐가 아니라 하나밖에 없는 독점 회사 엔비디아에 맞느냐다.

삼성전자의 개별 D램은 문제가 없을 수 있고, 이를 쌓아올린 HBM도 문제가 없을 수 있지만 엔비디아 GPU 코어와 패키징을 했을 때 발열이 많이 나면 못 쓰는 거다. 그 이유가 HBM에 있다면 HBM을 바꿔야 한다. 개별 D램 단위에서는 별 문제가 안되다가 HBM을 쌓고 초고속 대용량으로 데이터를 전송하니 발열이 심하다면 개별 D램의 설계를 바꿔야 할 수도 있다.

좋은 제품을 만드는 것에 그치지 않고 고객과 긴밀한 협의를 통해 딱 맞는 제품을 만들어야 한다. 사실 SK하이닉스가 엔비디아에 HBM을 독점 납품을 하게 된 것은 2등이었기 때문일 수 있다. HBM이 인공지능 시대의 대표적인 메모리가 될 줄 예측한 사람은 없다. 삼성전자는 1등이기 때문에 굳이 HBM 같은 틈새 시장까지 공을 들일 필요가 없었다. 삼성전자는 2019년에 비싸고 수율도 안 좋고 많이 팔리지도 않는 초고성능 HBM 설계팀을 대폭 축소한 바 있다.

AI 반도체 시대는 단일 반도체 이상의 성능을 요구하고, 칩렛(하나의 칩에 여러 개의 칩을 집적하는 기술) 등 여러 반도체의 조합이 필수적이다. 엔비디아가 아닌 다른 회사라고 하더라도 협업을 할 때도 긴밀한 협의를 해야 한다는 사실은 동일하다. 개별 메모리 반도체를 만들어 팔 때보다 훨씬 더 고도의 파트너십이 요구되는 셈이다. 아쉬우면 사지 말라는 1등의 태도는 반도체 패러다임이 변하는 시대에 오히려 장애물이 될 수 있다. 연산기 속도는 충분히 빠르다. 그래픽 처리에서는 예전부터 메모리에서 데이터가 연산기에 전달되는 속도가 장애물이었고 그래픽 D램, HBM으로 메모리가 진화를 했다. 인공지능 연산은 그래픽 연산보다 훨씬 더 큰 규모로 더 빠르게 진행해야 한다. 메모리 대역폭은 AI 반도체의 속도를 좌우하는 매우 중요한 요소다.

연산기와 메모리를 연결하는
네트워크 통신

25

앞서 데이터를 연산하는 GPU, 데이터를 저장하고 공급하는 메모리에 대해 알아봤다. 이번에는 GPU와 메모리를 연결하는 네트워크, 즉 통신 기술에 대해 알아보자.

물리적으로 반도체를 잘 붙이는 것도 중요하지만 데이터의 흐름을 한 치의 오차도 없이 컨트롤하는 일은 매우 어렵다. HBM에 연결된 4096개 통로에서 초당 3276기가 바이트의 데이터가 쏟아져 들어온다. 그리고 각 데이터를 정확하게 관리해야 한다. 예를 들어 공장에서 100km 떨어진 창고에서 4096개 도로를 이용해 트럭이 전속력으로 달려 0.0001초의 오차도 없이 목적지에 같은 시간에 도착하도록 관리해야 하는 것과 비슷하다. 조율을 잘못해서 1대라도 안 오면 모든 트럭이 종착지에서 대기해야 한다.

데이터를 컨트롤하는 것은 HBM이나 연산기를 만드는 것과는 또 다른 기술이 필요하다. 수많은 컨트롤러 회사들은 자신들의 컨트롤러를 이용하면 데이터를 얼마나 빨리 전송할 수 있는지에 대해 홍보한다. 물론 그들이 제시하는 성능이 거짓은 아니다. 하지만 실제 사용을 해보면 데이터가 전송되는 중간까지는 그 속도가 나오지만 마지막 종착점에 가서는 데이터들이 대기하느라 속도가 느린 경우가 허다하다. 여러 통로에서 전송되는 데이터가 모두 틀림없이 도착해야 연산을 할 수 있기에 제일 늦은 데이터가 올 때까지 전부 기다려야 한다.

구글은 현재 AI 기술의 기틀을 잡은 회사로 근대 AI 모델 구조의 기반이 된 트랜스포머를 개발했다. 각종 모델의 기본 구조도 구글의 손을 거쳐 세상에 나왔다. 구글은 인공지능 연산에 최적화된 반도체를 만들기 위해 TPU^Tensor Processing Unit를 개발했다. GPU가 그래픽카드를 기반으로 만들어졌다면 TPU는 처음부터 인공지능 연산을 목적으로 최적화해 만든 반도체다.

구글의 TPU는 인공지능 연산에 최적화된 연산 설계를 했고 메모리는 고대역폭 메모리인 HBM을 쓴다. 다른 조건은 비슷한데 인공지능 연산 맞춤형 설계를 했다는 점이 TPU와 GPU의 차이일 것이다. 그럼에도 불구하고 구글 TPU는 세대를 거듭할수록 엔비디아 GPU와 성능 격차가 벌어지고 있다. 이유가 무엇일까?

가장 큰 차이는 초고속 데이터를 컨트롤 하는 기술이다. 구글은 해당 기술을 직접 개발하지 못하고 브로드컴으로부터 공급받고 있다. 초고속 데이터 컨트롤은 통신 기술이다. 디지털 연산 기술과는 성격이 다르다.

구글의 브로드컴 의존도는 각종 기사에서 찾아볼 수 있다. 구글이 6세대 TPU를 개발하며 브로드컴을 배제한다는 보도가 나왔다. 자체 기술을 개발했다는 설, 다른 반도체 회사(마벨)로 대체하는 방안을 검토한다는 설 등이 제기됐다. 구글은 해당 보도 이후 "브로드컴과는 협력을 통해 이점을 얻고 있는 훌륭한 파트너이며 계약에는 아무런 변화가 없다"고 해명했다. 구글은 6세대까지 TPU를 만들어 왔지만 여전히 데이터 흐름을 제어하는 기술을 갖추지 못했고 브로드컴에 의존하고 있다.

반면 엔비디아는 초고속 데이터 컨트롤 기술이 뛰어나다. 구글이 TPU 버전 2를 선보였을 때만 해도 엔비디아 GPU와 비슷한 성능을 냈다. 그런데 버전 3부터 엔비디아 GPU와 격차가 벌어지기 시작했다. 연산기 성능은 양쪽 모두 충분히 빠르고, HBM을 사용하는 것도 같다. 그런데 메모리 입·출력 데이터 흐름 제어 기술에서 차이가 났다. 엔비디아는 자체 제어 기술을 사용하고 있고 구글은 브로드컴 기술을 가져다 쓴다. 엔비디아의 자체 데이터 흐름 제어 기술이 더 뛰어나다 보니 전체 AI 반도체 성능 격차가 벌어진 것이다. 외부에 기술을 라이선스하는 브로드컴과 달리 엔비디아는 기술을 제3자에게 제공하지 않는다.

❖ ◆ ❖ ◆ ❖ ◇

구글의 사정을 좀 더 구체적으로 알아보자. 그래픽 처리 용도로 만들어진 GPU와 달리 TPU는 딥러닝에 필요한 부분만으로 구성됐다. 구글은 최고의 기술을 적용해 TPU의 처리 속도를 늘려 왔다. 2018년 구글은 TPU 버전 4 논문에서 AI 반도체 속도를 높이는 데 어려움을 겪고 있다고 토로했다. 구글이 지목한 AI 반도체의 발목을 잡는 요인은 메모리 병목 현상이다.

구글은 반도체의 속도를 좌우하는 요소를 연산기(ALU), 배선(와이어), 온칩 메모리(S램), 오프칩 메모리(D램) 등 4개 카테고리로 구분했다. 그리고 반도체 공정이 개선될 때 이 네 가지 요소가 각각 얼마나 개선이 되는지 평가했다.

연산기는 반도체 생산 공정 개선의 효과가 분명하게 나타났다. 초기 TPU는 45나노 공정에서 생산됐고, 버전4는 TSMC 7나노 공정에서 생산됐다. 공정이 개선되면 같은 공간 안에 들어갈 수 있는 트랜지스터 숫자가 많아진다. 그리고 각 트랜지스터는 전력은 적게 쓰고 속도는 빨라진다. 7나노 공정에서 만들어진 TPU 버전 4의 연산 에너지 효율은 4배나 향상되었다. 에너지는 전력과 속도로 결정된다. 무어의 법칙이 작동하는 영역이다. 그런데 전력과 데이터를 공급하는 와이어는 공정 개선의 혜택을 많이 받지 못했다. 작게 만들수록 연산기는 빨라지는데 배선은 작아질수록 성능 개선이 일어나지 않았다. 그도 그럴 것이 배선이 더 좁아질수록 저항값이 커지면서 데이터 처리 속도가 빨라지지 않았다. 물 파이프 라인을 좁게 만들면 더 많은 물이 지나가기 힘든 것과 마찬가지다. 연산기 에너지 효율이 4배 개선되는 동안 배선의 에너지 효율은 2배 정도 개선되는 데 그쳤다.

온칩 메모리와 오프칩 메모리의 가장 큰 차이는 반도체 안에 있냐 밖에 있냐의 차이다. 반도체 안에 있으면 속도도 빠르고 전력 효율성도 높다. 다만 반도체 안에 메모리를 넣으면 설계가 복잡해지고 용량을 확장하는 데 한계가 있다. 그래서 비교적 자주 사용하거나 필수적으로 내부에 저장해야 하는 데이터들은 온칩에 넣고 큰 용량이 필요한 D램은 외부에 탑재한다. 온칩 메모리는 TPU 안에 들어있는 S램이다. 공정이 개선됐을 때, 특히 최신 선단공정에서 S램은 면적 측면에서 거의 공정 개선의 혜택을 받지 못하는 실정이다. 그나마 에너지 효율이 30% 정도 향상되는 효과가 있었다. 오프칩 메모리인 D램은 공정 개선의 효과를 거의 보지 못했다. 첫 번째 모델이나 버전 4나 D램의 에너지 효율은 그대로다.

연산기의 에너지 효율이 4배 향상되든 10배 향상되든 메모리가 소모하는 에너지는 그대로다. 즉, 같은 전력 사용량에서 보자면 데이터 전송 속도가 그대로이니 연산기 속도가 빨라져도 최종 성능 개선은 제약을 받는다. 결국 메모리 속도를 어떻게 개선하는지가 AI 반도체의 실제 성능을 좌우하는 가장 중요한 요소라는 것이다.

과거가 아니라 미래를 봐도 메모리는 가장 중요한 병목 지점이다. TSMC의 공정 로드맵을 보면 메모리는 발전하기는커녕 오히려 악화되는 경향을 보인다. 반도체 안에 들어가는 S램의 사정을 보자. TSMC 공정 로드맵을 기준을 16나노 공정에서 S램의 크기를 10이라고 했을 때 10나노 공정으로 만들면 S램의 크기는 5.7로 줄어든다. 개선 효과가 있다. 7나노 공정에서는 3.6, 3나노에서는 2.8까지 줄어든다. 그런데 3나노 개선 공정으로 접어들면 크기가 오히려 3으로 커진다.

온칩 메모리(S램)의 크기가 줄어들지 않는 것은 반도체 전체에도 영향을 미친다. 제조하는 트랜지스터 개수가 같을 경우, 공정 노드가 개선이 되면 전체 반도체 크기는 작아지는데 안에 들어가는 S램 크기는 줄어들지 않으니 S램이 공간을 차지하는 비중은 더욱 커진다. 예를 들어 16나노 AI 반도체에서 S램이 점유하는 공간 비중이 17.6%였다고 한다면, 그 디자인을 3나노로 제작했을 때 S램의 면적은 28.6%로 비중이 확 커진다. 행렬 연산에 특화된 AI 반도체를 만들었는데 정작 연산기가 차지하는 면적은 TPU 버전 4에서 전체의 8%에 불과하다. 나머지 92%는 잘 작아지지 않는 배선인 온칩 메모리가 차지한다.

그래픽 처리에 사용하는 반도체를 인공지능 처리에 사용하고 있던 상황에서 구글은 야심차게 인공지능 연산에 특화된 반도체를 직접 설계했다. 하지만 막상 사용해 보니 AI 반도체의 성능을 좌우하는 것은 연산기가 아니라 메모리였다. 이 상황을 두고 구글은 '연산은 사실상 공짜'라고 표현했다. 결국 AI 반도체는 연산기와 메모리, 이를 연결하는 통신 기술이 모두 완벽하게 갖춰질 때 제대로 된 성능을 낼 수 있다.

반도체의 한계를
넘기 위한 패키징 기술,
칩렛과 HBM

26

AI의 초거대언어모델은 말 그대로 매우 크다. 메모리 하나로 감당하기 어렵고, 연산기 하나로 감당하기 어렵다. 메모리도 엮어야 하고 연산기도 엮어야 하고 메모리와 연산기도 엮어야 한다. 그래서 이들을 묶어서 하나의 반도체처럼 동작하게 하는 패키징 기술이 매우 중요하다. 이때 각각의 기능별로 칩을 만들고, 패키지 기술을 통해 여러 개의 칩을 연결해 하나의 칩처럼 동작하게 만드는 기술을 칩렛Chiplet이라고 한다.

여기에는 칩끼리 연결을 도와주는 베이스 기판이 있고, 그 위에 칩을 얹는다. 칩끼리 연결하려면 연결 통로가 필요하다. 반도체의 미세공정이 발달하면서 작은 칩에 많은 회로를 넣을 수 있게 됐다. 회로를 많이 넣으면 회로와 회로 사이에 빠른 통신이 필요하고 연결하는 통로도 많아야 한다. 이 통로를 I/OInput/Output 핀이라고 한다.

전통적이고 경제적인 구조는 우리가 흔히 반도체 하면 떠올리는 모습인 거미처럼 몸통에 다리가 여러 개 나와 있는 모양이다wire-bonding. 이 통로는 사람 눈에 보일 정도로 두꺼운 선으로 이루어져 있다. 길게 뻗은 선들이 차지하는 면적을 줄이는 기술은 부단히 발전해 왔다. 요즘 나오는 반도체는 거미 다리처럼 옆으로 연결 통로가 나와 있지 않다. 대신 반도체 아래 쪽으로 연결 통로를 만들어 기판에 연결하는 방식flip-chip bonding으로 설계가 되어 있다. 이처럼 빠르고 많은 통신을 위해 I/O핀을 작게, 많이 만들기 위한 노력이 있었다. 핀을 얇게 만들거나 반도체 아래쪽으로 배치해 핀을 많이 집적하거나, 디디고 있는 판을 더 얇게 만들어 전체 면적을 얇게 만드는 기술이 발전했다.

* 전통적 방식의 반도체(왼쪽)와 최신의 반도체(오른쪽)

AI 반도체 혁명

또 한정된 면적에 더 많은 회로를 집적하기 위해 위로 쌓는 기법도 발전했다. 반도체들을 쌓아 올리면 그 반도체들의 배선wire을 층마다 밖으로 빼야 했기 때문에 배선 수가 제한이 됐다. 잘못하면 배선끼리 신호 간섭이 날 수 있다. 이후 배선을 짧게 만들고 반도체를 적층 하는 기술이 발달하자 가장 최단 경로인 수직경로를 취하는 칩끼리 뚫어 연결하는 기술이 탄생했다. 이것이 앞서 HBM을 설명하며 언급한 데이터 이동 통로, 즉 TSVThrough Silicon Via다.

중간을 뚫어버리니 밖으로 배선을 빼는 것보다 전송 길이가 훨씬 짧아졌다. 배선을 중간에 배치하니 가장자리에만 존재했던 기존 배선 방식보다 배선의 수, 핀pin의 개수도 급증했다. 예를 들어 같은 면적에서 배선을 옆으로 빼는 방식wire-bonding, flip chip bonding에서는 핀의 개수가 32개라고 한다면 TSV에선 1024개가 가능하다. 국제반도체표준협의기구는 핀의 개수를 2048개 이상으로 점점 늘릴 계획을 발표했다.

만들어진 반도체를 붙이고 쌓는bonding 기술은 후공정으로 분류된다. 웨이퍼 위에 반도체 회로를 설계하고 구현하는 과정을 전공정, 만들어진 웨이퍼들을 검수하고 포장하는 단계를 후공정이라고 한다. 포장하는 단계를 패키징 공정이라고도 하는데 이는 회로들을 금속 선으로 이어주고 포장해 회로를 보호하는 과정이다. 과거에 패키징 기술은 만들어진 반도체 칩을 기판 위에 올리는 포장 기술 정도로만 평가를 받았다. 반도체 후공정은 OSAT^Outsourced Semiconductor Assembly and Test라고도 부른다. 한국어로 번역하면 반도체 조립 및 테스트 외주 정도라고 할 수 있다. 이는 반도체 칩을 만들면 전기가 통하게 기판 위에 올리고 잘되나 안되나 검사하는 공정이다. 대단한 부가가치가 있다고 보기 힘들어 주식 시장에서도 후공정 업체는 그리 관심을 받지 못했다.

하지만 최근 들어 패키징 기술이 반도체의 종합 성능을 좌우하는 필수 기술이 됐다. 웨이퍼 위에 반도체를 제작하는 전공정은 미세 공정이 극한으로 발달해 물리적 한계에 도전하는 연구로 이어지고 있다. 그러다 보니 칩 하나로 구현할 수 있는 한계를 넘어서기 위해 칩 여러 개를 연결하는 기술이 도입되고 있다. 웨이퍼들을 잘 이어 붙여 한 패키지 안에 많은 반도체를 넣고 하나의 칩처럼 동작하게 하는 패키징 기술은 난이도가 높다. 2016년에 TSMC가 FOWLP^Fan-Out Wafer Level Package 기술의 양산에 성공하며 애플의 물량을 독차지한 것이 패키징 기술 발전의 예이다.

전통적인 패키지 과정은 전공정이 끝난 후 웨이퍼를 칩 단위로 잘라 패키징 하는 과정이었다. 이후 웨이퍼 상태 그대로 패키징을 하거나, 웨이퍼 안에 칩들을 재배치하여 통째로 패키징을 하는 기술(FOWLP) 등이 발전되었다. 이런 기술의 발달에 발맞춰 전공정을 맡던 테스트와 포장을 맡던 후공정이 시스템 구성에 영향을 미치면서 패키징 기술은 전공정 후공정 사이 칩들의 연결성과 면적 대비 성능을 끌어올리는 어드밴스드 패키지^Advanced package

로 자리잡았다. 이에 파운드리 회사도 패키징 고도화에 박차를 가하게 되었다. 2022년, 삼성전자도 천안사업장에 어드밴스드 패키지 사업팀을 신설하며 그 의지를 보였다.

어드밴스드 패키징의 꽃인 TSV(데이터 이동 통로) 공정을 살펴보자. 단독 주택보다 아파트가 땅 면적 대비 주거 인구 수가 높듯이 웨이퍼도 위로 쌓아 올리면 면적 대비 회로 구성이 더 많아진다. 고층 빌딩에는 각 층을 연결하는 엘리베이터가 있듯이, 층층이 쌓인 웨이퍼끼리도 전기적 신호로 연결되어야 한다. TSV는 구멍을 뚫고 전류가 통하는 도체로 채워 전기선을 연결한다. 구멍을 비아via라고 부르는데 이는 진짜 빈 구멍이 아닌 도체로(흔히 구리) 채워져 있다. 층마다 같은 지점에 도체로 이어져야 전기선이 끊기지 않는다.

위로 쌓은 웨이퍼를 연결하는 방식으로는 NCF 적층 방식이 있다. 웨이퍼와 웨이퍼 사이에 끈끈한 필름지로 넣고 고온, 고압으로 눌러 붙이는 방식이다. 다른 방법도 있다. TSV 구멍과 다른 웨이퍼의 구멍을 잇는 부분을 열을 가해 임시로 접합한 뒤 여러 층이 쌓이면 고온, 고압을 가해 한 번에 접합하며 가접합 부위 근처도 채우는 방식이 있다. 이를 MR-MUF Mass Reflow Molded UnderFill라고 한다. 여기서 몰드Mold는 적층 구조 주변을 보호하면서 굳히는 과정이고 언더필Underfill은 가접합 부위 외 기판 사이를 채우는 것을 말한다.

비유하면 벽돌을 쌓을 때 벽돌 한 층에 시멘트를 발라 굳혀가며 만드는 것이 NCF 적층식, 벽돌 층 사이를 임시로 붙여놓고 시멘트를 들이부어 굳히는 방법이 MR-MUF 방식과 비슷하다. MR-MUF는 가접합 후에 한 번에 접합하는 방식이기 때문에 한 층씩 고온, 고압을 가하는 것보다 생산성이 높다. 또 필름지를 겹겹이 쌓는 것이 아니기 때문에 기판 사이 간격을 줄여 더 촘촘히 쌓을 수 있고 같은 높이에 보다 많이 쌓는 것도 가능하다.

삼성전자는 NCF 방식으로 HBM을 만들고 SK하이닉스는 MR-MUF 방식으로 만든다. 삼성전자 HBM이 엔비디아 품질 테스트 통과에 어려움을 겪는 이유가 적층 방식의 차이 때문이라는 관측도 나온다. 혹자는 MR-MUF 장비를 만드는 한미반도체와의 악연 때문에 삼성전자가 반도체 장비를 확보하지 못해서라고 이야기한다. NCF나 MR-MUF가 HBM의 성능에 직접적인 영향을 주는 기술은 아니다. 현재까지는 두 기술 모두 장단점이 있다. 더 높은 적층을 요구하는 차세대 HBM에서 어떤 적층 기술이 더 유리할지는 지켜볼 일이다.

접합 방식도 진화하고 있다. TSV의 구멍을 잇던 전기적 연결을 중간 접합물을 없애고 직접적으로 연결하는 하이브리드 본딩 Hybrid bonding 기술도 양산을 준비 중이다. 직접적 연결을 하면 기판 사이 중간 물질이 없어지므로 더 촘촘히 구멍을 뚫을 수 있어 입출력단자(I/O) 개수도 증가하고, 기판 사이의 간격이 더 좁아져 촘촘히 쌓을 수 있다. HBM4가 연결핀을 2048핀으로 늘릴 수 있는 이유 중 하나이다. MR-MUF 장비를 만드는 대표적인 회사는 한미반도체, 하이브리드 본딩 장비를 만드는 대표적인 회사는 네덜란드 장비 회사인 베시[BESI]가 있다.

메모리와 메모리를 연결하는 것이 HBM이면 이번에는 HBM과 GPU를 엮어 보자. 각각의 반도체를 모아서 하나의 패지키로 만드는 것을 SiP, 풀어쓰면 시스템 인 패키지[SiP, System-in-Package]라고 부른다. 이 SiP 방식으로 HBM과 GPU 코어를 연결하려면 기판 위에 둘을 올리고 연결해야 한다. HBM과 GPU 코어를 위로 쌓아

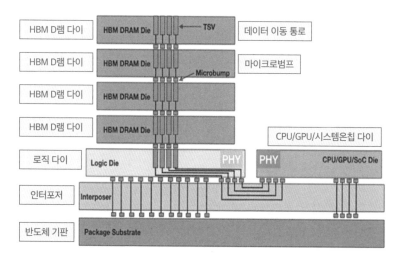

* 도식화한 SiP 구조 (출처: 램버스)

TSV 공정으로 연결하면 좋겠지만 둘의 입출력 단자가 달라 현재는 HBM과 GPU 코어를 위로 쌓지 못하고 옆에 배치했다. 그나마 GPU가 메모리를 빨리 읽고 쓸 수 있도록 바로 옆에 HBM을 뒀다. SiP 구조를 도식화한 앞의 그림을 살펴보자.

HBM과 GPU가 곧장 통신으로 연결되고 나머지 회로와 연결을 위한 전기선이 밑으로 뻗어 있다. 이 둘을 이어주는 층을 인터포저Interposer라고 하는데, 전기선을 잘 이어주는 역할을 한다. 옆으로 붙이는 수평 설계는 2차원, 2D 패키징이라고 부른다. 수직으로 쌓는 적층 설계는 3차원, 3D 패키징이라고 부른다. GPU 코어와 HBM을 옆으로 연결한 것은 2D 패키징이고 D램을 위로 쌓은 HBM은 3D 패키징이다. TSV 덕분에 반도체를 수평으로 연결하는 것보다 수직으로 연결할 때 I/O 핀의 개수가 많아, 수평으로 반도체와 반도체를 연결한 2D 방식보다 속도가 빠르다. 2D 패키징인 GPU코어-HBM과 3D 패키징인 HBM이 모두 적용됐기 때문에 이런 모양의 패키징을 2.5D 패키징이라고도 부른다..

최근 나오는 엔비디아 GPU는 수평으로 반도체와 반도체를 연결할 때 직접 연결하는 게 아니라 인터포저로 연결하는 방식을 채택했다. 실리콘 인터포저는 반도체와 반도체를 연결하는 기능을 하며 직접 연결하는 것보다 더 빠른 속도를 제공한다. HBM을 외부와 연결하는 핀(마이크로범프)은 크기가 20마이크로미터 정도로 매우 작다. 이런 작은 핀이 수천 개가 있다. GPU 코어도 외부와 연결되는 핀이 수만 개가 있다. 두 반도체를 연결하려면 수만 개의 핀을 일일이 다 맞춰서 연결을 해야 한다. 2.5D 패키징은 인터포저가 수만 개의 핀을 연결해 주는 역할을 하기 때문에 설계를 훨씬 단순하게 해준다.

이보다 더 진화된 패키징 기술도 제안되고 있다. 2.3D 패키징은 2.5D에서 실리콘 인터포져를 제거한 기술이다. 칩간 연결은 재배선^{RDL, Redistributed Layer}이라고 하는 미세한 패턴이 그려진 유리기판을 사용하는데 실리콘 인터포저보다 얇게 구현할 수 있다. 대표적인 2.3D 패키징 기술로는 TSMC의 CoWos-R, 삼성전자 C-Cube R 등이 있다. 2.1D 패키징은 인터포저 자체를 제거하고 재배선 공정이 완료된 기판에 실리콘을 삽입하여 서로 다른 반도체 칩을 연결하는 방식이다. 예를 들어 인텔의 임베디드 멀티 다이 인터커넥트 브리지^{EMIB}가 대표적인 2.1D 패키징이다.

현재 상용화된 기술은 2.5D 패키징이다. 2.3D, 2.1D 패키징으로 진화할수록 GPU와 메모리의 연결 속도가 빨라져 더 나은 성능을 낼 수 있을 것이다.

반도체를 만들 때 데이터가 반도체 내외부로 통하도록 하는 장치를 'I/O패드'라고 한다. GPU에는 이런 HBM I/O패드가 여러 개가 있지만 여전히 부족하다. 초거대언어모델 연산은 하드웨어 역사상 가장 많은 메모리 대역폭을 요구하기 때문이다. 메모리 설계는 크게 보면 용량과 속도의 밸런스 문제로 귀결된다. 속도가 빠르고 용량이 작은 분야에서는 S램이 대표적이고 속도는 느리지만 용량이 큰 분야는 D램이 대표적이다.

최근 몇 년 사이 트랜스포머 기반 초거대 AI 모델이 나타나면서 메모리 반도체는 빠른 속도와 큰 용량 모두를 요구받게 됐다. 큰 용량의 데이터를 한번에 빠르게 전달할 수 있도록 하는 메모리 대역폭이 너무나 중요해진 것이다. 따라서 용량은 크지만 속도가 느린 D램의 전송 속도를 높이는 방향으로 기술이 발전되어 왔다. 문제는 메모리 대역폭을 결정하는 I/O패드가 반도체 바깥에 위치한다는 것이다. 반도체 I/O가 다른 반도체 I/O와 연결될 때 칩의 가장자리끼리 연결되는 것이 좋다. 전송 선로가 가장 짧은 위치이며, 반도체 내에서 일어나는 다양한 신호들의 간섭을 덜 받기 때문이다. 전기적 신호가 짧도록 바깥에 위치함으로써

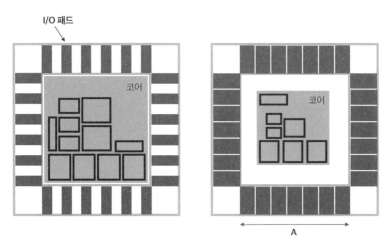

* 왼쪽이 코어 리미트(Core limited), 오른쪽이 패드 리미트(Pad limited)다. 반도체 다이의 한 변의 길이를 A라고 할 때, I/O는 네 개의 테두리에 존재할 수 있으므로 4A에 비례하는 면적을 가지고 연산기는 I/O를 제외한 면적을 차지할 수 있으므로 A^2에 비례하는 면적을 가진다.

AI 반도체 혁명

다른 노출로부터 간섭을 최소화한다. 메모리 I/O패드가 연산기를 둘러싸는 모양으로 설계해야 메모리끼리 비슷한 전송 선로 길이를 가지며 가장 빠른 속도를 낼 수 있게 설계할 수 있다.

반도체 연산기와 메모리의 크기가 조화를 이뤄야 최적의 설계를 할 수 있다. 내부 회로가 많아 코어의 크기로 칩 사이즈를 정하는 경우를 코어 리미트core limited라고 한다. 이와 대조적으로, 메모리 용량을 키우기 위해서는 메모리 컨트롤러 회로를 여러 개 붙여야 한다. 메모리를 많이 붙이면 메모리 패드도 많아진다. 이때 메모리 패드 크기 개수에 따라 칩 사이즈가 결정되는 것을 패드 리미트pad limited라고 한다.

다시 공장과 물류 창고로 비유해 보자. 공장과 가장 가까운 거리에 창고를 만들려면 공장 바로 옆에 창고를 만들면 된다. 공장이 코어, 창고가 메모리다. 공장의 제조 역량이 높아져서 더 좁은 공간에서 더 많은 제품을 제조할 수 있게 됐다. 가장자리가 짧아지면 바로 옆에 붙일 수 있는 창고의 넓이도 좁아진다. 창고의 용량이 부족해서 부품 조달이 안되면 공장이 놀게 된다. 공정 기술의 발전으로 연산기는 같은 크기에 혹은 더 작은 크기의 코어에 더 많은 회로를 넣을 수 있게 됐다. 코어 사이즈가 작아지면 가장자리가 짧아져 메모리 패드를 붙일 공간도 좁아진다. 연산기는 빠른데 메모리 용량이 작아 데이터를 전송 속도가 느려져 연산기가 놀게 되는 상황이 된다. 메모리를 더 많이 붙이기 위해 연산기를 크게 설계해야 하는 비효율이 발생하는 것이다.

그래서 메모리 패드를 붙일 공간을 확보하기 위해서라도 단일 코어를 키우는 것보다 칩렛 형태로 쪼개어 I/O패우를 많이 두는 것이 합리적인 형태다. 칩 두 개를 붙이는 칩렛 구조를 이용하면 가장자리 노출 면적은 넓어지고 그래서 I/O패드를 많이 붙일 수 있게 된다. 앞서 말한 수율면에서도, 경제성도, 메모리 패드를 늘리는 것까지 칩렛은 이점이 있다. 물론 칩 하나로 만들 때보다 두 개를 만들어 붙인 칩렛 구조를 취하면 통신 속도가 느려진다는 점은 감안해야 한다. 왜냐하면 칩을 붙인 칩렛 구조상 붙여놓은 칩 간의 통신이 필요하고, 이러한 칩렛 내부 칩끼리의 통신 속도는 칩 하나의 내부끼리의 데이터 전송 속도보다는 현저히 느리기 때문이다.

칩렛에 대해 좀 더 자세히 알아보자. 앞서 설명한 것처럼 칩렛은 각각의 기능을 나눠 각각의 기능별 칩을 만들고 패키지 기술을 통해 여러 개의 칩을 연결해 하나의 칩처럼 동작하게 만드는 기술이다. 하나의 칩으로 만드는 것이 아니라 각각의 기능을 분리해 칩 조각으로 만들고 모아서 하나의 패키지로 만드는 것, 즉 시스템 인 패키지$^{\text{SiP, System-in-package}}$이다. 이때 한 패키지 내에 서로 다른 성질의 칩들을 연결하는 기술을 이종집적$^{\text{Heterogeneous Integration}}$이라고 한다.

칩렛은 다양한 기능을 하나의 반도체에 담은 시스템 온 칩^{SoC}에 비해 수율이 높다. 칩렛은 여러 개의 칩을 각각 만들어 연결하는 방식이다. 각각의 반도체의 설계가 상대적으로 단순해지기 때문에 수율이 높다. 반면 SoC는 한 칩 내부에 여러 서로 다른 기능을 넣어야 하기 때문에 칩 하나의 설계가 복잡하고 수율을 높이기 쉽지 않다. 또 칩렛은 각 칩의 공정이 달라도 잘만 붙이면 되기 때문에 가격 효율성도 높다. 다양한 칩을 연결할 수 있기 때문에 유연성과 확장성도 높다.

이종집적도 몇 가지 종류가 있으며 다양한 고객의 요구로 채택되고 있다. 대표적인 것으로 엔비디아 H100 GPU가 있다. H100은 GPU와 HBM을 SoC처럼 연결했다. GPU-HBM 간의 통신에서는 큰 대역폭을 요구하기 때문에 이러한 구조로 제작했다.

이렇게만 기술하면 칩렛이 SoC에 비해 수율도 높고 비용도 저렴하다는 장점만 있어 보인다. 칩렛도 약점이 있다. 반도체와 반도체를 연결한다는 그 자체가 약점이다. SoC는 하나의 칩 안에 다양한 기능을 구현했기 때문에 데이터 이동 속도가 빠르고 전력 소모가 적다.

반면 칩렛은 서로 다른 칩을 연결했기 때문에 통신에 따라 성능이 좌우된다. 이런 구조가 처음 제시될 때에는 회사마다 통신 인터페이스가 달라 칩들이 함께 쓰이지 못하기도 했다. 최근에는 반도체 회사들이 칩렛을 위한 표준 UCIe^{Universal Chiplet Interconnect Express}을 만들어 통일시켰다.

인텔의 가우디도 가우디3^{Gaudi3}부터 칩렛 구조를 채택했다. 하지만 여전히 칩끼리의 통신은 칩 내부의 연결 속도보다 느릴 가능성이 높다. 인텔과 AMD는 칩렛 구조를 GPU끼리에서도 적용했다. AMD은 2021년에 발표한 MI200부터 GPU 두 대를 붙여 한 GPU가 두 개의 GPU 성능을 가지는 것 같은 구조의 시스템을 발표하기도 했다. 초거대언어모델에서 요구하는 고성능을 내기 위한 구조인데 이 구조도 앞서 언급했듯이 칩끼리의 통신 속도가 얼마나 빠르냐에 따라 성능이 결정된다. 가령 GPU 한 장당 1초의 100개의 일을 할 수 있다고 하자. 그런데 GPU를 잇는 통신이 1초에 20개밖에 못 옮긴다면 20개만 받은 GPU는 일처리를 20개밖에 못한다. 100+100이 200이 아니라 100+100=120이 되는 것이다.

2024년 3월, 엔비디아는 GTC에서 처음으로 칩렛 구조를 택하는 발표를 했다. 엔비디아는 일정 사이즈를 만족하는 다이 안에 GPU 전체를 설계하는 기조가 있었지만 처음으로 틀을 깨는 행보를 보였다. 여기서 다이는 웨이퍼에서 잘라낸 사각형 조각 하나의 개별 반도체 칩을 말하며 그 안에 회로가 집적된다. 높은 컴퓨팅 파워를 요구하는 초거대언어모델 시장에 대한 반도체 회사들의 대응은 칩렛 구조와 고대역폭 통신을 통해 더 많은 GPU를 한 시스템 안에 넣고 사용자들이 더 많은 GPU를 사용하는 것처럼 느끼게 하는 것이다.

더 높은 GPU 성능을 위해선 칩의 사이즈를 키워야 하지만 공정의 한계상, 특히 최근 EUV(극자외선 공정) 장비의 한계상 하나의 칩이 가질 수 있는 면적은 제한되는 특징을 가지고 있다. 이러한 경우에는 칩렛이 사실상 하나의 칩의 성능을 높일 수 있는 유일한 돌파구가 되기도 하며, 선단 공정으로 갈수록 칩렛의 역할은 더 두드러질 것으로 예상된다.

AI 반도체 혁명

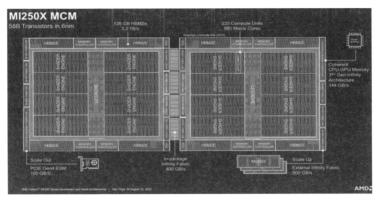

AMD MI250X MVM At HC34 Floorplan

* 2021년에 AMD가 발표한 MI250X 모델

Die 0

16GB HBM2e	12 x 200Gbps, RDMA NIC		PCIe Gen5	Media Engine	16GB HBM2e
	2 x MME		2 x MME		
16GB HBM2e	16 x TPC	Cache 24MB	Cache 24MB	16 x TPC	16GB HBM2e
16GB HBM2e	16 x TPC	Cache 24MB	Cache 24MB	16 x TPC	16GB HBM2e
	2 x MME		2 x MME		
16GB HBM2e	Media Engine	Disabled	12 x 200Gbps, RDMA NIC		16GB HBM2e

Die 1

* 인텔 가우디3

메모리 병목 현상을
S램으로 돌파한다

AI 서비스는 기본적으로 고성능 반도체가 필요하다. 그런데 연산기가 아무리 빨라도 메모리에서 데이터 전송이 늦으면 소용이 없다. 메모리에서 데이터를 빨리 많이 가져오려면 전력 사용량이 증가한다. 또 메모리 병목 현상으로 데이터 전송 속도가 느려지는 점을 극복하기 위해 쌓고 붙이고 구멍을 뚫고 다양한 노력을 해왔다. 또 다른 방식을 알아보자. 외부 메모리 D램 대신 내부 메모리 S램을 활용해 보려는 시도들이 그것이다.

CPU를 설계할 때 칩 내에 온칩 메모리 S램을 함께 설계하는 것처럼, AI 반도체 내에도 S램을 함께 설계하는 방식이다. 기존의 AI 반도체에도 S램은 어느 정도 면적을 차지해 왔다. 하지만 이번에는 S램을 대량으로 투입하여 D램을 아예 쓰지 않겠다는 아이디어가 등장한 것이다.

AI 반도체 혁명

S램을 칩 내에 많이 넣으려면 당연히 칩 사이즈가 커져야 한다. 미국 기업 세레브라스Cerebras는 크기가 큰 반도체를 만드는 것으로 유명하다. 세레브라스의 창업자 앤드류 펠드만은 2007년에 씨마이크로를 설립한 후 2012년 AMD에 약 4천억 원으로 매각했다. 이후 펠드만은 AMD에서 2년 반 동안 부사장으로 근무한 뒤 동료들과 나와 세레브라스를 창업했다. 세레브라스는 반도체를 만들기도 전에 1조 원 가까운 기업 가치를 인정받아 유니콘 기업(기업가치가 10억 달러가 넘고 창업한 지 10년 이하의 비상장 스타트업 기업)이 됐다. 그 이유는 무엇이었을까?

AI 연산 처리에서 가장 많은 시간과 전력을 잡아먹는 부분은 외부 메모리인 D램에서 데이터를 받아오는 부분이다. CPU의 경우 D램에서 데이터를 받아오면 느리기 때문에 칩 안에 속도가 빠른 캐시 메모리, 즉 S램을 넣어 메모리 병목 현상을 크게 감소시키고 있다. 자주 쓰는 데이터는 S램에 보관함으로써 느린 D램으로부터 데이터를 받아오는 빈도를 줄이는 것이다. 그렇다고 S램을 무작정 많이 쓸 수는 없다. S램은 D램에 비해 비싸고 크고 용량이 작기 때문이다. 1비트를 저장하는 데 S램은 D램보다 약 50배나 넓은 공간이 필요하다. 대용량 데이터를 저장하는 데는 D램이 효율적이다. S램은 꼭 필요한 정도만 쓰는 것이 좋다.

하지만 세레브라스는 반도체 내부에 S램을 대량으로 배치하는 AI 반도체를 구상했다. S램은 저장 용량에 비해 물리적 크기가 크다. 안 그래도 크기 자체가 큰 S램인데 이를 세레브라스는 대량으로 넣으려다 보니 반도체 다이가 엄청 커졌다. 12인치 웨이퍼 한 장에서 만들 수 있는 D램의 다이 개수는 500~700여개 정도 된다. 세레브라스 반도체는 어찌나 큰지 12인치 웨이퍼 1장에 반도체 1개가 만들어진다. 이는 반도체 칩 중에 가장 큰 편에 속하는 엔비디아 GPU H100보다 56배 큰 크기다.

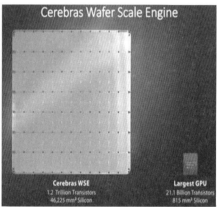

* 세레브라스의 공동창업자 중 한 명인 션 리가 들고 있는 초대형 반도체 '웨이퍼 스케일 엔진' (출처: 세레브라스)

칩 사이즈가 크니 코어 수는 123배나 많고 온칩 메모리는 1000배나 많다. 세레브라스 반도체를 사용해 데이터센터를 구축한 곳은 UAE다. UAE 국부펀드가 주인인 AI 회사 G42는 세레브라스 반도체를 기반으로 한 슈퍼 컴퓨터 콘도르 갤럭시를 발표했다. 엔비디아 GPU보다 더 빠른 400경 번, 전문 용어로는 4엑사플롭스EFlops의 속도를 자랑한다.

AI 반도체 혁명

성능만 보면 입이 떡 벌어진다. 하지만 문제가 있다. 일단 반도체 크기가 크기 때문에 수율을 높이기가 힘들다. 반도체는 굉장히 정교하게 만들어야 하기 때문에 웨이퍼에 새겨진 모든 회로가 완벽하기란 하늘의 별 따기다. 웨이퍼 1장에 그려진 수백 여 개의 반도체 중 몇 개가 불량품인지를 따지는 것이 수율이다. 수율을 높이는 데 정답은 없다. 워낙 작은 세상을 다루는 기술이기 때문에 온도, 습도, 소재, 장비 등 어디에서 영향을 주는지 정확히 알기가 어렵다. 이론으로 설명하는 게 아니라 끊임없이 조건을 바꿔가며 결과물을 보는 수밖에 없다. 그래서 아무리 수율을 높여도 100%를 달성하기는 쉽지 않다.

그런데 세레브라스의 반도체는 웨이퍼 1장에서 반도체 1개가 만들어진다. D램의 수율이 90%라고 하면 500개의 D램을 만들 때 450개가 정상 제품이다. 그런데 세레브라스 반도체는 수율이 100%여야 1개의 정상 제품이 나오고, 99% 수율이면 0개의 반도체가 나온다. 양산이 매우 어렵다는 의미다.

확장성에도 한계가 있다. 세레브라스는 하나의 칩 안에 수십 기가바이트의 S램을 넣었다. 그런데 최근 인공지능의 주요 모델인 초거대언어모델은 단어(토큰) 하나를 생성하려면 350기가바이트에 달하는 1750억 개 파라미터를 읽어야 한다. 세레브라스 반도체가 빠르긴 하지만 수십 기가바이트를 넘어서면 외부에서 데이터를 받아와야만 하고, 결국 속도가 느려진다. 하나의 칩에서 감당할 수 있는 작은 모델은 다룰 수 있을지 몰라도 초거대언어모델을 다루는 데는 적합하지 않다.

수십 기가바이트의 용량이 결코 작은 것은 아니지만, 웨이퍼 하나를 통째로 써야 하는 칩의 크기를 고려할 때, 기존 D램 기반의 반도체보다 면적 대비 효율성도 떨어진다. 초거대언어모델이 등장하기 전까지만 해도 다양한 인공지능 모델이 경쟁을 했다. 큰 모델도 있고 작은 모델도 있다. 그러다 초거대언어모델이 AI 시장을 평정하게 됐다. 세레브라스의 커다란 반도체는 작은 모델이 있을 때는 사용처를 받을 수 있었을지 몰라도, 초거대언어모델이 대세가 된 지금은 사용처를 찾기가 어렵다. 세레브라스는 2023년에 1~130억 개 정도의 파라미터를 갖는 인공지능 모델을 오픈소스로 공개했다. 초거대언어모델보다 규모는 작지만 효율적인 소형 모델이 있으니 함께 연구해 보자는 취지였다. 세레브라스의 반도체로는 소형 모델을 돌릴 수밖에 없기 때문이기도 하다.

영국을 대표하는 AI 반도체 스타트업 그래프코어Graphcore도 S램을 활용해 반도체를 만들었다. 그래프코어가 만든 반도체 이름은 지식프로세싱유닛IPU, Intelligence Processing Unit이다. 이는 1472개의 독립된 IPU 코어가 있고 칩당 900메가바이트의 S램을 달고 있다. 대역폭이 초당 47.5 테라바이트다. 코어마다 대량의 S램이 붙어 있으니 속도가 매우 빠르다. 세쿼이어캐피탈, 마이크로소프트, BMW, 삼성전자 등 쟁쟁한 기업들이 그래프코어에 투자했다. 영국 정부도 나서서 그래프코어의 반도체를 사줘야 한다고 홍보

AI 반도체 혁명

했다. 마이크로소프트는 자사 클라우드 서버 애저에 그래프코어 IPU를 탑재해 서비스를 제공하기도 했다. 하지만 최근 그래프코어 매각설이 제기되고 있다. 한때 25억 달러에 달했던 기업 가치가 5억 달러도 안된다. 잠재적 구매자로 ARM, 오픈AI, 소프트뱅크 등이 거론되긴 하는데 다들 부인하고 있다. 그래프코어 역시 S램을 사용하는 방식이라 세레브라스와 동일한 한계점을 가지고 있었던 것이다.

비슷한 관점에 최근 딥러닝 커뮤니티를 뜨겁게 달구었던 '그록^{Groq}'이라는 회사가 있다. 구글 출신 엔지니어들이 창업한 그록은 한때 차세대 AI 반도체 스타트업으로 주목을 받았다. 그록은 LPU$^{Language\ Processing\ Unit}$라는 제품을 발표했다. 그록은 세레브라스, 그래프코어와 마찬가지로 S램에 현재 AI 시대의 문제를 풀 수 있는 열쇠가 있다고 생각했다. 세레브라스만큼 극단적으로 웨이퍼 단위의 칩을 만든 것은 아니지만 S램을 최대한 많이 넣은 725mm^2 사이즈의 큰 칩을 만들었다.

훨씬 빠른 속도의 S램과 이에 맞는 연산기를 넣은 칩이기 때문에 매우 빠를 것으로 생각할 수 있지만 하나의 칩에 포함된 S램의 용량이 230메가바이트에 불과하다. 게다가 D램이 달려 있지 않다. 엔비디아 A100/H100과 같은 AI 반도체는 HBM을 칩에 가장 가까운 곳에 장착하고 있지만, S램에 집중한 그록은 이마저도 제거해 버렸다. 메타가 만든 작은 모델, 라마 70B 모델을 8비트로 압축해서 저장하더라도 70기가바이트다. 그록칩으로 이 라마 70B 모델을 구동한다고 가정해 보자. 기본적으로 70기가바이트의 파라미터 저장 공간을 확보하기 위해서 단순 계산해 보면 70기가바이트/230메가바이트 이상, 즉 최소 300장이 넘는 칩이 필요해진다. 이렇게 많은 칩들을 이용해서 현재 그록은 라마2 70B 모델을 구동하였을 때 초당 300토큰 이상을 생성하고 있다. 엔비디아 제품과 비교해 보자면 A100 8장을 이용했을 때 라마2 70B 모델에서 초당 57 토큰을 생성할 수 있다. H100의 경우에는 8장으로 약 초당 90토큰을 생성한다. H100보다 세 배나 많은 토큰을 생성할 수 있다고 하니 엄청난 혁신처럼 보이고, 그렇게 홍보를 하고 있다. 하지만 필요한 칩의 개수나 필요한 전력소모량에 견주어 보면 그렇게 많은 토큰 생성량이라고 보기 어렵다.

과연 이 솔루션이 실제 사용할 수 있는 경제적인 솔루션일까? 70B 모델을 장착하기 위해서 그들은 700mm² 넘는 크기와 약 300와트 정도의 전력 소모량을 가진 칩 500개 이상을 사용해야 한다. 또 여러 개의 칩을 묶어 하나의 칩처럼 연산을 하기 위해 고속 통신으로 칩들을 연결해야 한다. 그록은 이러한 연결 기술을 적용하여 여러 서버들을 연결한 최종 솔루션을 그록랙GroqRack이라고 부른다. 이 랙의 전력 소모량이 약 70킬로와트이다. A100 DGX 서버가 약 6킬로와트, H100 DGX 서버가 약 10킬로와트 정도를 소모하는 것과 비교해 보면 엄청난 전력 소모량이다. 겉보기에는 화려해 보여도 실제 서비스 운영자들이 그록의 LPU로 초거대언어모델 서비스를 운영하려면 막대한 운영비를 지불해야 할 가능성이 높다.

게다가 전략적으로 칩의 면적에 비해 저렴한 가격으로 칩을 제공하여 아무리 HBM을 달고 있는 엔비디아 A100/H100보다 싸더라도 70킬로와트를 소모하는 서버랙을 운영할 수 있는 데이터센터는 많지 않다. 게다가 이를 이용해서 할 수 있는 최대 배치 사이즈(한 번에 처리하는 데이터 샘플의 개수를 의미한다)가 16 정도인 것으로 알려져 있는데, A100/H100에서 모델에 따라서 128 배치 수준까지도 최적화를 한다. 배치 사이즈를 크게 묶어서 연산을 해야 처리량을 늘릴 수 있다. 실제로 초거대언어모델 서비스를 할 때 배치 사이즈가 왜 중요한지 뒤에 설명하도록 하겠다. 여기서 말할 수 있는 것은 그록의 방식은 매우 비효율적인 솔루션이 될 가능성이 크다는 것이다.

반도체 성능만큼이나
중요한 연결 속도

AI 반도체는 기존 반도체 생태계의 문법을 뿌리부터 바꾸고 있다. 이에 컴퓨터의 주인 CPU의 지위도 흔들고 있다. 컴퓨터의 주인은 두뇌인 CPU다. 데스크톱, 노트북은 물론이고 스마트폰, 서버도 CPU의 명령에 따라 모든 장치들이 동작한다. 모든 명령은 CPU가 내리기 때문에 '마스터'라고 부른다. CPU 외 모든 부품은 부속 장치로 분류되기도 한다. CPU에는 대용량 메모리가 붙어 있다. 명령을 내리는 주체는 CPU이기 때문에 기본적으로 데이터는 CPU가 불러서 처리해야 한다. 따라서 GPU가 만일 데이터가 필요하면 처음에는 CPU에 요청해야 한다.

컴퓨터 속 주인과 부속품의 관계는 기업들 사이에서도 나타난다. GPU를 비롯한 모든 부품은 제품을 만들 때 CPU를 만드는 업체가 구성하고 제안한 환경에 맞게 만들어야 한다. 하다 못해

USB 하나를 만들더라도 말이다. 그런 점에서 CPU를 만드는 인텔의 영향력은 절대적이었다. 엔비디아가 GPU를 아무리 잘 만들어도 이에 필요한 기능들을 CPU가 지원해 주지 않으면 한계가 있다.

AI 시대의 주인은 이제 CPU가 아니라 GPU다. AI 연산은 똑똑한 천재 CPU가 아니라 평범한 범재인 GPU가 더 잘한다. CPU에 최적화된 환경이 아니라 GPU에 최적화된 환경이 필요하다. 엔비디아는 최고의 GPU가 최고 성능을 낼 수 있도록 최적화된 CPU가 필요했다. 직접 CPU를 만들 수도 있겠지만 전 세계 CPU 시장의 지배자는 여전히 인텔이다. 전 세계 데이터센터 CPU 점유율의 80% 역시 인텔이다.

엔비디아는 GPU가 더 성능을 낼 수 있는 환경을 끊임없이 업계와 학계에 제안했다. 하지만 CPU를 만드는 인텔 입장에서는 GPU에 최적화된 환경을 제공할 이유가 근본적으로 없다. 인텔에게는 GPU 말고도 중요한 부품이 많다. 엔비디아는 CPU와 GPU를 초고속으로 연결하는 구조를 만들어줄 것을 인텔을 포함한 여러 CPU 회사에게 제안했다. 하지만 인텔은 그 제안을 받아주지 않았다(반면 IBM은 파워 시리즈 CPU로 받아주긴 했다).

이에 엔비디아는 CPU를 거치지 않고 GPU에 직접 고속 메모리를 포함시키는 방식으로 GPU 성능을 높여왔다. 엔비디아는 GPU가 AI 연산을 초고속으로 처리할 수 있도록 다른 장치들과도 초고속으로 데이터를 주고받는 환경을 조성해 왔다. 엔비디아 AI 서버에는 8장의 GPU가 들어간다. 학습의 경우, 큰 규모의 AI

데이터가 들어오면 8개로 쪼개서 각각 GPU에서 연산을 한 뒤 다시 모은다. 이때 8개의 GPU가 하나의 반도체처럼 동작해야 한다. HBM과 GPU가 초고속으로 연결된 것만큼 각 GPU들도 초고속으로 연결돼야 한다. 각 GPU는 엔비디아가 만든 초고속 통신 기술 엔비링크NVLink로 연결되어 있다. 엔비링크는 업데이트를 꾸준히 진행해 왔고 최대 초당 900기가바이트의 데이터를 전송할 수 있으며, 이는 최근의 인텔 x86 서버에서 사용되는 고속 인터페이스 표준PCIe Gen 5와 비교하면 7배가 넘는 대역폭을 갖는다.

2018년 엔비링크는 세계에서 가장 강력한 슈퍼컴퓨터 서밋Summit과 시에라Sierra에서 CPU와 GPU를 연결해 주목을 받았다. 2020년 3세대 엔비링크는 최대 대역폭을 600기가바이트로 두 배 늘렸고 엔비디아 A100을 최고의 가속기로 자리매김하게 한 핵심 경쟁력이 됐다. 현재 4세대 엔비링크는 그레이스 CPU와 H100이 탑재된 호퍼 GPU를 결합한 슈퍼칩 그레이스 호퍼의 뼈대 역할을 하고 있다.

엔비디아는 2020년 이스라엘의 반도체 회사 멜라녹스를 8조 5천억 원에 인수했다. 멜라녹스의 대표 상품은 인피니밴드로 데이터센터 서버와 저장 시스템을 빠르게 연결해 전송하는 시스템이다. GPU 1개의 노드는 엔비링크로 서로 연결된 8장의 GPU들로 구성된다. 여러 개의 노드를 연결해 하나의 노드처럼 동작하게 하는 기술이 인피니밴드다. 슈퍼 컴퓨터 상위 10개 중 5개가 엔비디아 GPU와 함께 멜라녹스 인피니밴드를 사용하고 있다. 이처럼 칩 간 연결은 AI 반도체에 있어 매우 중요한 요소다.

엔비디아가 자체적으로 CPU, GPU와 이를 연결하는 기술을 갖췄다고 하더라도 여전히 CPU의 강자는 인텔이다. CPU 시장에서 점유율을 확대하지 못하면 최고의 성능을 갖췄더라도 다른 회사가 만든 CPU에 본인들 시스템을 최적화하는 수밖에 없다.

이런 엔비디아 눈에 든 기업이 ARM이다. ARM은 모바일 반도체 시대에 인텔을 몰아내고 CPU의 주인이 된 회사다. ARM은 저전력이라는 특성을 십분 활용해 모바일 생태계에 인텔이 발도 붙이지 못하게 했다. ARM은 모바일폰을 넘어 인텔의 아성인 서버로 영역을 확대하고 있었다. ARM은 직접 반도체를 만들지 않고 설계도를 만드는 회사다. ARM의 설계도를 가져다가 다양한 반도체 회사들이 자신들의 특색에 맞게 반도체를 만든다. ARM의 설계도로 자체 반도체를 만드는 회사에는 아마존, 마이크로소프트 등 클라우드 서버 업체가 있다.

데이터센터는 전력 사용량이 중요한 영역이다. 모바일처럼 전기를 공급받을 곳이 없어서가 아니라 너무나 많은 전기를 쓰기 때문이다. 전력 사용량만 줄여도 운영비를 대폭 절감할 수 있다. 저전력이 특징인 ARM 기반 반도체는 데이터센터용으로 꽤나 매력적이다. 스마트폰에도 개인용 컴퓨터나 데이터센터에서도 ARM 기반 CPU가 사용되다 보니 인텔 CPU(x86)의 성능에는 도전할 수 없다는 불문율이 깨지고 있다.

데이터센터 1위 업체인 아마존은 2018년에 ARM 기반으로 자체 개발한 반도체 그래비톤 1세대를 처음 공개했고, 2022년에는 3세대까지 연이어 출시했다. 아마존은 데이터센터를 직접 운영하기 때문에 자체 개발한 반도체를 스스로 선택해 사용할 수 있다. 아마존은 그래비톤 출시 당시 "전 세계에서 가동하고 있는 수백만 개의 AWS 서버를 모두 그래비톤 칩 기반으로 전환해 가겠다"고 밝히기도 했다.

이런 상황 속에서 2020년 9월, 엔비디아가 ARM 인수를 선언했다. 앞서 설명했듯 ARM의 지위는 묘하다. ARM은 모바일 반도체 시장의 90%를 차지하고 있지만 그렇다고 절대적인 영향력을 가진 회사는 아니다. ARM은 돈만 내면 누구에게나 설계도를 판다. 경쟁을 위해 고객을 차별하지 않는다. 만약 ARM이 경쟁을 위해 고객을 차별하는 전략을 사용했다면 글로벌 빅테크 기업들은 ARM 생태계에서 벗어나려 노력했을 것이다. 또 전 세계 경쟁 당국이 가만히 지켜보지 않았을 것이다.

ARM의 최대주주는 일본 소프트뱅크다. 반도체 산업에 직접 연관된 회사가 아니다. 그런데 ARM의 최대주주가 AI 반도체 최강자인 엔비디아로 바뀐다면 어떤 일이 생길까? 만약 엔비디아가 ARM을 인수한 뒤 자신들의 경쟁사에 ARM의 설계도를 제공하지 않으면 어떻게 될까? 퀄컴, 마이크로소프트, 구글, 삼성전자, 테슬라, 아마존 등 주요 기업들은 미국 연방거래위원회[FTC]에 엔비디아의 ARM 인수에 대해 반대 의견을 전달했다. ARM 창립자인 헤르만 하우저조차 "엔비디아가 ARM을 인수할 경우 영국 기술 주도권에 치명타를 입히고 ARM 자체도 파괴하는 결과를 낳을 것"이라고 우려했다. 엔비디아는 "ARM의 현재는 물론 앞으로 출시될 모든 제품에 대한 라이선스 관행을 전 세계 모든 업계, 모든 고객사에 그대로 유지하겠다"고 밝혔지만, 경쟁사들의 신뢰를 얻을 수 없었다. 결국 미국 연방거래위원회는 엔비디아의 ARM 인수를 불법적 수직 결합이라고 규정하고, 인수를 무산시키기 위한 절차로 제소를 선택했다. 2022년 2월, 엔비디아는 결국 ARM 인수를 포기할 수밖에 없었다.

하지만 엔비디아가 CPU에 대한 도전을 포기한 것은 아니다. 엔비디아는 2022년 11월 데이터센터용 CPU 그레이스를 공개했다. ARM 아키텍처를 기반으로 만든 슈퍼칩인 그레이스 CPU는 성능 자체도 뛰어나지만 무엇보다 역점을 둔 것은 GPU와의 조화다. 그레이스 CPU는 엔비디아의 GPU 아키텍처 호퍼와 최적의 파트너로 설계됐다. GPU가 AI를 수행할 수 있도록 필요한 부분만 최적화하여 성능 대비 저전력을 달성한 것은 물론, 인텔이나 AMD가 지원해 주지 않았던 엔비링크도 강력하게 지원된다. 그레이스 CPU와 호퍼 GPU의 조합은 대규모 인공지능 훈련, 추론을 현존하는 최고 성능으로 처리할 수 있다. 그레이스 CPU와 호퍼 GPU는 엔비디아의 슈퍼 고속도로 엔비링크로 연결된다. 엔비디아는 스스로 CPU와 GPU를 만들면서 엔비링크로 연결하는 설계를 채택했다.

ARM 인수는 실패했지만 CPU 시장까지 영향력을 확대하려는 엔비디아의 노력은 지속되고 있다. 세계 슈퍼 컴퓨터 상위 100대 중 GPU를 채택한 기종은 2018년 16%에서 2023년 58%로 높아졌다. 하지만 여전히 서버 시장에서 인텔 CPU의 점유율은 절대적이다. 하지만 인텔 CPU 대신 엔비디아 GPU 성능 극대화를 기준으로 다른 CPU를 선택하는 날도 머지않은 것으로 보인다. 인텔 역시 서버 시장에서 GPU의 영향력이 확대되는 것을 지켜 보고만 있진 않다. 인텔은 2023년 11월, 고성능 컴퓨팅과 AI 연산을 위한 '데이터센터 GPU 맥스' 시리즈와 '제온 CPU 맥스' 시리즈를 공개했다. 제온 CPU 맥스는 처음으로 고대역폭 메모리를 탑재한 x86 기반 프로세서다. 경쟁 제품에 비해 최대 4.8배 더 나은 성능을 제공한다고 인텔은 주장했다. 데이터센터 GPU 맥스는 최대 128기가바이트 고대역 메모리가 탑재됐다. 인텔은 두 개의 반도체를 원활하게 사용할 수 있도록 개방형 소프트웨어 플랫폼OneAPI를 제공했다. CPU 영향력을 기반으로 GPU 영역에 도전하는 인텔과 GPU 영향력을 기반으로 CPU 영역에 도전하는 엔비디아의 경쟁은 치열하게 벌어지고 있다.

ARM이 AI 시대에서 각광받는 CPU로 선택되는 이유는 또 있다. 바로 AI가 기존의 많은 영역을 대체하면서 기존처럼 복잡한 CPU가 필요 없어진 것이다. 모바일에 특화되어 단순한 구조를 가지고 있는 ARM 아키텍처는 AI 시대에 꼭 필요한 기능만을 탑재한 저전력, 저비용 CPU를 만들고 싶어하는 AI 서버 운용 회사들에게도 매력적인 선택이다. 즉, AI로 인하여 직접적으로 영향

AI 반도체 혁명

을 받는 GPU, HBM 같은 반도체들은 물론 기존의 전형적인 반도체들도 시대의 영향에 따라 재설계 요구를 받고 있는 것이다.

CPU와 GPU, 메모리, SSD 등을 어떻게 초고속으로 연결할 것인가에 대한 고민은 지속되고 있다. 새로운 연결 기준인 CXL^{Compute Express Link}에 대한 논의도 활발하다. CXL은 고성능 서버 시스템에서 CPU와 함께 사용되는 가속기(GPU), D램, SSD 등을 더 효율적으로 활용하기 위한 차세대 인터페이스다. 삼성전자는 2022년 CXL 1.1 기반 D램을 세계 최초로 개발했고, 2023년엔 CXL 2.0을 지원하는 128기가바이트 D램을 개발했다.

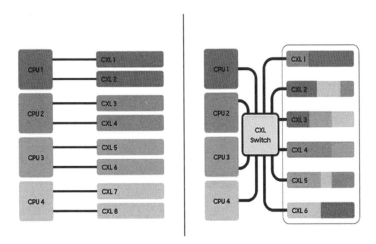

* 도식화한 CXL 메모리 풀링 (출처: 삼성전자)

CXL 2.0은 메모리 풀링 기능을 지원한다. 이는 여러 개의 메모리를 묶어 풀pool을 만들고 CPU가 요구하면 필요한 만큼 나누어 사용할 수 있도록 하는 기능이다. 또 다른 특징은 CPU와 GPU를 동시에 연결할 수 있다는 점이다. 메모리는 원래 CPU에 연결이 되어 있다. GPU는 필요한 데이터가 있으면 먼저 CPU에게 요청해서 사용해야 한다. GPU 성능이 중요하기에 GPU에 직접 그래픽 D램을 붙였고, 인공지능 가속기에는 HBM을 붙였다. 어쨌든 CPU와 GPU가 사용하는 D램이 각 칩에 별도로 배치가 되어 왔다. 반면 CXL은 서로 다른 기종의 메모리도 공유가 가능하도록 한다. GPU의 메모리를 주 메모리처럼 사용할 수 있다. 인텔도 많이 달라지고 있다. 인텔은 적극적으로 CXL 표준을 다른 부속품을 만드는 기준에 맞춰 제시하며 진영을 공고히 하기 위해 노력하고 있다.

오랫동안 AI 시대를 대비해 온 엔비디아는 AI 모델을 최고 성능을 운영할 수 있는 CPU, GPU 설계 역량을 확보하고 이들을 연결하는 엔비링크를 비롯한 네트워크 역량도 갖췄다. AI 시대 초입에 압도적인 역량을 보여주며 전 세계 AI 서버의 90% 이상 점유율을 확보하고 있다. 하지만 엔비디아의 AI 생태계는 전력 사용량이 많고 비싸다. 그 지점을 어떻게 돌파할 것인지가 AI 시대에 엔비디아를 넘어설 수 있는 실마리가 될 것이다.

반도체 성능을 좌우하는
냉각 기능

AI 반도체가 전력을 많이 사용한다는 이야기는 자주 나온다. 데이터센터가 전기를 많이 쓰니 전력 설비를 더 깔아야 한다는 주장과 함께 전력 관련 회사들의 주가도 치솟기도 했다. 도대체 전기를 얼마나 많아 사용하길래 그럴까? 그래서 AI 반도체는 전력 효율성이 높아야 한다. 전기 요금을 낮추기 위해서도 그렇고, 냉각에 필요한 설비투자 문제를 줄이기 위해서도 그렇다.

AI 반도체는 엄청난 성능을 내야 하고 그만큼 전력 사용량이 많다. 국제에너지기구에 따르면 2022년 전 세계 데이터센터의 전력 소비량은 약 460테라와트시(Twh)다. 이는 전 세계 전력 소비량의 2% 수준이다. 2026년에는 데이터센터의 전력 소비량이 1000 테라와트시까지 증가할 전망이다. 한국 전체가 연간 소비하는 전력량이 571테라와트시다. 한국은 제조업이 발달해서 국가 규모에 비해 전력 소비량이 많다. 그런데 데이터센터에서 사용하는 전력 사용량이 한국 전체 전력 소비량과 비슷하다는 뜻이다.

AI 서비스가 보편적으로 제공되려면 초거대언어모델을 처리하는 데이터센터가 확충돼야 하고 그만큼 에너지 사용량은 늘어날 수밖에 없다. 전체 전력 생산에서 재생 에너지가 차지하는 비중이 높지 않은 상황에서 전력 사용량 증가는 탄소 배출 증가로 이어지고 지구 온난화는 더욱 심해질 수밖에 없다. 그렇다고 성능이 떨어지는 반도체를 쓸 수도 없다. 결국 성능은 뛰어나면서 전력은 덜 쓰는, 전력 효율성이 높은 AI 반도체를 개발해야 한다.

냉각도 문제다. 전력 사용량이 많아지면 그에 비례해 반도체 자체에서 열이 많이 난다. 최근 발표되는 AI 반도체의 전력 사용량은 1000와트에 달한다. 전기 난로의 전력 사용량이 1000와트 정도다. 반도체 하나하나가 전기 난로만큼 전력을 사용하고 그만큼 열을 발생시킨다는 것이다. 데이터센터에는 엄청나게 많은 반도체가 들어간다. 전기 난로로 가득한 창고를 생각해 보라. 이 전기 난로들을 냉각시키려면 또 다시 엄청난 전력이 필요할 것이다.

반도체는 적정 온도를 넘어서면 열을 발생하여 전류를 생성하고 생성된 전류는 다시 열을 식히는 피드백으로 나타난다. 결국 이 과정이 발생하면 순식간에 반도체가 타버리기 때문에 적절한 온도를 항시 유지하기 위한 냉각 장치가 필요하다. 믿기 어렵겠지만 데이터센터에서 소비되는 전력 중 약 절반은 서버를 운영하는 데 쓰고, 나머지 절반은 서버를 운영하며 나오는 열을 식히는 데 사용된다. 냉각은 반도체를 설계할 때부터 고려해야 할 매우 중요한 요소다. 전력 효율이 좋으면 전기요금도 아낄 수 있고 냉각을 위한 전력 부담도 덜 수 있다.

반도체에는 성능을 극대화할 수 있는 온도가 따로 있다. 그래서 데이터센터는 항상 낮은 온도를 유지해야 하기에 한겨울에도 에어컨을 튼다. 메타의 데이터센터는 스웨덴 룰레오 지역에 위치해 있다. 룰레오의 위치는 북위 65다. 북위 66도부터를 북극이라고 부르니, 사실상 북극이다. 룰레오의 평균 기온은 0도 이하이고, 한 여름에도 25도를 넘지 않는다. 냉각 비용을 낮추기 위해 애초에 기온이 낮은 북극에 데이터센터를 만든 것이다.

마이크로소프트는 2015년부터 데이터센터를 잠수함 모양으로 만들어 바다에 넣는 나틱 프로젝트를 진행했다. 온도가 낮은 심해에 데이터센터를 지어 냉각 부담을 덜어보려는 시도였다. 서버업체 페어네트웍스는 라스베이거스 사막 한가운데 데이터센터를 건설했다. 라스베이거스 사막의 날씨는 덥지만 일조량이 많다. 페어네트웍스는 데이터센터 외곽 전체를 태양광 패널로 덮어 이를 통해 생산한 전력으로 냉각 부담을 덜고 있다.

냉각 기술이 반도체의 성능을 좌우하기도 한다. 반도체 성능은 냉각이 가능한 수준에 맞춰야 한다. 데스크톱 컴퓨터와 모바일폰을 생각해 보자. 데스크톱에는 냉각 장치를 달 공간이 있지만 모바일폰은 냉각 장치를 달 공간이 없다. 그 차이 때문에 PC 반도체의 제왕 인텔이 모바일 시대에는 아무런 경쟁력을 갖지 못했다. 데스크톱 컴퓨터에 들어가는 반도체는 성능이 중요하지만 모바일폰에 들어가는 반도체는 전력 사용량이 더 중요하다. 전력 사용량 때문이고, 냉각 때문이다. 노트북은 모바일폰보다는 냉각에 필요한 공간이 있지만 데스크톱보다는 공간이 좁다. 그러다 보니 고성능 게이밍용이라고 홍보하는 PC와 노트북은 매우 현격한 성능 차이를 보이는 데 이는 냉각 장치 때문이다

냉각 장치에 필요한 공간 확보 여부에 따라 반도체가 사용할 수 있는 전력 사용량이 정해진다. 냉각 장치를 달 수 없는 디바이스에는 고성능 반도체를 쓸 수 없다. TV에는 5와트 전력을 소비하는 반도체를, 노트북은 10와트 전력 소비 반도체를 사용한다. 모바일폰은 2와트 수준을 사용하는 반도체가 한계다. 더 좋은 성능의 반도체가 있어도 전력 사용량이 많으면 사용할 수 없는 것이다.

스마트폰은 일정한 온도가 넘어가면 반도체 성능을 강제로 떨어뜨리는 안전 장치를 두고 있다. 한때 삼성전자가 스마트폰 갤럭시 S22의 게임 최적화 서비스[GOS]와 관련하여 논란을 빚은 적

이 있다. 게임 최적화 서비스는 이름만 보면 게임을 잘할 수 있도록 성능을 높여주는 기능 같지만 실제로는 반대의 기능을 한다. 모바일폰을 과도하게 사용하면 반도체가 과부하되고 화재가 발생할 수 있다. 이럴 때 소프트웨어적으로 성능을 강제로 떨어뜨려 반도체의 부담을 덜어주는 기능이 바로 게임 최적화 기능이다.

일반적으로 다른 소프트웨어에 비해 게임은 높은 하드웨어 성능을 요구한다. 게임을 할 때 주로 과부하가 발생하기에 게임 최적화 서비스라고 이름이 붙은 것이다. 삼성전자는 사용자의 안전을 고려해 게임 최적화 서비스가 있는 것이라고 설명했지만, 고성능 반도체를 탑재했다고 해놓고 고성능을 사용해야 하는 순간에는 성능을 떨어뜨린다는 비판을 피할 수 없었다.

어느 반도체나 과도하게 동작하는 경우를 대비해 성능을 저하하는 안전 기능을 넣을 수 있다. 소비자들이 의심했던 부분은 이런 거다. 반도체를 설계하고 모바일폰에 탑재를 할 때는 사람들이 일반적으로 사용할 수 있는 성능을 넣어야 한다. 그래야 내가 실제 사용할 수 있는 성능을 알 수 있다.

어느 반도체가 100이라는 성능을 낼 수 있다고 가정해 보자. 그런데 냉각 성능이 떨어져서 100을 내면 타버려서 80까지만 성능을 낼 수 있도록 제한을 뒀다고 하자. 그렇다면 이 반도체가 낼 수 있는 실제 성능은 몇일까?

소비자 입장에서는 당연히 80이다. 사용할 수 없는 고성능은 아무런 의미가 없다. 냉각 성능이 반도체 성능을 결정한다고 이야기한 이유다. 이런 상황을 개선하려면 열이 덜 발생하고, 전력을 적게 사용하고, 더 강력한 냉각 성능을 갖춰야 한다.

삼성전자는 갤럭시 S23을 출시하며 전력 효율을 최대 40% 향상한 스냅드래곤8 2세대 반도체를 탑재했다. 또 기기 내부의 열을 빠르게 분산시키는 냉각 장치(베이퍼 챔버)를 S23시리즈 전 모델에 탑재했다. 냉각 장치를 달 때는 소음도 고려해야 한다. 데스크탑 컴퓨터는 집이나 사무실에서 사용하기 때문에 소음이 많이 나면 안 된다. 팬 날개가 짧고 천천히 돌아야 소음이 적다. 그러면서 높은 냉각 성능을 내려면 팬 날개가 두꺼워야 한다. 데스크탑에는 주로 날개가 짧고 두껍고 너무 빠르지 않게 돌아가는 공랭식 냉각 장치가 들어간다.

데이터센터는 공간이 넓지만 엄청나게 많은 반도체가 들어가고 냉각 장치도 많이 넣어야 하기 때문에 공간 제약이 생각보다 심하다. 대신 사람들이 생활하는 집이나 사무실과 달리 서버만 있기 때문에 소음에 대한 제약은 덜하다. 그래서 엄청나게 빨리 돌 수 있는 길고 얇은 팬을 단다. 냉각 성능은 좋은 대신 엄청나게 시끄럽다. 데이터센터는 사람이 없고 컴퓨터만 있으니 조용할 것 같지만 실제로 가보면 헬리콥터 옆에 있는 것 같이 시끄럽다. 촘촘하게 배치돼 있는 반도체에서 끊임없이 발생하는 열을 거대한 팬이 신속하게 낮추고 있다. 반도체 성능과 열, 냉각은 한 몸이다. 냉각할 수 없는 반도체는 성능의 의미가 없다.

＊ ＊ ＊ ＊

　AI 생태계에 첫 번째 변곡점이 된 반도체는 엔비디아의 V100 이다. V100은 엔비디아가 GPU에 HBM을 도입한 두 번째 반도 체다. 메모리와 GPU 사이에 고속도로를 뚫은 HBM 덕분에 연 산기의 속도를 충분히 활용할 수 있게 됐고, 처음으로 1초에 1테 라바이트의 데이터를 처리할 수 있게 됐다. 이때 사용된 HBM은 SK하이닉스의 HBM2다.

　막연히 생각하면 연산을 할 때 전력을 많이 사용할 것 같지만 진짜 전력을 많이 사용할 때는 메모리에서 연산기로 데이터를 이 동시킬 때다. 하나의 반도체 안에서 데이터를 처리할 때는 전력 사용량이 많지 않다. 하지만 칩과 칩 사이로 데이터가 이동할 때 전력 사용량이 많다. CPU가 반도체 내부에 있는 메모리 S램에 자주 사용하는 데이터를 저장하고 외부에 있는 D램 데이터 사용 량을 줄이는 식으로 전력 효율을 높이는 것도 이런 이유 때문이 다. 연산기와 메모리 사이에 데이터 이동 통로^{TSV}가 넓은 HBM을 사용하는 AI 반도체는 특히 연산기 내에서 데이터가 이동할 때보 다 메모리에서 데이터를 가져올 때 전력이 10배 넘게 사용된다.

　V100의 전력 사용량은 300와트다. V100의 다음 세대 모델 은 A100이다. A100은 HBM2보다 완성도가 높은 HBM2E를 탑 재했다. 속도는 두 배나 빨라져 1초에 2테라바이트 이상을 처리 할 수 있게 됐다. 전력 사용량은 400와트다. 전력 사용량은 30% 늘었는데 속도가 두 배나 빨라졌다. 획기적인 개선이다. A100이

최고의 칩이라는 찬사를 받는 이유다.

A100 다음 모델은 H100이다. H100의 데이터 처리 속도는 초당 3.2테라바이트다. A100에 비해 62% 빨라졌다. 그런데 전력 사용량이 700와트나 된다. 속도는 62% 빨라졌는데 전력 사용량은 75%나 늘었다. 속도는 빨라졌지만 전력 대비 성능 면에서는 개선이라고 보기 힘들다.

초거대언어모델은 엄청난 성능을 요구한다. 때문에 많은 초거대언어모델 운영자들이 H100을 사용하지만 A100에 매력을 느끼는 사람도 많은 상황이다. 여전히 A100을 찾는 사람도 많다. H100보다 A100에서 전력 효율이 더 좋은 AI 서비스 시나리오가 꽤 많기 때문이다.

전력 사용량이 일정 수준을 넘어서면 냉각 방식에도 제약이 많아진다. 팬을 달아 공기로 냉각하는 것이 공랭식인데 이 방법으로 온도를 낮출 수 있는 한계 전력량은 GPU 카드당 약 400와트다. 400와트보다 더 많은 전력을 사용하는 반도체는 공기로 냉각을 수행하는 데 한계가 있다. 공기로 냉각이 안되는 반도체는 물로 온도를 낮추는 수냉식 냉각 장치를 쓴다. 반도체 사이사이에 넣은 호스를 통해 물이 흘러가며 온도를 낮추는 방식이다. 적당한 열은 부채로 낮출 수 있지만 어느 정도 수준을 넘어선 열은 시원한 물로 온도를 낮춰야 한다. 하지만 수냉식은 공랭식에 비해 훨씬 설계가 까다롭다. 행여라도 물이 새면 데이터센터 전체가 망가진다.

수냉식 서버는 정교한 맞춤형으로 제작된다. 엔비디아 GPU가 전 세계적인 관심을 받을 때 서버를 만드는 슈퍼마이크로 컴퓨터의 주가도 1000% 넘게 올랐다. 슈퍼마이크로는 엔비디아 H100 서버용 수냉식 솔루션을 처음 만들었다. 슈퍼마이크로의 수냉식 냉각 기술은 엔비디아 GPU처럼 독보적이고 독점적이지는 않다. 하지만 맞춤형으로 제작이 된다는 점이 투자자들의 관심을 받았다.

데이터센터 운영자 입장에서는 서버를 세트로 설치하고 나면 유지보수 및 개선을 할 때도 같은 제품을 사용할 가능성이 높다. 수냉식 서버는 운영이 경직적이다. 예를 들어 차세대 반도체가 나와서 교체를 할 때 공랭식 서버는 반도체만 바꾸면 되지만, 수냉식 서버는 냉각 장치도 같이 바꿔야 한다. 수냉식 서버는 정교하게 제작이 돼야 하기 때문에 반도체가 바뀌면 그에 맞춤형으로 다시 제작을 해야 하기 때문이다. 데이터센터 운영자 입장에서는 그만큼 돈이 많이 든다.

A100은 400와트의 전력을 사용하기 때문에 공랭식 냉각이 가능했다. 하지만 H100은 700와트를 사용하기 때문에 수냉식 냉각 장치를 달 수밖에 없다. 데이터센터를 구성하는 데는 100~150와트 반도체가 가성비가 좋다. GPU 이전의 서버용 CPU들이 그 정도의 전력을 사용해 왔고, 그에 맞게 냉각 설비가 발전되어 온 추세가 있기 때문이다.

그렇다면 700와트 전력을 사용하는 고성능 반도체가 아니라 100와트를 사용하는 AI 반도체를 많이 사용하는 것이 좋지 않을까? 안타깝게도 그 또한 정답이 될 수는 없다. 앞서 설명했듯이 반도체는 내부에서 데이터 처리를 할 때는 전력을 많이 사용하지 않는데, 다른 칩과 데이터를 주고받는 통신을 하면 전력을 많이 사용한다. 성능이 낮은 반도체 여러 개를 달면 오히려 반도체끼리의 통신에 막대한 전력이 소모되어 전체 전성비(전력 대비 성능 비율)가 급격히 떨어진다.

반도체 자체적인 전력 효율성도 중요하지만 전력을 많이 쓰는 반도체와 반도체를 연결하는 도로를 관리하는 것도 중요하다. 한 번에 처리할 수 있다면 하나의 반도체에서 처리하는 게 효율적이다. 공냉식으로 냉각을 할 수 있으면서 반도체 자체의 성능도 뛰어났던 A100을 많은 사람들이 그리워하는 이유다.

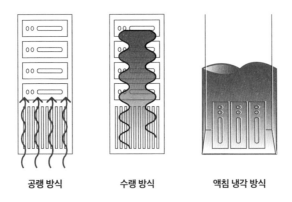

공랭 방식   수랭 방식   액침 냉각 방식

* 데이터 센터 냉각 방식의 종류 (출처: GS칼텍스)

AI 반도체 혁명

수냉식 냉각 장치의 한계를 극복하기 위한 노력도 상당히 이뤄지고 있다. 마이크로소프트는 반도체를 액체에 담그는 냉각 방식을 개발하고 있다. 액침 냉각, 다른 말로 이머전쿨링Immersion Cooling이라고 불린다. 반도체에 물이 닿으면 망가지기 때문에 액침 냉각에는 닿아도 전자 장비를 망가뜨리지 않는 기름이 사용된다. 액침용 기름의 끓는 점은 물보다 낮은 32도다. 반도체가 작동을 하여 열이 발생해 32도가 넘어가면 기름이 끓는다. 액체가 끓어서 기체가 되면 주위에 열을 뺏는 기화열이 작용한다. 더운 여름에 땀을 흘리면 땀이 식으면서 체온이 내려가는 원리와 같다. 한국에서는 SK이노베이션, GS칼텍스 등 정유사가 액침 냉각유를 만들고 있고 삼성물산 등 건설회사, 신성이엔지 등 반도체 장비 회사들도 액침 냉각 기술 개발에 참여하고 있다.

액침 냉각은 아직 데이터센터에서 널리 사용되는 방식은 아니다. 수천억 원이 투자되는 데이터센터에 적용하기에 아직까지 기술 검증이 안된 측면이 있다. 무엇보다 엔비디아가 이 기술을 인정하지 않고 있고, GPU를 액침했을 때 사고가 날 경우 보증을 해주지 않는다. 그래서 지속적인 유지보수 서비스가 필요한 고가 장비의 특성상 고객들은 액침 냉각을 사용할 수 없다.

액침 냉각 기술에 대한 고민은 꽤나 오래됐다. 하지만 아직까지 상용화가 되지 않은 이유는 이렇게 전력을 많이 사용하고 냉각을 극단적으로 시켜야 할 필요가 지금까지는 없었기 때문이다. 하지만 인공지능과 초거대언어모델이 출연하면서 엄청난 규모의 연산이 필요해지다 보니 반도체를 극단적인 수준까지 사용하게 됐다. 그러다 보니 극단적인 수준의 냉각이 필요해졌고, 이전에 과잉 기술이라 여겨졌던 수많은 기술들을 하나씩 테이블 위에 올리게 된 것이다. AI 반도체는 빨라야 한다. 하지만 냉각의 한계 때문에 반도체 성능만 무작정 올려서는 답이 나오지 않는다. 효과적인 냉각 기술도 인공지능 서비스를 대중화하기 위한 필수적인 요소다.

쿠다를 중심으로 한
인공지능 소프트웨어 생태계

AI 반도체 생태계를 구성하는 연산기와 메모리, 그리고 이 둘을 연결하는 통신과 냉각 등 내부 설계에 대한 이야기를 나눠봤다. 이번에는 소프트웨어에 대해 알아보자. 엔비디아 AI 반도체에서 개발 도구는 쿠다^{CUDA, Compute Unified Device Architecture} 다. 쿠다는 엔비디아가 GPU를 사용하는 프로그램 개발자를 위해 제공하는 도구로 전 세계 대부분 AI 소프트웨어 개발자들은 쿠다를 기반으로 프로그램을 개발한다. 많은 사람들은 설사 엔비디아 GPU보다 더 뛰어난 AI 반도체가 나온다고 하더라도 쿠다 때문에 그것을 사용하지 못할 거라는 평가를 하기도 한다.

소프트웨어에는 단계가 있다. 가장 아랫단에 하드웨어를 직접 제어하는 소프트웨어가 있고, 가장 윗단에 사용자들이 사용하는 어플리케이션 소프트웨어가 있다. 프로그램을 개발하는 데 도움을 주는 개발 도구도 소프트웨어다. 어플리케이션 소프트웨어는 서비스 목적에 따라 얼마든지 달라질 수 있지만 실질적으로 하드웨어 연산을 지원하는 소프트웨어 체계는 거의 변하지 않는다. 차세대 CPU가 나와도 이전에 사용하던 소프트웨어가 동작하려면 가장 아랫단에 있는 소프트웨어 생태계는 유지돼야 한다.

프로그램 개발자가 아닌 사람들이 이해할 수 있도록 포토샵을 비유로 들어보자. 우리는 사진을 보정하기 위해 포토샵이라는 프로그램을 사용한다. 포토샵이 없으면 포토샵이라는 프로그램을 만들기 위한 프로그래밍 언어를 배워야 할 것이다. 어지간히 프로그래밍 언어를 배운다 하더라도 직접 포토샵을 만들 수 있는 사람은 극히 드물다.

쿠다도 그렇다. 쿠다는 엔비디아 GPU에서 동작하는 소프트웨어를 개발하는 개발 도구다. 수많은 인공지능 소프트웨어 개발자들이 쿠다를 활용해 프로그램을 만든다. 지금까지 만들어진 수많은 인공지능 라이브러리가 쿠다를 기반으로 만들어졌다. 쿠다를 사용하지 않으면 호환에 어려움을 겪을 수밖에 없다. 쿠다를 기반으로 만들어진 소프트웨어 생태계는 엔비디아 GPU에서 동작한다. 엔비디아는 사람들이 자사의 GPU를 활용해 인공지능 프로그램을 운영하고 있는 것을 발견하고 쉽게 프로그래밍을 할 수 있도록 2007년 처음 쿠다를 만들어 배포했다. 초기에는 C와 C++만 지원을 했지만 이후 포트란, C# 등 다양한 언어에서 사용할 수 있도록 개선이 됐다.

사진을 꾸미기 위해 포토샵이 필요하듯 엔비디아 GPU에서 동작하는 프로그램을 개발하기 위해 쿠다가 필요하다. 인공지능 모델을 개발하는 사람이 개발하는 도구까지 직접 만들어야 한다면 매우 번거로울 것이다. 그러다 보니 쿠다가 엔비디아 GPU 생태계의 가장 강력한 방어막이라고 이야기하는 사람들이 많다. 그렇다고 쿠다 생태계가 절대로 무너지지 않는 요새는 아니다. 이를 설명하기 위해서는 쿠다가 구체적으로 어떤 역할을 하는지 이해할 필요가 있다.

❖ ❖ ❖ ❖

앞서 말한 것처럼 반도체 내부에서 데이터를 처리하면 속도가 빠르고 전력 사용량이 적다. 반도체 밖으로 나가면 속도가 느리고 전력 사용량도 많다. 그래서 자주 사용하는 데이터는 매번 메모리 반도체(D램)에서 가져오는 게 아니라 CPU 안에 있는 캐시 메모리(S램으로 구성된 일종의 CPU 내부 보관 창고)에 보관한다.

CPU에 동작하는 프로그램의 특징을 보면 특정 명령어와 데이터들이 여러 번 반복되어 처리된다는 점이 있다. 이를 집약성 Locality이 높다고도 말하는데 특정 데이터가 공간적으로 혹은 시간적으로 뭉쳐서 반복 처리되는 경향을 보이는 것을 말한다. 예를 들어 1번부터 100번까지 있는 프로그램이 있으면 1번부터 100번까지 순차적으로 한 번씩만 처리하는 게 아니라 특정 구간을 반복적으로 처리한다. 1번부터 10번까지 반복적으로 처리를 하다가 11번부터 20번까지 반복적으로 처리하는 식이다. 반복적으로 사용하는 데이터는 속도가 빠른 캐시 메모리에 보관한다. 1~10번까지 캐시 메모리에 넣고 빠르게 처리한 뒤 11~20번 데이터를 처리할 때 D램에 있는 데이터를 캐시에 옮겨 사용한다. D램의 느린 속도를 캐시 메모리가 보완을 해주는 것이다. 용량은 D램이 훨씬 크다. 우리가 책상에서 문서 작업을 할 때 가장 많이 사용하는 문서는 손 닿는 곳에 두고 그 다음 자주 사용하는 문서는 책상 위에, 자주 사용하지 않는 문서는 책장에, 필요할 때만 찾는 문서는 도서관에 두는 것과 같은 원리다.

그런데 어떤 데이터를 D램에 보관하고 어떤 데이터를 캐시 메모리에 보관할지 분류하는 것도 만만치 않은 일이다. 소프트웨어 개발자가 메모리 관리를 직접 하려면 매우 어렵고 복잡한 과정을 거쳐야 한다. 그래서 CPU 기반으로 프로그램을 개발하기 쉽게 만들 수 있도록 CPU 내부에서는 특정 데이터를 캐시에 저장할지 D램에 저장할지를 판단하고 분류하는 회로를 내재하고 있다. 프로그램 개발자는 데이터가 내부 캐시 메모리에 있는지 외부의 D램에 있는지 신경 쓸 필요 없이, 무조건 D램에 있다고 생각하고 개발을 하면 된다. 그러면 CPU 내부에 내장된 회로가 알아서 D램에 보관할지 캐시 메모리에 보관할지를 분류해 준다.

좀 더 깊이 있게 알아보자. GPU는 디지털신호처리장치DSP, Digital Signal Processor와 마찬가지로 소프트웨어로 제어하는 메모리, 즉 스크래치패드 메모리를 사용한다. 스크래치패드 메모리는 GPU 내부에 탑재되는 메모리다. CPU의 캐시 메모리처럼 동작

AI 반도체 혁명

속도가 빠르다는 특징이 있다. 다만 캐시 메모리는 소프트웨어를 통해 따로 지정하지 않아도 자동으로 사용되지만 스크래치패드 메모리는 별도의 주소를 가지고 있어 프로그래머가 소프트웨어를 통해 직접 스크래치패드 메모리를 어떻게 사용할 것인지를 지정해줘야 한다. 소프트웨어 개발자 입장에서는 메모리를 직접 지정해 줘야 하기 때문에 훨씬 까다롭다. 소프트웨어 개발자가 하드웨어 내부 구조까지 알아야 하는 상황이 되기 때문이다. DSP는 디지털 신호를 다양한 수학적인 방식으로 가공하는 반도체로 통신, 음성인식, 음악재생, 영상처리, 자동차 제어 등 다양한 분야에 사용되는 반도체다. 쿠다는 이런 메모리 관리의 어려움을 좀 더 편리하게, 단순하게 만들어줬다는 측면에서 매우 유용한 도구다.

어지간한 인공지능 소프트웨어 개발자들이 쿠다 없이 프로그래밍을 하지 못하는 것은 전혀 이상한 일이 아니다. 하지만 쿠다를 잘 활용하려면 GPU 구조 자체를 잘 이해해야 한다는 근본적인 부분은 변하지 않는다.

쿠다를 사용함으로써 생기는 호환성은 중요하다. 하지만 쿠다 자체도 호환성이 떨어진다. CPU는 차세대 모델이 나오더라도 기존에 사용하던 소프트웨어를 사용할 수 있다. 그런데 쿠다 코드는 새로운 GPU가 나올 때마다 호환이 안 되는 경우가 아주 많이 발생한다. 예를 들어 A100에서 H100으로 반도체가 바뀌면서 새로운 기능이 상당히 많이 추가가 되었고 이에 소프트웨어 호환이 안되는 일이 발생했다.

소프트웨어로 데이터의 접근을 명시적으로 서술해 주어야

하는 스크래치패드 구조의 메모리이다 보니 반도체가 바뀔 때마다 스크래치패드 메모리의 사이즈, 형태 등 구조가 바뀌는 경우가 대부분이고 따라서 소프트웨어 최적화가 새로운 반도체 설계마다 근본적으로 달라진다. 메모리 최적화를 고도화한 코드일수록 호환성은 더욱 떨어진다. H100용, A100용으로 별도의 쿠다 코드가 존재한다고 생각해도 될 정도다. 현재는 H100이 가장 성능이 좋고 보편적으로 사용되는 GPU지만 미래에도 똑같은 제품만 사용하지는 않을 것이다. 그러면 쿠다 코드도 바꿔야 한다.

쿠다는 엔비디아 생태계를 지키는 중요한 방어막이지만 절대적이지는 않다. 어차피 CPU가 아닌 AI 반도체에서 소프트웨어 호환성의 한계가 발생한다는 점은 엔비디아 GPU나 다른 AI 반도체를 만들더라도 동일하다.

인공지능 소프트웨어 생태계가 활성화되려면 다양한 소프트웨어 개발자들이 생태계에 쉽게 참여할 수 있어야 한다. 그래야 다양한 어플리케이션이 만들어지고 소비자들을 만족시킬 만한 서비스가 탄생할 것이다. 엔비디아 GPU는 그나마 쿠다가 있으니 소프트웨어 생태계를 꾸릴 수 있는데, 다른 반도체는 그조차도 없다. 하지만 AI 반도체를 사용하는 주체와 용도를 생각하면 대체가 불가능한 것은 아니다. 소프트웨어 생태계는 워낙 많은 주체들이 참여하기 때문에 호환성을 유지하기 위해서라도 잘 바

꾀지 않는다. 하지만 하드웨어에 큰 변화가 생기면 어쩔 수 없이 고통을 감수하더라도 바뀐다.

CPU에서 싱글코어single-core의 한계를 뛰어넘는 더 높은 성능을 내기 위해 멀티코어multi-core로 전환되던 시기를 예로 들어보자. 이전까지 연산기는 1개의 코어 내에서 연산기의 속도(클럭의 속도)를 높이는 방향으로 발전했다. 그러다 하나의 연산기로 속도를 높이는 방식이 물리적 한계에 도달했고 연산기 숫자를 늘려 여러 개의 코어로 연산을 함으로써 속도를 높이자는 제안이 나왔다. 코어를 늘리는 것은 단순한 문제가 아니다. 코어가 하나일 때는 다른 모든 자원이 하나의 코어와 소통하면 된다.

그런데 코어가 여러 개가 되면 공통으로 사용할 자원을 규정하고 공유된 자원을 어떻게 관리할 것인지에 대한 고민이 필요하다. 각 코어별로 어떤 데이터를 처리할지 분류하고 처리된 데이터를 다시 통합해 어디에 저장을 할지에 대해 일부 자동화를 이루기는 했지만 근본적으로는 소프트웨어가 일일이 다 지정을 해줘야 한다. 너무나 복잡하다. 특히 가장 근간이 되는 데이터 처리 방식이 달라지다 보니 싱글코어 시절에 사용하던 소프트웨어와 호환이 안되는 치명적인 문제도 생긴다. CPU 속도 좀 높이겠다고 기존에 사용하던 소프트웨어 하나도 못 쓰는 반도체를 만든다는 건 말이 안되는 일이다. 하지만 싱글코어가 가진 물리적 한계는 넘을 수밖에 없는 벽이었고 멀티코어로의 전환은 불가피한 선택이었다. 소프트웨어 생태계를 바꾸고 싶어서 바꾼 게 아니라, 하드웨어가 물리적 한계에 부딪혀 변할 수밖에 없었기 때문에 어쩔 수 없이 멀티코어 하드웨어를 만들었고 그에 맞는 새로운 소프트웨어 체계, 멀티 스레드^{multi-thread} 개념이 나온 것이다.

시대를 지배하는 소프트웨어 체계를 바꾸는 것은 매우 어려운 일이다. 기존에 투자된 인프라와 호환이 안 되니 소프트웨어 개발자들은 새로 교육을 받아야 한다. 소프트웨어 체계의 변화는 소프트웨어 생태계의 질서를 새로 만드는 엄청난 변화다. 변화는 이해의 충돌을 일으킬 수밖에 없고 기존의 강자들은 변화에 저항한다. 그래서 어지간한 상황이 아니면 소프트웨어 체계는 변하지 않는다.

하지만 PC, 노트북, 서버 CPU를 영원히 지배할 것만 같았던 인텔의 x86은 모바일폰이라는 혁명적인 디바이스가 등장하며 ARM에게 절대자의 지위를 내줬다. 이는 기존 생태계의 최강자라 하더라도 하드웨어의 변화를 거스를 수 없다는 점을 보여준다. ARM이 모바일에서 승기를 잡았다고 해서 인텔의 영역이 사라진 것은 아니다. ARM은 모바일을 넘어 노트북, PC 심지어 서버까지 영역을 확대하려고 하지만 여전히 PC, 노트북, 서버 CPU에서 인텔의 x86 체계는 공고하다.

소프트웨어 체계는 매우 중요하지만 하드웨어 격변기에는 의외로 부차적인 문제일 수 있다. 소프트웨어 체계는 어차피 소수의 사람이 만든다. 다수 사람들은 소프트웨어 체계 자체를 인지하지 못한다. 포토샵을 이용하는 사람은 다수지만 포토샵을 만드는 사람은 소수다. 다른 포토샵이 필요하면 모든 사람이 각각 포토샵을 만들 필요 없이 소수의 사람이 다른 포토샵을 만들고, 나머지 사람들은 사용하면 된다.

AI 반도체 생태계에서 호환성의 개념은 일반 소프트웨어 생태계와는 다르다. 호환성은 많은 사람들이 사용할수록 중요한 가치다. 그런데 고성능 AI 반도체를 사용하는 사람은 매우 제한적이다. AI 서버는 매우 고가의 최고 성능 장비다. 일반 사람들이 일상 생활에서 사용하는 제품이 아니다. 또 초거대언어모델 시장은 빠르게 확대되고 있긴 하지만 실질적으로 의미 있는 초거대언어모델은 수천 가지가 아니라 수십 가지 수준이다. 그 모델도 모두 트랜스포머 기반이다. 대규모 AI 서버가 들어가는 데이터센터도 손으로 꼽을 정도다. 다품종 소량 생산의 시대에서 소품종 대량 생산의 시대로 접어들게 된 것이다. 이런 경우 하드웨어 제어에 필요한 소프트웨어 체계는 잘할 수 있는 소수가 만들고 나머지 소프트웨어 개발자는 이를 이용하면 그만이다.

지금은 엔비디아 GPU밖에 없고 쿠다밖에 없으니 다른 생태계가 존재하지 않는다. 하지만 정말 의미 있는 수준의 성능 개선을 담보할 수 있는 반도체 하드웨어가 등장하면, 그에 맞는 소프트웨어 생태계의 기반은 소수의 소프트웨어 개발자들이 만들면 된다. 쿠다가 있다고 하지만 정말 GPU 내부 하드웨어를 아주 잘 이해하고 프로그램을 만드는 사람은 소수다. 대부분은 하드웨어를 잘 아는 사람이 코드를 만들고 다른 사람은 그대로 가져다 쓰는 상황이다.

CPU에서도 마찬가지다. CPU 하드웨어를 제대로 이해하는 소수의 개발자가 코드를 만들고 나머지는 그대로 가져다 쓴다. 규모가 커지고 타깃이 명확한 시장에서는 소수의 전문가들이 기술을 제공하고 나머지 사람들은 표준화된 기술 기반 위에서 서비스에 집중한다. 5G 모뎀 같은 반도체를 예로 들어보자. 5G 모뎀 반도체를 평가하면서 소프트웨어의 편리성을 따지는 사람은 없다. 전력 사용량과 성능만 본다. 반도체 성능이 충분하다면 소프트웨어는 소수의 전문가가 만들어서 널리 사용하면 되기 때문이다. AI 반도체를 만들고 사용하는 주체들은 마이크로소프트, 구글, 인텔, 아마존, 메타 등 자본과 기술, 인력을 갖춘 테크 자이언트들이다. 이들이 수조 원을 투자해 승부하는 시장이 지금의 반도체 시장이다.

과거 소규모 개발자들이 인공지능 연구를 할 때는 하드웨어를 제어하는 솔루션을 직접 만들며 소프트웨어를 개발할 여력이 없었다. 하지만 빅테크는 스스로 쿠다와 같은 하드웨어 제어 솔루션을 개발할 수 있다. 엔비디아는 다양한 AI 반도체 수요자의 필요를 충족시켜 주기 위해 다양한 기능들을 업데이트 해주고 있다. 그렇다고 모든 수요자가 필요로 하는 기능을 완벽하게 갖출 수는 없다. AI 서버를 구축하는 빅테크들은 엔비디아가 제공하는 쿠다보다 더 자신들의 필요에 최적화된 솔루션을 원한다. 고성능 AI 반도체와 최적화 솔루션을 직접 만들 여력도 있다. 지금도 반도체 회사들은 자신에게 최적화된 솔루션을 직접 만드는 경우가 많다. 아직까지 엔비디아 GPU를 넘어설 AI 반도체를 만든 회사는 없기 때문에 쿠다를 중심으로 한 소프트웨어 생태계도 공고해 보이지만 성능과 전력 면에서 엔비디아 GPU를 넘어설 AI 반도체가 출현한다면 거기에 최적화된 소프트웨어 생태계는 곧 따라 만들어질 것이다.

하나의 칩으로 만들 수 있는
한계에 도달한 엔비디아

31

2024년 3월, 엔비디아는 GTC에서 블랙웰 아키텍처와 GB 200, 그리고 GB200-NVL72라는 시스템을 공개했다. 블랙웰 아키텍처는 엔비디아 반도체로는 처음으로 두 개의 칩을 연결한 칩렛을 적용해 B200을 만들었다. 외부 다른 반도체의 도움 없이 하나의 반도체 내부에서 데이터 처리를 할 수 있다면 복수의 칩을 쓸 때에 비해 성능이 뛰어나고 전력을 적게 쓴다. 미세 공정을 통해 트랜지스터를 더 작게 만들면 하나의 반도체에 더 많은 트랜지스터를 넣을 수 있다. 공정이 개선될수록 성능과 전력 사용량 두 마리 토끼를 다 잡을 수 있는 이유다.

미세 공정이 3나노까지 내려오면서 추가적으로 공정 개선이 되는 속도는 더뎌졌다. 그래서 반도체 회사들은 반도체 1개로 낼 수 있는 성능 개선의 한계를 극복하기 위해 칩 2개를 연결하는 칩렛 기술을 적용하기 시작했다. 대표적인 회사가 애플이다. 애플은 저전력에 강점이 있는 ARM 아키텍처를 기반으로 모바일폰에 들어가는 반도체를 만들었다. 이후 점차 성능을 개선해 저전력의 강점을 가지면서 성능까지 높은 반도체를 만들어 왔고, 급기야 PC에 들어가는 반도체까지 자체 반도체를 사용하기 시작했다. 2006년부터 사용해 왔던 인텔 CPU와 14년 만에 결별하게 된 것이다.

저전력이라는 강점이 있지만 성능의 한계가 있는 ARM 기반 반도체의 약점을 극복한 방식이 칩렛이다. 애플은 M1 반도체 2개를 연결해 M1 울트라를 만들었고 이를 PC에 탑재했다. PC로 영상 편집을 하거나 게임을 하려면 저전력 반도체 1개로는 부족할 수 있다. 칩 2개를 만들어 연결한다고 바로 1+1=2이 되진 않지만 칩렛 기술이 점차 고도화되면서 비효율적인 부분이 줄어들고 있다.

칩렛 반도체는 반도체 1개로 구현할 수 있는 성능의 한계를 패키징 기술로 극복했다는 측면에서는 개선이다. 하지만 반대로 반도체 1개로 낼 수 있는 성능이 한계에 도달해 추가적인 성능 개선이 쉽지 않다는 것을 보여주는 것이기도 하다. 1개로 할 수 있으면 어떤 조건에서든 1개로 하는 것이 효율적이다. 1개로는 도저히 성능 개선이 안되니 비효율을 감수하더라도 2개를 연결한 것이기 때문이다.

엔비디아는 B200 두 개를 직접 설계한 그레이스 CPU와 붙여서 GB200이라는 시스템을 만들었다. GB200은 B200 GPU 2

개, 그레이스 CPU 3개의 칩이 유기적으로 잘 결합되도록 시스템 설계가 고려되었다. B200에는 HBM 8개가 붙어 있다. HBM3e 기준으로 총 384기가바이트(24기가바이트×8개×2장)의 메모리를 가지고, 초당 16테라바이트의 메모리 대역폭을 가지는 시스템이 된다. 칩이 1개일 때는 주변에 HBM을 빼곡히 붙여도 6개 이상 붙일 수가 없었다. 그런데 GPU 2개를 붙이면 가장자리가 넓어지기 때문에 바로 옆에 HBM을 붙일 수 있는 공간도 많아진다. 메모리패드로 인해서 6개 이상 붙일 수 없었던 한계를 칩렛 기술과 인터페이스 기술을 이용해 극복하려고 시도한 것이다.

심지어 엔비디아는 여기서 한발 더 나아가 이 시스템을 36개 연결하여 B200 72개가 하나의 시스템처럼 동작하는 랙^{Rack} 단위 시스템 GB200-NVL72를 공개했다. 72개 칩 간의 모든 연결은 차세대 엔비링크 기술로 연결되며, 이들 간의 일대일 통신을 극대화해 바로 옆에 있는 칩과 저 멀리 연결된 칩이 동일한 칩으로 인식될 수 있다고 키노트에서 밝혔다. 이렇게 되면 사용자들은 여러 개의 GPU가 하나로 묶여서 마치 거대한 하나의 GPU를 사용하는 것과 같은 편의성을 가진다. 여러 개 GPU의 연산 능력이 합산되는 것은 물론 마치 13.5테라바이트의 거대 메모리 용량을 가진 하나의 시스템이 만들어진다. 엔비디아는 1조 개가 넘는 파라미터를 가진 막대한 크기의 시스템을 구동할 때 GPU간의 통신 병목 현상을 크게 완화해 나가는 방향의 미래를 보여주었다.

GPU 낱개 성능만 해도 엔비디아 GPU는 막강하다. 현존하는 최고 대역폭을 가진 HBM을 붙이고 쏟아져 들어오는 데이터를 컨트롤하는 기술도 최고다. 그에 더해 GPU 1개로 처리할 수 없는 초거대 규모의 AI 모델을 처리하기 위해 8개의 GPU를 자체 개발한 초고속 통신 기술 엔비링크로 연결한 것이 엔비디아 AI 서버다. 그런데 단일 GPU에 들어가는 반도체를 2개 연결하고, 서버 36개를 연결해 72개의 GPU가 하나의 시스템으로 동작하는 거대 서버를 상상해 보라. 엔비디아에 비해 개별 연산기 속도가 2배 빠르다, 전력 효율이 30% 좋다고 이야기하는 경쟁사들이 초라해 보인다.

필자가 제일 많이 듣는 질문 중에 하나가 "엔비디아의 천하는 영원할까?"이다(아마 많은 독자들이 엔비디아 주가의 미래에 대해서 관심이 많을 것이다). 이에 향방을 정확히 알 수 있다고 말한다면 그 사람은 사기꾼에 가까울 것이다.

다만 분명히 말할 수 있는 것이 두 가지 있다. 첫째, 현재 엔비디아 주도의 AI 반도체 시장, 특히 학습을 위한 고성능 AI 반도체는 적어도 당분간 누구도 따라가기 쉽지 않을 것이다. 비록 100킬로와트 이상의 전력을 소모하는 시스템(GB200-NVL72)이라고 할지라도 고속인터페이스 기술의 정점, 10년 넘게 구축된 AI 소프트웨어 생태계, 수년간 쌓은 대규모 학습 시스템의 (상대적으로 높은) 신뢰성 등의 우위를 엔비디아는 확실히 점유하고 있다. 대규모 모델 학습에 투자하는 회사들, 예를 들어 오픈AI, 마이크로

소프트, 메타 등은 계속해서 대규모로 엔비디아의 시스템을 구매할 것이고 엄청난 매출을 꾸준히 엔비디아에게 안겨줄 것이다.

둘째, 그렇다고 GB200을 비롯한 엔비디아의 제품들이 앞서 서술한 문제에서 쉽게 벗어난다는 뜻은 아니다. 계속해서 더 큰 전력을 요구하는 시스템을 사용하는 것은 규모가 있는 클라우드 회사 입장에서도 부담이 된다. 전력 공급에 대한 고민이 되는 것은 물론 수냉식 냉각이 필수가 되고, 이로 인한 비용은 계속해서 상승할 것이다. 개별 칩 단위에서 보면 H100과 B200이 전력 소모량은 같을 수 있다. 하지만 B200과 엔비디아 전용 CPU를 연결한 GB200, GB200 36개를 초고속 인터페이스로 연결한 GB200-NVL72은 단순히 B200 72개를 각각 쓰는 것과는 차원이 다른 많은 전력을 사용할 수밖에 없다.

이러한 상황을 초거대언어모델을 이용한 추론 서비스에 대입해 보면 더욱 심각해진다. 챗GPT와 같은 서비스가 보편적으로 사용되고 모든 인터넷 활동에 적용되는 미래는 지금과 같은 AI 반도체론 근 시일 내 이뤄질 수 없다.

AI CHIP

REVOLUTION

AI
CHIP
REVOLUTION

6부

초거대언어모델과 반도체의 발전 방향

초거대언어모델의 공부법,
분산 학습

32

초거대언어모델(LLM)의 구성과 발전 방향을 보면 AI의 발전 방향이 보인다. AI 모델 중에 우리에게 친숙한 GPT 계열의 모델은 몇 년 동안 계속 커졌다. 모델이 커졌다는 것은 모델 파라미터의 숫자가 많아진다는 뜻이다. GPT 모델 구조는 구글 트랜스포머의 한 부분을 반복적으로 겹겹이 쌓은 것이다. 이 층들은 각각 같은 양의 파라미터 수를 가지는데, 파라미터 개수가 늘어나게 되면 층이 더 많이 쌓이거나 너비가 키워져 각 층이 뚱뚱해진다.

구글과 오픈AI에서는 이 파라미터의 개수가 많아지면 많아질수록 학습을 더 잘한다고 여겼다. 이를 스케일링 법칙$^{Scaling\ law}$ •

OpenAI. (2020). 「Scaling Laws for Neural Language Models」

이라고 한다. 파라미터를 뇌에 비유해 보자. 파라미터 개수가 적은 것은 뇌에서 정보를 저장할 뉴런들의 용량이 작은 것과 비슷하다. 신생아의 뇌는 성인 크기의 약 25%라고 한다.* 신생아보다 뇌가 훨씬 더 큰 성인은 더 잘 기억하고 생각할 줄 안다. 파라미터가 많은 모델일수록 더 잘 기억하고 더 훌륭하게 추론할 줄 아는 것과 비슷하다. 그렇다면 모델이 크기만 하면 될까?

성인이 공부하는 것을 생각해 보자. 공부를 살면서 1년밖에 안 한 사람과 20여 간 한 사람은 공부했던 정보의 양이 다르다. 공부를 안 한 사람이 유달리 뛰어난 천재가 아닌 이상, 20여 년간 공부를 열심히 한 사람이 박학다식할 가능성이 매우 높다. 이때 '공부했던 정보의 양'이 모델의 학습 데이터 크기가 된다. 머리가 좋은 사람이 공부를 많이 하면 당연히 똑똑해진다. 즉, 학습 데이터의 질과 양 모두 모델 성능에 큰 영향을 끼친다. 결론적으로 AI 모델은 최근 몇 년간 모델 사이즈, 즉 파라미터 개수를 키우고, 양질의 데이터를 아주 많이 학습하는 방향으로 발전해 왔다.

큰 모델은 어떤 방식으로 많은 데이터를 학습할까? 최근 메타에서 공개한 라마3[LLaMA3]는 15조 개의 토큰을 학습했다고 한다. 전작 라마2가 2조 개의 토큰을 학습한 것에 비해 7배가 넘는 수치다. 토큰은 인공지능이 언어를 인식하는 기본 단위다. 하나의 토큰은 하나의 단어나 숙어에 해당될 수도 있고, 글자나 형태

• https://www.msdmanuals.com

AI 반도체 혁명

소일 수도 있다. 토큰 배정은 언어별로 다르게 적용하기도 한다. 글자나 단어, 숙어 등을 어떻게 토큰에 할당할지는 마치 이동통신의 주파수 할당과 닮았다. 많이 사용하는 표현들이 있다면 조금 긴 숙어라도 하나의 토큰에 할당할 수 있고, 사용량이 적은 표현이 있다면 글자 혹은 음절 하나가 토큰이 될 수 있다. 이는 초거대언어모델을 만드는 개발자들이 정하는 일인데, 영어 중심의 초거대언어모델이라고 한다면 같은 문장이라도 영어에는 적은 토큰이 할당될 수 있고 다른 언어(예를 들어 한국어)는 토큰이 더 많이 필요할 수 있다. 이러한 경우 영어를 제외한 다른 언어의 초거대언어모델 서비스 비용은 증가할 수 있다. 통상 사용된 토큰 개수당 얼마의 정해진 비용을 부과하기 때문이다.

AI 학습을 이해하려면 학습의 연산 방법을 이해할 필요가 있다. AI 학습은 입력으로 주어지는 데이터와 파라미터 간의 곱셈, 덧셈 등의 연산으로 이뤄진다. AI가 풀어야 할 문제를 입력하면 파라미터 전체를 거쳐 수행하는 연산을 통해 첫 번째 토큰이 출력으로 나온다. 그 답을 다시 동일한 파라미터를 이용한 두 번째 연산 과정에 넣고 거기서 나온 답을 세 번째 계산 과정에 입력으로 넣는다.

입력값과 출력값이 주어지고 생성되는 순서를 보자면 첫 번째로 사용자로부터 주어진 입력값(토큰들)이 있고, 파라미터 전체를 이용한 연산을 거쳐 나온 토큰이 두 번째 계산 과정의 입력값이 된다. 각각의 연산 과정은 동일한 파라미터들을 반복해 수십억부터 시작하여 심지어 조 단위가 넘는 많은 파라미터를 이용하게 되고 파라미터 하나하나를 읽을 때마다 곱셈과 덧셈을 수행하는 것이 인공지능 초거대언어모델이다.

파라미터값, 혹은 가중치^{weight}는 뇌가 가지고 있는 정보라고 이해하면 쉽다. 뇌가 가진 정보가 많을수록 기대하는 정답의 정확도가 높다. 모델의 크기는 파라미터(가중치)가 얼마나 많은지를 의미한다. 연산 방식 자체는 단순하다. 파라미터가 두 개 있는 모델이 있는데 1번 파라미터는 2이고, 2번 파라미터는 3이라고 가정해 보자. 각 파라미터에 주어지는 입력이 각각 5와 7이라고 한다면 AI 연산의 곱셈과 덧셈을 통해 $5 \times 2 + 7 \times 3 = 31$이라는 계산 결과를 얻는다. 이 값은 다른 층의 입력값으로 사용될 수도 있는데, 여기서는 최종 계산 결괏값이라고 가정하자. 우리가 원하는 바람직한 답이 5와 7이라는 문제를 넣었을 때 31에 가까운 답이 나오는 것이라면 해당 모델은 좋은 모델이라고 할 수 있다. 즉 파라미터들이 정답에 가깝게 세팅된 것이라고 할 수 있다.

학습은 전체 모델의 정확도를 높일 수 있는 가중치 1번의 값, 가중치 2번의 값을 찾는 과정이다. 모델의 정확도라는 것은 입력과 가중치와의 연산을 거쳐 생산되는 결과물이 인간이 기대하는 답과 얼마나 유사한지다. 수능 영어에서 "다음 문장으로 알맞은 말은?"이란 문제를 푸는 것과 같다. 학습은 지속적으로 높은 정확도의 답을 도출해 낼 가중치를 찾아가는 과정이다. 답이 틀리

AI 반도체 혁명

면 답지를 보고 내가 얼마나 틀렸는지를 계산해 가중치를 업데이트하고 다음 문제를 풀 때 업데이트 내용을 반영한다. 연산 결과를 보고 얼마나 틀렸는지 계산하고 문제풀이 전략을 세우는 것이 모델의 학습 방향성을 설정하는 일이다.

다음 문제를 풀 때는 더 정확도 높은 답을 내기 위한 파라미터, 가중치를 갱신해야 한다. 다음 토큰을 예측할 때 쓰이는 연산은 곱셈과 덧셈이 핵심이다. 가중치를 갱신할 때 곱셈과 덧셈을 한 번 더 한다. 예측과 정답이 얼마나 다른지를 측정하고, 다음에는 정확도를 높이기 위해 가중치들을 어떻게 재탐색할지 방향성을 정하는 일은 추가적인 연산이 필요하다. 여기서 모델 학습의 특징이 나타난다. ①얼마나 틀렸는지 계산한다는 점이고 ②가중치를 갱신한다는 점이다.

한 단원의 영어 문법 학습지를 푼다고 생각해 보자. ①영어 문법을 공부하고(모델이 이전에 학습한 데이터) ②다음 단어 맞추기 문제를 한 단원만큼 푼다(한 데이터 뭉치에 대해 각각의 예측 수행). ③문제를 다 푼 후 채점을 하며 얼마나 틀렸는지 세어보고 다음에 어떻게 가중치를 갱신할지 전략을 세운다(예측과 정답의 차이를 계산하고 바로 다음 단계의 학습 전략을 세운다). ④새로 배운 사실을 숙지한다(가중치 갱신).

수조 개의 학습 데이터를 입력해 조 단위의 파라미터값을 조정해 가는 과정을 GPU 1장으로 수행하면 100년이 넘는 시간이 걸린다. 따라서 거대한 데이터를 뭉치들로 쪼개 여러 개의 GPU에 나눠서 학습을 시킨다. 더 직관적으로 보자면 한 사람의 뇌로 학습을 하면 학습 과정이 너무 오래 걸리기 때문에 여러 사람의 뇌를 연결해 학습을 수행하는 것이라고 볼 수 있다. GPU 8장을 연결한 것을 노드라고 부른다. 8대의 GPU를 사용하기 위해 한 모델을 8개로 복사해서 각 GPU가 동일한 모델을 저장하며, 각각의 GPU가 데이터 뭉치를 8등분으로 나눠 학습을 한다. 문제는 8명이 따로 공부를 하면 기억하는 내용이 완벽하게 일치할 수 없듯이 8개의 GPU가 서로 다른 데이터를 연산하고 가중치를 갱신하면 각각의 GPU는 서로 다른 가중치를 갖게 된다. 그래서 3번 과정처럼 예측과 정답의 차이를 계산할 때 각 GPU에서 틀린 정도들을 모두 모아서 한번에 가중치를 갱신하는 방식으로 다음 학습 전략을 세워야 한다.

인간 8명의 뇌를 연결하는 것은 불가능하지만 GPU 8장을 연결하는 것은 가능하다. 하지만 8장의 GPU가 마치 1개의 뇌처럼 동작하게 하려면 연결성이 너무나 중요하다.

GPU를 여러 대 쓰는 이유는 간단하다. 데이터가 너무 많아서 여러 GPU가 나눠서 처리해야 하는 경우, 모델이 너무 커서 한 GPU에 담지 못해 모델을 쪼개는 경우, 혹은 둘 다인 경우도 있다. 최신 거대 모델들은 GPU 1대가 수용하기에 메모리 용량이 부족해서 하나의 모델을 여러 개의 파편으로 쪼개어 GPU들에 배분하는 기법들이 발전했다. 이를 '분산 학습'이라고 한다.

AI 반도체 혁명

모델이 너무 커서 GPU 1대에 모델이 다 안 담기기에 모델을 쪼개서 학습을 한다는 개념은 이해하기 어렵지 않다. 모델과 데이터를 쪼개서 학습하면 전체 시간은 이론적으로 GPU의 개수가 증가하는 만큼 줄일 수 있다. 문제는 분산 학습을 한 뒤 쪼개진 연산들의 결과를 여러 GPU들로부터 모으고, 갱신된 가중치를 다시 GPU들에게 분배하는 데 많은 시간이 걸린다는 점이다. 지금까지 GPU 8장인 한 노드에서의 분산 학습을 이야기했다. 실제로는 여러 노드끼리도 각종 데이터와 정보들이 넘나들며 통신을 하게 되는 대규모 학습 시스템으로 이루어져 있다.

개별 반도체끼리의 통신이 반도체 하나의 내부 통신보다 느린 것처럼, 개별 노드끼리의 통신은 노드 내 반도체끼리의 통신보다 느리다. 그래서 GPU끼리 잇고, GPU 뭉치들(노드)을 잇는 연결 속도가 중요하다. 기존에는 서로 다른 서버들을 이더넷Ethernet으로 연결했다. 이후 엔비디아는 독자적인 기술인 엔비링크, 인피니밴드로 대응하고 있다. 엔비링크는 GPU와 GPU를 연결하는 통신 기술이고, 인피니밴드는 GPU 뭉치인 노드와 노드를 연결하는 통신 기술이다.

앞에서 언급한 GB200은 칩 간 통신에 사용되는 엔비링크, 노드 간(서버 간) 통신에 사용되는 인피니밴드 두 가지를 더 빠른 통신으로 엮어 각종 통신들의 지연을 극도로 최소화했다. 본래 노드끼리의 통신은 노드 내의 통신보다 속도가 느렸지만 이제 차이를 두지 않고 72개의 칩을 모두 노드 내 통신처럼 빠르게 연결한다. 고성능 칩의 개발과 분산 학습의 고도화가 대규모 학습 시스템의 발전을 일으켰다. 분산 학습을 하기 위해 GPU끼리, GPU 뭉치들끼리의 통신 속도가 빨라지고 큰 모델을 저장하기 위해 단일 칩의 메모리 용량도 커졌다. 커진 용량의 메모리에서 데이터를 꺼내오는 속도를 높이기 위해 메모리 대역폭도 커졌다.

분산 학습을 잘하기 위해서는 연산기를 많이 넣는 것도 중요하지만 실제로 이러한 연산기들이 쉬지 않고 계속 효율적으로 구동하도록 메모리, 네트워크 등에서의 데이터 처리 속도를 높이는 것이 매우 중요하다. AI 학습 반도체의 진화 방향이다. 전 세계적으로 많은 AI 반도체 회사들은 칩 하나를 놓고 비교하며 엔비디아 GPU보다 몇 배 빠른 연산을 할 수 있다고 홍보하지만, 실제로 큰 규모의 분산 학습에 사용하는 AI 반도체는 아직까지 엔비디아 GPU밖에 없는 이유다. 많은 회사들이 AI 반도체를 개발하고 있지만 거의 대부분 추론용에 초점을 맞추고 있다. 당분간은, 아니꽤 오랫동안 AI 학습용 반도체로 엔비디아 GPU와 경쟁할 반도체가 나오기는 쉽지 않아 보인다.

AI 반도체 혁명

초거대언어모델의 문제 해결법, 추론

63

AI 학습이 공부를 하는 과정이라면 AI 추론은 시험을 보는 과정이다. 학습을 마치고 나면 학습을 통해 만들어진 파라미터값은 변하지 않는다. 즉, 파라미터값은 추론 과정에서 수정되지 않고 항상 고정되어 있다. 공부를 해서 뇌 속에 정보를 저장하고 나면 더 이상 수정되지 않는 상황으로 비유할 수 있다. 따라서 추론 과정에서는 답이 틀리더라도 다시 공부를 하지 않는다.

현재 많은 이들이 학습에 사용하는 반도체와 추론에 사용하는 반도체로 엔비디아 GPU를 사용한다. 하지만 추론에 최적화된 반도체를 만들 수 있는 여지는 위와 같은 학습과 추론의 차이에서 나타난다. 학습은 많은 교과서(데이터)를 공부하고 내부 파라미터를 업데이트하기 위해 많은 연산을 하지만, 추론은 수능 시험(데이터)을 가지고 결과를 추출하기 위해 예측 과정에 해당하는 연산들만 수행한다. 시험 항목이 많을수록 문제를 빨리 읽고 풀어야 한다.

쉽게 얘기하자면, 학습은 최종 시험 점수만 중요할 뿐 소모되는 시간이 오래 걸려도 상관이 없다. 공부를 너무 오래 했다고 패널티를 받지는 않는다. 하지만 추론은 사용자들이 질문을 하고 답을 얻는 과정이기 때문에 빠른 시간 내에 답을 내지 않으면 점수를 제대로 받을 수 없다. 이러한 비유를 통해 전달하고자 하는 메시지는 학습보다 추론에서 데이터를 더 빨리, 많이 가져와야 한다는 이야기다. 즉, 답을 유추해 내야 하는 시간의 제약이 추론에서 훨씬 더 크게 존재한다. 이를 GPU에 적용하면 메모리 대역폭(더 빨리)과 용량(더 많이)이 커야 한다는 의미이다.

추론의 경우도 분산 학습과 비슷하게 병렬 처리 기술이 존재한다. 데이터를 쪼개는 방식의 분산 처리를 제외하면, 학습과 마찬가지로 비슷한 병렬 처리를 따르는데, 모델이 커서 하나의 모델을 여러 GPU에 쪼개어 나눠 저장하는 방법을 주로 고민해 왔다. 큰 모델은 많은 층^{layer}으로 구성되어 있고 층 내부에 커다란 텐서(행렬을 포함하는 데이터의 표현 형식)들을 가진다. 여러 GPU에 하나의 모델을 어떻게 쪼개어 일부를 배분할 것이냐 하는 방법은 여러 가지 있을 수 있겠지만, 대표적으로 사용되는 방법은 모델을 구성하는 층들을 나누거나$^{Pipeline \ Parallelism}$, 행렬곱 연산을 여러 장의 GPU가 나눠서 계산하도록 하는 것$^{Tensor \ Parallelism}$이다. 물론 둘 다 함께 사용하는 방법도 가능하다.

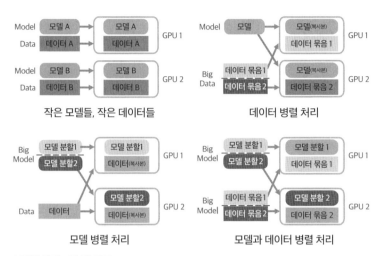

Model	모델 A		모델 A	
Data	데이터 A		데이터 A	GPU 1
Model	모델 B		모델 B	
Data	데이터 B		데이터 B	GPU 2

작은 모델들, 작은 데이터들

Model	모델		모델(복사본)	
			데이터 묶음 1	GPU 1
Big Data	데이터 묶음1		모델(복사본)	
	데이터 묶음2		데이터 묶음 2	GPU 2

데이터 병렬 처리

Big Model	모델 분할1		모델 분할1	
	모델 분할2		데이터(복사본)	GPU 1
Data	데이터		모델 분할2	
			데이터(복사본)	GPU 2

모델 병렬 처리

Big Model	모델 분할1		모델 분할 1	
	모델 분할2		데이터 묶음 1	GPU 1
Big Model	데이터 묶음1		모델 분할 2	
	데이터 묶음2		데이터 묶음 2	GPU 2

모델과 데이터 병렬 처리

* 병렬 처리 기술의 구조

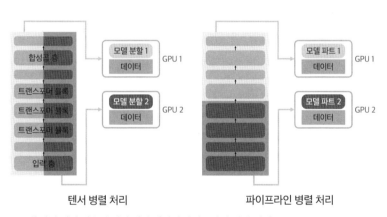

텐서 병렬 처리

파이프라인 병렬 처리

* 모델 병렬 처리 기술인 텐서 병렬 처리와 파이프라인 병렬 처리

추론에 병렬 처리를 도입하려면 학습 병렬 처리를 할 때 고려했던 사항이 또 다시 등장한다. 바로 통신 병목 현상이다. GPU 내부 통신과 GPU끼리 통신, GPU 뭉치끼리의 통신이 모두 속도가 다르다는 점을 잘 이해하는 것은 추론의 전체 성능을 높이는 데에도 핵심적으로 요구된다.

초거대언어모델의 추론은 크게 ①주어진 문장을 이해하고 문제를 파악하는 프리필prefill 과정과 ②답을 생성하는 디코드decode 과정으로 나눌 수 있다.

챗봇 서비스를 이용할 때를 생각해 보자. 사용자들은 질문을 입력한다. 이때, 사용자는 인식하지 못하지만 챗봇은 개발자가 미리 입력한 명령문(프롬프트)들을 먼저 처리한다. 질문을 이해하는 프리필Prefill은 개발자가 미리 입력한 명령문과 사용자가 입력한 명령문을 합쳐 요약하고 문제를 파악하는 과정이다. 요약해야 할 데이터가 한 번에 많이 주입되기 때문에 동시에 데이터를 처리할 수 있도록 많은 연산 능력이 필요하다. 예를 들어 '서울 맛집은 뭐야?' 같은 단순한 명령문이 입력될 수도 있지만 논문을 통째로 입력하고 요약해 달라는 명령문이 입력될 수도 있다. 많은 연산이 필요한 단계다. 개발자가 미리 입력한 명령문도 엄청 많다. 이러한 명령문들의 단순한 예로 혐오, 인종차별 등의 표현을 사용하지 못하도록 하는 조항이 사용자 입력 처리 전에 먼저 AI 모델에 사전 명령의 형태로 들어간다. 투자에 대한 입력을 처리할 때는 단정적 답변을 할 수 없도록 미리 명령을 해두기도 하고 범죄에 이용될 수 있는 폭탄 제조 방법 등의 설명은 하지 못하도록 하는 것도 개발자 사전 명령의 형태로 들어갈 수 있다.

답을 생성해 내는 디코드 연산은 프리필에서 수행된 연산의 결과를 이어받아 한 토큰씩 순차적으로 답변을 생성하는 연산이다. 언어 모델이 답변을 생성하는 과정은 사람이 말을 하는 것과 비슷하다. 사람이 말을 할 때는 이전 대화의 맥락과 내가 지금 무슨 말을 하고 있는지를 동시에 고려해 다음에 할 말을 고민한다. 디코드도 마찬가지다. 디코드 과정에서 만들어진 문장들을 포함

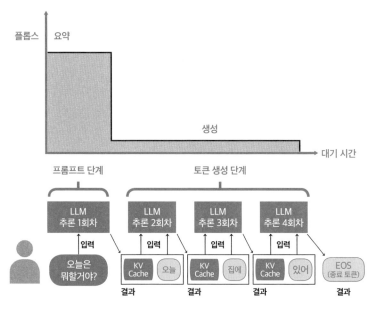

* 초거대언어모델의 추론 과정. KV Cache는 이전 입력을 요약해 저장한 것이다.

하여 이전 문장들의 맥락을 모두 총체적으로 고려해 다음 단어를 생성해야 한다.

가령, '오늘 뭐해?'라는 질문에 '오늘은 비가 와서 집에 있을 거야'라는 답을 한다고 가정해 보자. 집에 있다는 답변을 하는 도 중 '와서'의 다음 단어를 말하는 시점을 생각해 보자. 다음 단어를 말하려면 '오늘 뭐해?'와 '오늘은 비가 와서'의 내용까지 고려해 야 '집에'라는 단어를 생각할 수 있다. 프리필 연산에서 요약한 내 용뿐만 아니라 디코드 연산을 하며 생성한 바로 앞 전 내용까지 모두 요약하고 파악해야 한다는 의미이다. 즉, 다음 토큰을 생성 하려면 사용자의 입력과 현재까지 디코드 단계에서 생성한 토큰 모두를 고려해야 하는데, 모든 토큰들 각각에 대해 앞 내용들을 고려했을 때 다음 토큰으로 선택되는 것이 적합할지에 대한 확률 을 구하여 높은 확률을 가지는 토큰들이 생성되도록 유도하는 방 식으로 추론이 이루어진다.

위에서 언급한 추론의 큰 두 단계, 즉 프리필과 디코드는 각 각 계산 병목Compute-bound과 메모리 병목Memory-bound으로 구분될 수 있다. 프리필은 동일한 파라미터를 동시에 이용할 수 있는 입력 내용이 이미 많이 주어져서 메모리보다는 계산기의 능력에 전체 성능이 좌우되는 경향이 있고, 디코드에서는 토큰을 하나씩 만들 고 이러한 각각의 토큰은 파라미터 전체를 메모리를 통하여 반복적으로 재접근해야 하다 보니 계산기보다 메모리의 성능에서 전체 성능이 좌우된다.

폰 노이만 컴퓨팅 구조에서 연산기와 메모리를 구분해 보면 연산기에서 연산이 처리되는 양과 메모리에서 데이터가 전송되는 양을 비교해 볼 수 있다. 데이터 전송은 완료됐는데 계산할 것이 많아서 계산이 완료되는 것을 기다리게 된다면 계산 병목, 계산은 이미 완료되었는데 데이터 전송이 완료되는 것을 기다려야 한다면 메모리 병목이다. 더 효율적인 컴퓨팅을 위해서는 컴퓨팅 과정의 어느 부분에서 병목 현상이 발생하는지 잘 파악해야 한다.

초거대언어모델의 추론 최적화가 어려운 이유는 이러한 두 가지 병목현상이 모두 발생하기 때문이다. 즉 초거대 AI 모델은 메모리 속도와 계산 능력 양쪽에서 모두 극한의 성능을 요구하는 것이다. 물론, 앞부분에 언급된 바와 같이 연산기의 발전 속도보다 메모리의 발전 속도가 현저히 느리기 때문에 메모리의 성능을 보강하려는 노력이 절실하게 필요하게 됐다.

초거대언어모델,
다양성이 필요하다

지금까지 초거대언어모델의 학습과 추론의 개념에 대해 알아봤다. 학습을 잘하기 위한 반도체와 추론을 잘하기 위한 반도체의 성격은 좀 다르다. 물론 두 가지 경우 모두 엄청난 연산력이 요구되며 그만큼 수행 비용도 많이 든다. 이번에는 초거대언어모델의 비용에 대해 알아보자.

특정 기술에 관련된 산업에서는 최고의 기술력도 중요하지만 결국 경제적 논리에 의해 승자와 패자가 나뉘기 마련이다. GPT-4, Claude-3 opus 등 대단한 능력의 초거대언어모델을 쓸 수 있는데 뭐 하러 이보다 작은 다른 초거대언어모델을 만드냐는 주장을 흔히 접할 수 있다. 람보르기니, 벤틀리 같이 좋은 차가 있지만 쏘나타를 굳이 만드는 데는 이유가 있다. 기술도 기술이지만 서비스 비용도 매우 중요하기 때문이다.

GPT-4, Claude-3 opus는 좋은 모델이지만 실제 서비스를 위한 추론을 할 때 엄청나게 많은 GPU를 써야 한다. 게다가 예시로 든 두 개의 모델은 영어 중심으로 토큰을 배분했기 때문에, 영어보다 한글을 쓰면 더 많은 비용이 든다. GPT-4의 사용 비용이 한 달에 20달러라고 생각하는 사람이 있다. 실제로 개인은 한 달에 20달러를 내면 GPT-4를 사용할 수 있지만 월 20달러 요금제는 오픈AI가 일반인들이 생성형 AI를 경험해 보도록 책정한 가격이지 원가와 수익을 감안한 가격이 아니다. 실제 사업자가 규모 있는 AI 서비스를 제공하기 위해 GPT-4 모델을 활용할 경우 지불해야 할 금액은 전혀 다르다. 미국 내에서 수많은 초거대언어

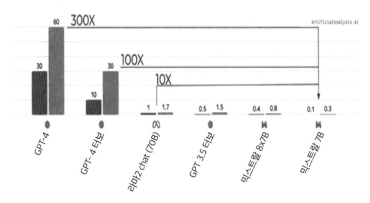

* 미국 내 AI 모델의 사용 비용 차트 (2024년 3월 기준)

모델이 나오고 있다. 이런 모델들의 사이즈와 능력치, 이에 따른 사용 비용은 제각각이다. 예를 들어 미스트랄 7B 모델과 GPT-4 의 입·출력 비용은 무려 300배나 차이가 난다.

현재 초거대언어모델은 아직도 본격적인 대량 상용화보다는 기술의 가능성을 검증하고 보여주는 초기 단계이기 때문에 비용 에 대한 치열한 논쟁이 일반 대중에게까지 전달되지 않는다. 하 지만 실제 서비스를 대중에게 제공하려면 소비자들이 수용할 수 있는 가격과 적자를 내지 않으면서 서비스를 제공할 수 있는 원 가 사이에 힘겨운 줄타기를 해야 한다.

입력하는 언어에 따라 서비스 비용을 차등하면 어떨까? 원가 차원에서 보면 한국어를 입력할 때 더 비싼 비용을 받는 것은 타 당하다. 예를 들어 영어는 자주 사용하는 'I am'을 하나의 토큰으 로 인식하는데 한국어는 '나', '는'을 각각 두 개의 토큰으로 인식 하면 한국어 서비스 비용이 더 비쌀 수밖에 없다. 미국의 거대모 델 운영자 입장에서는 소수 언어인 한국어를 최적의 토큰으로 구 분할 동기가 약할 수밖에 없다. 한국어를 주로 사용하는 한국의 거대모델 운영자는 서비스 비용을 줄이기 위해서라도 한국어에 최적화된 토큰화를 구상할 필요가 있다.

다양한 거대모델들은 공존할 수밖에 없다. 기능적 특화뿐 아 니라 비용적 특화 측면에서도 거대모델 간 차별화가 이뤄질 수 있다. 문화적 측면에서도 다양한 거대모델이 필요하다. 물론 오픈AI의 챗GPT나 구글 제미나이에 질문을 하고 영어로 나온 답변을 한국어로 번역하면 큰 불편함 없이 생성형AI를 사용할 수도 있다. 하지만 답변의 문화적 정교함은 학습 데이터에 따라 차이가 있을 수밖에 없다.

본격적인 초거대언어모델의 시작이라고 볼 수 있는 오픈AI의 GPT-3 모델의 전체 데이터 학습량 중 영어 비중은 97%, 한국어는 0.02% 정도인 것으로 알려졌다. 한국 문화를 바탕으로 만들어진 한국어 데이터로 학습된 거대모델과 영어로 된 데이터를 주로 학습한 거대모델이 내놓는 답은 일정한 차이가 있을 수밖에 없다.

엔비디아의 젠슨 황 CEO는 2024년 2월 두바이에서 열린 세계정부 정상회의WGS, World Governments Summit에 참석해 "모든 국가는 자체적인 인공지능을 구축하고 소유할 필요가 있다"고 말했다. 세상 모든 일에 정답이 있다면 하나의 거대모델이 완벽한 답을 내는 방향으로만 발전하면 된다. 하지만 세상에는 정답이 없는 질문이 훨씬 더 많다. 젠슨 황 CEO는 "데이터는 문화, 사회의 지능, 상식, 역사를 체계화하며 각국은 자국의 데이터를 소유하게 된다"고 말했다.

인공지능 시대가 진행될수록 데이터는 더욱 귀한 자원이 된다. 각 문화권에서 가장 적합한 답을 내놓기 위해서는 문화, 상식, 역사가 체계화된 데이터를 기반으로 학습을 해야 한다. 또 적합한 학습을 시키기 위해서는 데이터가 필요한데, 미국에 있는 소수의 기업에게 모든 나라가 데이터를 제공할 수는 없다. 국가별 AI가 필요하다는 젠슨 황 CEO의 발언에 대해 UAE의 AI 장관 오마르 알 오라마는 "국가별 AI가 필요하기 때문에 UAE는 대규모 언어 모델을 만들고 컴퓨팅을 동원하는 데 공격적으로 움직이고 있다"고 답했다.

미국의 초거대언어모델 개발사들은 전 세계 모든 데이터를 섭렵해 다양한 기능을 수행하며 가장 정확한 답을 내놓는 모델을 만들기 위해 노력하고 있다.

가능한 많은 데이터를 투입하여 가장 좋은 모델을 만들어 이를 기본 엔진으로 구성하고 전 세계 모든 사람들이 이 엔진에 추가적이고 차별화된 서비스를 붙여 사용하도록 하는 방식이다. AI 서비스 업체들이 이들이 제공하는 초거대언어모델을 통해 각각의 서로 다른 서비스를 만들어 제공하면, 초거대언어모델 제공업체들은 모델 이용료를 받을 수 있다.

하지만 중동 국가들은 완성된 서비스가 아니라 초거대언어모델 알고리즘만을 원하는 경우가 있다. 모델 알고리즘만 차용해 자신들의 데이터를 자기들 방식으로 학습하고 자기들 방식으로 정밀 조율(파인튜닝)해 사용하고자 하는 것이다.

이처럼 그들은 자신들의 데이터를 미국 기업에게 제공하고 싶지 않고 미국 기업들이 조율한 답만을 받고 싶어 하지 않는다.

이처럼 AI 시장은 뛰어난 성능과 경제적 비용, 문화적 수용성 등을 모두 고려해야 한다.

더 빠른 답변을 줄 것인가, 더 많은 답변을 처리할 것인가

35

초거대언어모델을 운영하기 위해 고려해야 할 요소를 몇 가지 더 알아보자. 우선 사용자들이 질문을 했을 때 몇 초 내에 답변을 낼 것인지를 정하는 것이다. 물론 사용자 입장에선 질문에 대한 답변이 빠르면 빠를수록 좋다. 하지만 빠른 답변만을 고려한다면 비용적으로 손해봐야 할 것이 너무 많기 때문에 효율적이면서 적정한 답변 속도를 정하는 것이 중요하다.

사람들이 서비스마다 기대하는 응답 속도가 있다. 네이버 검색창에 키워드를 입력했는데 답이 나오기까지 수 분이 걸리면, 아니 10초만 걸려도 아무도 이용하지 않을 것이다. 그럼에도 불구하고 시간이 다소 지연되어도 용납해 주는 서비스도 있다. 일반적으로 용량이 클 것으로 생각되는 프로그램은 시행될 때까지 시간이 좀 지연되더라도 소비자들이 용납을 한다. 인터넷에서 큰 용량의 파일을 다운로드 받을 때는 용납이 되지만 하드디스크에 있는 파일을 여는 데 시간이 오래 걸리면 용납이 안 된다. 이처럼 각 서비스에는 사용자가 받아들일 수 있는 서비스 지연의 제한 시간 기준이 엄연히 존재한다.

챗GPT 이전에는 인공지능 서비스가 제공해야 할 응답 속도를 검색 포털의 응답 속도와 비슷한 수준으로 생각했다. 질문을 하고 답을 얻는 서비스 형태의 유사성 때문이다. 사용자들이 서비스에 기대하는 응답 속도는 하드웨어인 반도체가 만족시켜야 할 지연성Latency의 기준이 된다. 포털에서 제공하는 검색 서비스에 필요한 연산들에 비해 초거대언어모델로 답변을 생성하는 연산은 규모가 훨씬 크다. 상대적으로 작은 언어 모델을 사용하고 최신 엔비디아 GPU를 사용한다고 하더라도 포털 검색 정도의 속도를 맞출 수는 없다.

챗GPT가 인공지능 산업에 크게 기여한 부분 중 하나는 사람들을 기다리게 했다는 점이다. 포털에서 검색을 하면 컴퓨터가 기존에 가지고 있던 답안지를 찾아 사용자에게 짠 하고 보여주는 느낌이라면, 챗GPT는 답변을 하나하나 자판을 쳐서 만드는 것처럼 사용자에게 보여준다. 챗GPT는 컴퓨터로 제공되는 대부분 서비스들에 비해 현저히 느린 응답 속도를 보여줌에도, 사람들은 의외로 그 응답 시간을 기다려 준다.

사용자들이 AI 서비스의 응답 속도를 사람이 읽는 수준의 속도만큼으로 기대하게 된 건 인공지능 연구자들에게 엄청난 행운이다. 사람의 읽는 속도는 그나마 노력하면 달성할 수 있는 수준이다. 음성이나 영상의 경우에는 주 사용자들의 저항선이 다를 것이다. 예를 들어 네이버에서 검색어를 입력했을 때 검색된 이미지가 도출되는 시간은 1초 이내다. 그보다 늦어지면 답답함을 느낄 것이다. 하지만 DALL-E 등 이미지 생성 AI를 활용할 때는 수 초가 걸려도 사람들은 기꺼이 기다려준다. 동영상 생성은 이보다 더 관대할 것이다.

어느 정도 만에 답을 내놓을지를 정하는 것은 서비스 질을 결정하는 데 매우 중요한 요소다. 물론 최대한 빨리 답을 내놓으면 좋겠지만 반대로 답을 빨리 내놓는 데만 집착하면 답변의 질이 떨어질 수밖에 없다. 서비스 운영자는 사용자가 받아들일 만한 인내심 안으로 지연 시간을 맞추고, 서비스 질을 최대한 끌어올리는 것을 목표로 한다.

초거대언어모델 서비스를 운영할 때 중요하게 보는 지표는 처리율throughput과 지연 시간latency이다. 일반적으로 빨리 처리한다는 뜻을 지연 시간이 짧아지고 처리할 수 있는 업무량이 많아진다는 의미로 생각할 수 있다. 하지만 오히려 반대다. 서비스를 제공하는 입장에서 처리율과 지연 시간은 반비례 관계를 갖고 있다. 서비스를 제공할 때는 서비스가 한 번에 한 사람에게만 제공될 수도 있고, 동시에 여러 사람의 요청을 묶어서 한 번에 여러 사람에게 제공될 수도 있다. 이는 사용자 입장에서는 차이가 없지만 서비스를 제공하는 입장에서는 차이가 크다. 서비스 운영 관점에서 시스템이 단위 시간당 처리할 수 있는 작업의 양을 처리율이라고 한다. 가장 좋은 것은 서비스 요청에 대한 지연 시간을 최소로 줄이고 처리할 수 있는 처리량을 최대로 늘리는 것이다. 하지만 그게 안 된다. 한 사람의 요청을 받아 그 요청에 대해 가장 먼저 처리를 해주면 지연 시간은 줄일 수 있다. 하지만 한 번에 하나만 처리를 하는 것보다 여러 건을 묶어서 한 번에 처리하는 게 처리율을 높일 수 있다.

다만 여러 요청을 묶어서 처리하기 때문에 한 사람의 요청을 즉각적으로 처리하는 것보다는 지연 시간이 길 수밖에 없다. 요청의 개수가 한 번에 서비스 하는 묶음 단위까지 모일 때까지 기다려야 하기 때문이다. 통상 지연 시간을 줄이려면 높은 컴퓨팅 파워와 높은 메모리 대역폭이 필요하다. 이는 하드웨어 성능에 좌우된다. 처리량을 높이려면 여러 요청들을 받아 한 번에 계산하는 소프트웨어적인 조치가 필요하다.

쉽게 비유하자면 이렇다. 버스 운행을 상상해 보면 지연 시간을 줄인다는 것은 승객이 출발지에서 목적지까지 좀 더 빠르게 도착한다는 의미인데 이렇게 하기 위해서는 도로도 더 넓게 건설해야 하고 고성능 엔진을 버스에 장착해야 할 수도 있다. 반면 처리율을 높인다는 것은 하나의 버스에 사람을 더 많이 태운다는 뜻이 된다. 그렇기 때문에 승객 한 명 한 명의 지연 시간을 줄이는 것은 훨씬 어려운 도전 과제가 되지만, 승객 처리율을 높이려면 예를 들어 5분마다 떠나던 버스가 30분마다 출발하도록 할 수도 있다. 물론 처리율만을 고민하다 보면 버스가 정거장에 도착할 때까지 평균적으로 오래 기다려야 하기에 고객들의 불만은 커질 수 있다. 그럼에도 불구하고 서비스 제공 업체들에게 지연 시간을 감소시키는 것보다는 처리율을 상대적으로 높이는 것이 쉽다. 따라서 업체들은 고객이 감안할 수 있는 대기 시간까지 소프트웨어적으로 처리율을 높이는 방식으로 비용을 줄이기 위해 노력하는 추세이다.

결국 지연 시간은 사용자들이 감내할 만한 수준 안에서 하드웨어로 관리하고, 처리량을 높이기 위해 여러 요청을 받아 한 번에 계산하는 소프트웨어적인 배분 역할이 중요하다. 여러 요청을 한 데 묶어 하드웨어에서 계산하게 하는 것을 '배치Batch로 처리한다'라고 한다. 배치란 딥러닝 학습에서도 쓰이는 용어다. 학습을 할 때는 학습 데이터를 나눠 처리할 때 한번에 동시에 처리할 수 있는 기본 데이터 묶음을 나타낸다. 추론에서는 여러 개의 요청을 묶음으로 처리하는 것을 의미한다. 둘 다 여러 데이터나 요청을 일괄적으로 처리한다는 의미이다.

추론을 할 때 사용자가 입력한 질문과 개발자가 사전에 설정해 둔 질문을 같이 요약하는 프리필 과정은 많은 연산량과 많은 데이터량을 동시에 요구한다. 하나의 요청 내에서 데이터도 많고 연산을 할 것도 많기 때문에 여러 요청을 묶음으로 모아서 동시에 처리하는 데 한계가 있다. 그래서 프리필을 할 때는 묶어서 배치로 처리하기보다는 하나의 요청에 대한 계산을 빨리 끝내고 다음 요청을 처리하는 것이 효율적일 수 있다.

디코드에서는 프리필 단계에서 요약이 완료된 내용을 처리하기 때문에 디코드에 도착한 데이터량은 상대적으로 요청 내용에 비해 작다. 또 이전에 생성했던 토큰까지의 요약본을 보고 다음 토큰을 예측하는 것이기 때문에 상대적으로 계산할 양이 작다. 그래서 여러 요청의 데이터를 모아 한 번에 배치로 디코드를 수행할 수 있다. 프리필은 단일 요청으로, 디코드는 여러 요청을 묶은 배치로 처리하는 것이 효율적이다.

이는 프리필과 디코드의 연산량 차이 때문에 나타나는 현상이다. 프리필은 배치로 처리할 필요가 없기 때문에 배치 처리에서 발생할 수 있는 문제점들을 크게 고민할 필요가 없는데, 디코드는 배치로 처리하기 때문에 지연 시간과 처리율 사이에서 선택의 고민을 해야 한다. 많은 배치를 묶으면 묶을수록 처리량은 늘어난다. 반면 개별 배치의 처리에 대한 지연 시간은 늘어날 수 있다.

지연 시간과 처리율을 동시에 좋아지게 하는 것은 다른 기법을 쓰지 않는 이상 구조적으로 힘들다. 현업에서는 이러한 반비례trade-off 관계를 이해하고 적절하게 두 가지를 조율하는 방법을 택하고 있다.

프리필과 디코드의 연산량 차이 때문에 나타나는 현상을 이용해 처리량을 높이려는 최적화 기술도 발전하고 있다. 프리필을 할 때 디코드보다 컴퓨팅 자원이 많이 사용되기 때문에 이 둘을 아예 다른 하드웨어로 처리하는 방식[splitwise]이 있다. 배치 처리를 할 때 저장해야 할 메모리를 효율적으로 저장하는 방식[GQA, paged attention]도 있고, 배치 처리를 할 때 저장해야 할 메모리를 효율적으로 경량화하는 방식[StreamLLM, H2O, FastGen, MiKV]도 있다.

배치 사이즈를 늘리고 처리량을 높이려는 노력은 현재까지도 많은 연구가 활발히 진행되고 있으며 어떤 기술을 택할지는 서비스 회사의 자원 상황과 서비스 요구량에 따라 선택해 사용하고 있다.

거대모델 서비스를 제공하는 입장에서는 처리량을 늘리는 게 중요하다. 하지만 배치를 많이 묶고, 프리필과 디코드의 연산량 차이를 조율하고 나서도 넘어야 할 산은 또 있다. '얼마나 긴 요구사항을 처리할 수 있는가'이다. 우리 주변에도 질문을 잘 못하는 사람이 있다. 질문을 주저리주저리 길게 하면 무슨 질문을 했는지 듣는 사람이 이해하기 힘들다. 질문의 길이가 너무 길어지면 질문 시작할 때 내용과 중간 내용, 마지막 내용이 뭐였는지 헷갈린다. 그래서 질문을 들으면서 메모를 해둬야 한다.

초거대모델도 마찬가지다. 사람들은 일반적으로 초거대모델에 간단한 질문을 요청한다. 하지만 어떤 사람들은 논문이나 책을 입력하며 요약을 해 달라고 한다. 혹은 영상이나 그림을 입력해 분석해 달라고 할 수도 있다. 질문이 길어지면 컴퓨터도 고

AI 반도체 혁명

민을 하게 되고 메모도 해놔야 한다. 서비스 운영자가 얼마나 긴 요청 사항들을 담을 수 있는지에 대한 지표를 '말의 길이$^{sequence\ length}$'라고 한다. 한정된 메모리에서 모든 요청을 처리해야 하니 요점을 정리하는 데 시간이 더 걸린다.

이러한 주제의 문제를 '긴 문장 문제$^{long\ sequence}$'라고 한다. 이 문제를 해결하기 위해 여러 하드웨어가 메모리 부담을 나눠 갖는 분산 추론을 할 수 있다. GPU 시스템의 경우 모델을 쪼개서 GPU끼리 메모리 부담을 나눠 갖게 한다. 여기도 문제는 있다. GPU끼리 나눠서 연산을 하게 되면 통신에 부하가 생긴다. GPU끼리 나눌 때도 부담이고 GPU의 묶음인 노드끼리 나누면 통신을 하는 데 무시할 수 없는 지연 시간이 발생한다.

'긴 문장 문제'로 생기는 지연도 이와 같은 종류의 통신 부하를 급격히 가중시킨다. 말이 너무 길면 듣는 사람이나 듣는 컴퓨터나 피곤하다. LLM 성능이 발전함에 따라 입력할 수 있는 문장도 함께 길어지는 추세이다. 소프트웨어적인 대응으로 더 나아가 하드웨어 설계에서부터 이를 고려하여 말 많은 사람의 요청도 효율적으로 대응하는 것이 점점 중요해지고 있다. 소프트웨어, 하드웨어 설계를 통해 말 많은 사람의 요청도 효율적으로 처리할 수 있어야 한다.

AI
CHIP
REVOLUTION

7부

지속가능한 인공지능을 위한 해법

데이터 규모와
효율성 사이의 답,
경량화

앞서 하드웨어 측면에서 AI 반도체가 갖춰야 할 역량과 구조, 그리고 이를 뒷받침하기 위해 필요한 기술들을 알아봤다. 이번에는 소프트웨어적인 측면에서 AI 반도체 솔루션을 알아보자. 초거대언어모델에서 처리해야 할 데이터 규모는 어마어마하다. 이를 효율적으로 처리할 수 있는 괴물 반도체가 필요한 상황이다. 반대로 처리해야 할 데이터 규모를 알고리즘적으로 줄일 방법은 없을까? 이번 장에서는 압축, 즉 경량화에 대한 이야기를 하려고 한다.

엔비디아 AI 반도체 솔루션은 현재 가장 검증된 기술이고 검증된 방식이다. 하지만 엔비디아의 AI 반도체는 너무 비싸다. GPU도 비싸고 HBM도 비싸다. 전체 서비스 비용, 즉 TCO^Total ^Cost ^of ^Ownership 관점에서 AI 서비스 비용이라 함은 GPU 구입 비용 (감가상각)과 데이터센터 운영비의 합이다. 데이터센터 운영비는 다시 상면비(공간 임대료)와 전기 요금으로 나눠진다. 하나의 서버 랙에 공급될 수 있는 총 전기 소비량은 정해져 있기 때문에 서버 하나의 전기 소비량이 클수록 하나의 서버랙에 들어가는 서버의 개수는 줄어든다. 랙 공간의 효율성 악화로 전기를 많이 소비하면 결국 이중, 삼중으로 비용이 비싸진다. 현재의 엔비디아 GPU는 비싸고, 서버 공간을 많이 점유하며, 많은 전기 사용량을 요구한다. 비싸다, 비싸다 하면서도 엔비디아 AI 반도체를 쓰는 이유는 역설적으로 가격 대비 성능이 가장 뛰어나기 때문이다. 실제 어플리케이션을 실행할 때, 특히 현 시점에서 가장 중요한 초거대언어모델을 실행하는 관점에서 보면 엔비디아보다 더 효율적인 대안은 없다.

앞으로 인공지능 서비스가 보편화되면 엄청난 반도체 수요가 생길 것이다. 이렇게 비싸고 에너지를 많이 사용하는 반도체로 전 인류가 사용할 인공지능 서비스를 제공하는 것은 지속 가능하지 않다.

하지만 더 많은 데이터를 더 빨리 처리하기 위해 더 높은 성능을 내야 하는 경쟁에서 경쟁사들이 엔비디아를 이기기가 쉽지 않다. 이에 경쟁 방식 자체를 바꾸는 흐름도 나타나고 있다. 데이터가 너무 커서 빨리 옮기기 힘들다면 반대로 옮겨야 할 데이터를 줄이는 노력이 이어지고 있다. '모델 압축Model Compression'이라고 불리는 기술이다.

AI 반도체 혁명

❖ ❖ ❖ ❖ ❖

　우리가 평소 PC, 노트북, 모바일폰에서 편리하게 수많은 콘텐츠를 이용할 수 있게 된 것은 압축 기술 때문이다. 비디오 압축 기능이 없었다면 실시간 스트리밍의 넷플릭스 서비스가 가능하지 못했을 것이다. 압축 기술이 없었다면 넷플릭스를 보더라도 매우 비싼 가격을 지불해야 했을 것이다. 용량이 크면 처리하는 비용, 저장하는 비용, 전송하는 비용 등 모든 과정이 비싸진다. 음악만 하더라도 압축을 하지 않으면 용량이 너무 커서 실시간 스트리밍이 쉽지 않을 것이다. CD 한 장에 십여 곡 들어가던 음악이 MP3 압축 이후 조그만 USB에 수백, 수천 곡이 들어간다.

　압축은 필요한 것만 남기고 불필요한 것은 덜어내는 기술이다. 압축의 상용화를 위해서는 전체 데이터 중 어떤 것이 필요한 것이고 어떤 것을 덜어내야 하는지 기준을 정하는 게 매우 중요하다. 동영상을 예로 들어보자. 만약 자연 상태를 디지털로 저장한다고 하면 데이터량이 엄청나게 많을 것이다. 빛의 종류만 보더라도 적외선, 가시광선, 자외선 등 엄청난 빛들이 자연 상태에 있다. 무엇을 남기고 무엇을 덜어낼 것인지가 고민이다. 동영상 데이터로 압축할 때는 사람의 인지 가능 범위를 기준으로 잡으면 된다. 어차피 사람이 보려고 만드는 것이니 사람의 눈이 인지할 수 없는 적외선, 자외선까지 굳이 다 담을 필요가 없다. 음악도 마찬가지다. 사람의 귀가 들을 수 있는 범위에 해당하는 데이터만 남겨두면 된다. 가청 범위를 넘어선 음질은 별 의미가 없다.

AI 초거대언어모델도 압축을 할 수 있는 여지가 많다. 2017 년, MIT 컴퓨터 과학 인공지능 연구소CSAIL는 「로터리 티켓 가설」 이라는 논문을 발표했다. 최근의 초거대 인공지능 학습의 기본 알 고리즘은 빈칸 채우기 게임이다. 특정 단어들 사이의 단어 하나를 삭제하고 이 자리에 적합한 단어를 찾아낼 최적의 파라미터값을 정하는 것이다. 예를 들어 GPT-3를 학습한다고 한다면 1750억 개 의 파라미터를 끊임없이 조절하고 아주 조금씩 신중하게 갱신하 면서 각 파라미터의 최적값을 찾아간다.

그렇다면 학습을 수행하기 전 1750억 개 파라미터들의 초기 값은 얼마로 설정해 놓고 시작하는 게 좋을까? 놀랍게도 초기값 을 어떻게 설정하든 최종 학습 결과는 별다른 차이가 없다. 초기 파라미터의 시작값이 얼마이든 학습을 거치고 난 모델의 정확도 에는 별 차이가 없었던 것이다. 인간에 비유하면 공부를 하기 전 두뇌가 어떤 상태이든 공부를 많이 하면 모두가 비슷한 수준으로 똑똑해진다는 것이다.

연구팀은 또 하나 신기한 점을 발견했다. 학습을 하고 나면 1750억 개의 파라미터는 각각 고유의 값을 갖게 되는데 이 중 정 확한 답을 찾아내는 데 유의미한 영향을 미치는 파라미터는 10 억 여개의 불과하다는 점이다. 예를 들어 어떤 행렬의 특정 파라 미터값이 0.0001쯤 된다고 가정해 보면 이 값이 실제 모델의 결 과에 미치는 영향은 거의 없다. 나머지 1740억 개의 파라미터가 없어도(즉 0의 값을 가진다고 하더라도) 최종 모델 결괏값에 별다른 영 향을 미치지 않는다는 것이다. MIT 인공지능 연구소는 답을 찾아내는 실질적인 능력을 가진 10억 개의 파라미터를 '로터리', 즉 복권이라고 불렀다.

그렇다면 이런 고민이 든다. '어차피 10억 개의 파리미터만 학습을 시키면 되는데 뭐하러 1750억 개 모두를 학습시켰을까? 유의미한 10억 개의 파라미터가 뭔지 알 수 있다면 그것만 학습시키면 되지 않을까?' 훨씬 효율적인 거대모델을 만들 수 있는 실마리를 발견한 것이다.

하지만 아무리 연구를 해봐도 학습을 수행시키기 이전까지는 유의미한 10억 개의 파라미터가 무엇인지 찾아낼 방법이 없었다. 1750억 개의 파라미터를 학습시키면 항상 10억 개만 유의미한 파라미터가 된다. 하지만 그 10억 개가 무엇인지 알 수 없으니 1750억 개를 다 학습시킬 수밖에 없다. 1750억 장의 복권을 모두 긁고 나면 10억 장의 당첨 복권을 알 수 있지만 1750억 장을 모두 긁어 보기 전에는 당첨될 10억 장을 알 수 없는 것과 마찬가지다. 실마리는 찾았지만 이러한 관찰 결과를 통해 거대모델을 효율적으로 학습시킬 방법은 찾을 수 없었다. 다만 학습을 마치고 난 모델을 이용해 추론을 할 때는 압축을 통해 효율성을 높일 여지가 있다는 점을 발견한 것이다.

딥러닝 모델의 사이즈가 지나치게 크다는 지적은 딥러닝에 대한 개념이 만들어진 1980년대에도 존재했다. 당시에는 지금

보다 훨씬 적은 컴퓨팅 리소스만이 존재했기 때문에 모델을 줄여
야 할 필요성은 더욱 컸다. 그래서 가지치기와 같은 모델 압축 방
법을 통해서 모델의 사이즈를 줄이려는 노력이 있었다.

2012년에 알렉스넷, 2016년에는 알파고가 딥러닝 바람을
다시 불러 일으킨 시점에도 모델을 작게 만들어서 더 빠르게, 혹

이름	장점	연산 횟수 감소	효율적인 연산기 사용
저계수 근사 (Low-rank Approximation)	행렬 연산을 Low-rank의 행렬 연산 두 개로 분할하여 연산 횟수를 줄임.	O	
구조적 가지치기 (Structured Pruning)	행렬 연산의 Channel이나 dimension 을 구조적으로 제거함으로써 연산 횟 수를 줄임.	O	
지식 증류 (Knowledge Distillation)	큰 모델의 추론결괏값들을 이용하여 작은 모델을 효율적으로 학습시키는 기술.	O	
가중치 입력값 양자화 (Low-precision Inference [Weight-Activation Quantization])	더 적은 bit-width를 사용하는 data format을 사용하여 연산을 함으로써 더 적은 면적을 가지는 연산기를 사용. 즉, 더 빠르게 저전력으로 더 많은 연 산기를 동시에 사용할수 있음.		O
비구조적 가지치기 (Unstructured Pruning)	파라미터를 개별적으로 제거함으로써 연산 횟수를 줄이고 메모리 이득을 취함.	O	
가중치 양자화 (Weight-only quantization)	파라미터 (Weight)에 더 적은 비트(bit) 수를 할당하여 메모리 이득을 취함.		△

* 모델 압축 기술의 종류

은 더 적은 리소스만을 사용해 추론하고자 하는 노력들이 있었다. 특히 충분한 인프라가 갖춰진 데이터센터가 아니라 사람들이 사용하는 스마트폰, PC 등의 디바이스에서 바로 인공지능 데이터 처리를 할 수 있는 온디바이스 AI를 실현하기 위해 많은 경량화 연구들이 이루어졌다.

데이터센터 용도의 거대 시스템이 아니라, 스마트폰, PC 등 사람들이 사용하는 개인적인 디바이스에서도 딥러닝 모델을 실행하기 위해서는 훨씬 작은 메모리 용량, 메모리 속도, 컴퓨팅 속도, 전력 공급 제한이라는 제약 사항을 고려해야 한다.

모델을 압축하는 가장 중요한 목적은 메모리의 효율적 사용이다. 모델 사이즈가 너무 커서 메모리에 한 번에 담지 못하면 외부 저장 장치에서 데이터를 가져와야 하기 때문에 AI 모델이 지나치게 느리거나 비효율적으로 동작할 수 있다. 압축 기술은 메모리 이득 외에도 연산 횟수 자체를 줄이거나, 연산 회로의 크기, 전력 소모, 연산 수행 시간 등을 줄여 효율적인 컴퓨팅 유닛(연산기)을 사용한다는 장점이 있다. 모델 압축 기술 방식들이 앞의 표와 같이 다양하게 연구되어 오고 있으며, 그간 다양한 모델 최적화에 적용되어 왔다.

하지만 경량화 기술들이 모든 AI 모델 효율화에 유효한 것은 아니다. 모든 모델 압축 기술들은 두 가지 질문을 통과해야 한다. 첫 번째 질문은 압축을 했을 때 모델 정확도가 어느 정도 유지될 수 있는가 하는 점이다. 압축을 했더니 엉뚱한 답만 내놓거나 답변의 퀄리티가 떨어지면 제대로 된 압축이라 할 수 없다.

두 번째 질문은 모델 압축을 통해 실제 AI 서비스 효율, 특히 비용이 개선될 수 있는가 하는 점이다. 압축을 하면 처리해야 할 데이터의 규모가 줄어들지만 그렇다고 해서 데이터 처리가 무조건 함께 빨라지는 것은 아닐 수 있다. 예를 들어 압축을 해서 데이터 전송은 빨라졌는데, 연산을 수행하기 직전 데이터 압축을 푸는 데 시간이 더 오래 걸린다면 압축을 안 하느니만 못하다. 압축을 풀기 위한 별도의 거대하고 복잡한 회로가 필요해지는 심각한 비효율이 발생할 수도 있다.

데이터 비트수를 줄이는
양자화

　이번 장에서는 대표적인 압축 기술 두 가지에 대해서 알아보자. 첫 번째로 데이터 양자화^{Quantization}가 있다. 예를 들어 '4-bit 양자화'라 하면 본래 더 높은 비트^{bit} 수로 이뤄진 데이터, 예를 들면 16비트 데이터를 4비트로 압축하는 방식이다. 16비트 데이터를 4비트로 압축하면 데이터량이 4분의 1이 되고 저장 공간도 4분의 1만 있으면 된다. 연산기 구조도 간단해져 처리 속도가 빨라질 수 있는 근거가 된다.

　비트수가 가지는 의미를 살펴보자. 우선, 비트수가 높을수록 더 넓은 범위의 값을 더 자세하게 표현할 수 있다. 자연수로 생각해 보면 두 자릿수는 10의 2승, 0~99까지 표현할 수 있고 세 자릿수는 10의 3승, 0~999까지 표현할 수 있다. 4승은 0~9999까지 표현할 수 있다. 16비트의 2진수 파라미터는 2의 16승, 6만

5536개의 표현을 할 수 있다(다만 실제 딥러닝에서는 부동소수점연산을 사용하기 때문에 더 넓고 복잡한 범위를 표현한다). 4비트를 사용할 경우 2진수를 사용하기 때문에 각각의 파라미터는 2의 4승, 16개의 다른 숫자들을 표현할 수 있다. 이렇게 비트수가 높을수록 더 많은 범위를 세밀하게 표현할 수 있다.

학습은 많은 비트수를 요구한다. 요즘 가장 많이 쓰이는 학습 알고리즘 연산에 필요한 비트수는 16개다. 정확히는 BF16이라는 데이터 형식을 사용한다. 학습에 많은 비트를 사용하는 이유는 매우 큰 값부터 매우 작은 값까지 세밀한 표현을 해줘야 하기 때문이다. 학습은 계속해서 파라미터값을 바꿔가며 최적의 파라미터값을 찾는 과정이다. 아주 작은 양의 파라미터 업데이트도 학습 과정에 반영할 수 있어야 더 정확한 최종값을 얻을 수 있다.

즉, 수없이 많은 데이터를 학습하는 과정에서 발생할 수 있는 정보를 꼼꼼하게 기록해 둬야 한다. 조금씩 조금씩 값이 업데이트 되는 과정 자체가 모델의 완성도를 높여주기 때문이다. 작은 변화를 세밀하게 기록하는, 이른바 고정밀 훈련High-precision Training 이 필요하다. 그래서 표현 범위가 비교적 넓은 16비트로 학습을 수행한다. 학습 과정에서 파라미터를 압축하면 데이터 처리 속도는 빨라지지만 학습 결과의 질을 해칠 수 있다. 때문에 학습에는 적은 비트를 파라미터에 할당하는 저정밀 훈련 방식은 많은 리스크를 가지고 있다. 오늘날 기준으로 BF16 기반 학습이 사실상의 표준으로 간주된다.

반면 학습을 마치고 파라미터값이 고정된 상태에서 이뤄지는 추론을 할 때는 공격적인 양자화가 가능하다. 학습은 파라미터의 변화값을 모두 세세하게 기록해야 하지만 추론은 이미 파라미터값이 고정된 다음이기 때문에 파라미터의 변화값을 기록할 필요가 처음부터 존재하지 않는다. 따라서 추론을 할 때는 학습에 비해 훨씬 더 낮은 비트로도 충분하다.

이때 정확도에 큰 영향 없이 추론에 필요한 파라미터의 비트수를 양자화를 통해 낮출 수 있을지가 꽤 오랫동안 많은 사람들의 관심사였다. 2016년부터 1비트만 가지고도 추론을 할 수 있지 않을까 같은 질문을 하는 도전적인 연구들이 많았다. 생각해보면 우리 뇌의 뉴런Neuron은 활성화된 상태와 그렇지 않은 상태로 단순하게 동작한다. 디지털로 이야기하면 1과 0으로 표현할 수 있다는 의미가 된다. 자연의 모든 형상을 그대로 따와서 컴퓨터를 만드는 것은 아니지만, 이런 뇌 구조에 영감을 받아서 모든 파라미터를 0과 1로 표현하거나 혹은 굉장히 적은 비트수만을 추론에 적용하고자 하는 시도를 많이 해 왔다. 학습에서 얻어진 16비트를 1비트로 줄여 높은 추론 정확도를 확보할 수 있다면 인공지능은 혁명적인 전기를 맞았을 것이다. 하지만 1비트만으로 추론 정확도를 16비트 추론의 경우만큼 만족시킬 수 있는 방식은 특정 모델과 데이터에 대해 연구 수준에서는 존재하지만 상업적 용도를 만족하는 수준까지는 아직 도달하지 못했다고 봐야 한다.

일단 1비트로 압축하는 방식은 앞서 설명한 압축의 첫 번째 조건, 압축을 하더라도 모델 정확도가 유지돼야 한다는 조건을 충족하지 못한다. 그리고 압축은 정확도를 잘 유지하는 것도 중요하지만 압축의 결과를 연산 효율로 이어지게 하기 위한 하드웨어, 소프트웨어 솔루션이 필요하다. 압축된 모델을 빠르게 실행할 연산기가 없다면 압축을 해서 얻는 이득이 없다.

16비트 파라미터를 4비트로 압축했다고 가정해 보자. 인공지능 연산은 입력값과 파라미터값(가중치)의 곱셈, 덧셈으로 이뤄진다. 사용자가 질문을 하면 그 입력값은 순차적으로 파라미터값들을 만나 함께 연산에 이용된다. 입력값이 첫 번째 파라미터를 만나 연산을 하고 나면 결괏값이 나오고, 그 결괏값은 두 번째 파라미터의 입력값이 되어 연산이 된다. 이처럼 초거대언어모델은 입력값과 파라미터값의 반복적인 연산으로 진행이 된다. 압축을 할 때 입력값과 모델 파라미터값 중 파라미터값만 압축을 하는 경우를 '가중치 양자화Weight-only Quantization'라고 부른다. 16비트로 만들어진 가중치가 4비트로 4분의 1이 되기 때문에 훨씬 빠른 속도로 데이터를 전송할 수 있고 메모리 부담도 덜 수 있다. 또한 최근 초거대언어모델에서 파라미터가 입력에 비해 훨씬 더 많은 메모리를 사용한다는 점에서도 이 압축 방식은 효과적이다.

문제는 4비트로 압축된 파라미터값과 16비트로 이뤄진 입력값 형식이 서로 달라 바로 연산에 두 개의 값을 직접 사용할 수 없다는 점이다. 연산을 하려면 4비트로 압축된 파라미터값을 다시 16비트로 원상복구 시켜야 한다. 4비트로 압축된 파라미터값을 다시 16비트로 복원하는 데에도 시간이 걸린다. 가중치 압축 방식을 사용하면 데이터 전송 속도가 빨라지지만 압축된 전송 데이터의 압축을 푸는 과정에서 새로운 병목 현상이 발생한다. 압축을 푸는 속도가 연산에 비해 느리면 압축의 효과가 없다. 압축의 두 번째 조건, 압축이 실질적인 연산 효율을 높여야 한다는 조건을 충족하지 못한다. 그래서 파라미터 가중치만 압축하는 가중치 양자화보다 파라미터값과 입력값을 모두 압축하는 '가중치-입력값 양자화Weight-Activation Quantization' 기술이 더 많이 사용되어 왔다. 입력값은 입력에 따라 달라지는 값들 모두를 의미한다.*

'가중치-입력값 양자화'는 딥러닝 연산이 이루어지는 두 개의 값, 모델 파라미터값Weight과 입력값Activation을 모두 양자화하는 기술이다. 주로 INT8 혹은 INT4 연산기가 쓰여 왔고 최근 FP8도 급격하게 인기 추세이다. INT4는 4비트(0.5바이트), INT8은 8비트(1바이트) 정수형 데이터를 표현하는 자료형으로 프로그래밍 언어에서 숫자값을 다룰 때 사용된다. INT8/INT4는 특히 부동소수점 표현 없이 정수 표현만을 하기 때문에 작고 빠른 저전력의 연산기를 만들 수 있다. 흔히 모바일 NPU라고 불리는 작

---

* 모델 연산 수행 과정에서 보면 입력값은 그 자체로 처음 주어지고 그 이후에는 파라미터를 활성화시켜 얻어지는 결괏값들로 구성되기 때문에 '활성화값'이라고 표현하는 것이 더 정확하다. 그 결괏값은 다음 파라미터에 입력값이 되기 때문에 독자들이 좀 더 직관적으로 이해할 수 있도록 '입력값'이라는 표현을 쓰도록 하겠다.

은 AI 가속기에서 이런 연산기를 채택하고 있는 경우가 많고 최신 GPU에서도 이러한 경량화된 연산기를 많이 채택한다. 예를 들어 엔비디아 A100 GPU를 사용하여 초거대언어모델 추론을 할 때 가중치와 입력값을 모두 8비트로 압축해 INT8 연산을 사용하면 FP16(혹은 BF16) 연산에 비해 최대 1.5배 빠르게 결과를 얻을 수 있다.

그런데 '가중치-입력값 양자화' 방식에도 문제가 있다. 반드시 '입력값'을 압축해야 한다는 당연한 전제 조건 자체가 문제다. 파라미터 가중치는 학습을 마치고 나면 변하지 않는다. 그런데 입력값은 사용자가 제공한 입력이 파라미터들을 만나 연산된 각종 중간 결괏값이다. 그렇기 때문에 입력값은 새로운 입력이 주어질 때마다 다르고 따라서 연산을 거칠 때마다 변한다. 양자화 압축을 성공적으로 수행하기 위해서는 양자화될 값들의 통계적 특성을 사전에 예측할 수 있어야 하는 것이 원칙이다. 그런데 계속 변하는 값들인 입력값을 양자화하는 것은 매우 어려운 작업이다. 양자화를 수행해야 할 개발자가 입력값들을 미리 예측하는 것도 불가능하다. 그래서 입력값을 양자화할 때는 부정확하고 불확실한 예측들에 의존할 수 밖에 없고, 이로 인해 양자화 수행후의 모델 정확도를 예측하기 상당히 어렵다. 그나마 가장 많이 사용되는 INT8 양자화, 즉 가중치와 입력값을 모두 8비트로 양자화하는 기술조차도 초거대언어모델의 성능을 크게 떨어뜨릴 때가 있다. 모델이 커질수록 입력값의 변화나 표현 범위가 더 커지기 때문이기도 하다.

당연히 4비트 양자화는 더욱 어렵다. 4비트로 파라미터와 입력값을 압축해서 연산하는 INT4 연산기^{Weight 4bit, Activation 4bit}도 많은 GPU와 NPU에서 이미 사용할 수 있기는 하다. 하지만 일부 벤치마크용 비전 모델을 제외하면 실제 산업계에서의 적용 사례가 아직까지 거의 없다. 가중치와 입력값을 모두 압축하는 양자화는 연산 효율성을 높일 수는 있지만 '압축을 해도 모델의 정확도를 유지해야 한다'는 첫 번째 조건을 충족하지 못한다.

다시 돌아오자. 16비트로 학습된 초거대언어모델을 8비트 혹은 4비트로 압축할 수 있으면 추론 과정의 수행 속도, 용량, 전력 사용량 등 모든 측면에서 이롭다. 하지만 가중치만 압축하면 연산을 하기 위해 압축을 푸는 데 시간이 더 오래 걸리고 가중치와 입력값을 모두 압축하면 모델 정확도를 담보할 수 없다. 네이버팀은 이런 딜레마 상황에서 입력값은 16비트로 내버려두고 가중치만 공격적으로 압축하는 '가중치 양자화'가 초거대언어모델 추론에 적합하다고 판단하고 있다. 대신, 이때 압축된 가중치의 압축을 푸는 과정에서 발생하는 비효율을 개선할 수 있는 하드웨어가 반드시 필요하다고 제안하는 바다. 이는 뒷부분에 기술하도록 하겠다.

불필요한 파라미터를 제거하는 가지치기

38

처음 딥러닝의 개념이 제안된 이후로 많은 연구자들이 집중해 온 압축 방법으로 가지치기 방식, 전문 용어로 푸르닝이 있다. 양자화가 모든 연산 과정에 적용되는 파라미터 비트수의 폭$^{bit-width}$을 일정 비율로 줄이는 방식이라고 한다면, 가지치기는 파라미터 제거 방식이라고 할 수 있다. 100개 파라미터 중 50개를 0으로 만들어 버리면, 쓸모 없는 파라미터를 아예 제거해 버릴 수 있기 때문에 모델의 크기는 절반이 된다. 학습이 완료된 후 0으로 만들어도 되는 파라미터가 매우 많이 존재한다는 건 앞서 설명한 '로터리 티켓 가설'을 통해 확인이 됐다. 심지어 불필요한 파라미터를 제거하면 정확도 상승에 도움이 되기도 한다. GPU 연산기가 10개가 있고 메모리에서 온 데이터가 1000개가 있으면 각 GPU가 100개씩 나눠 연산을 한다. 가지치기를 통해 데이터

AI 반도체 혁명

를 500개로 줄이면 10개의 연산기가 50개씩만 처리하면 된다. 단순히 보면 추론 속도가 두 배가 된다.

문제는 여러 연산기들이 나눠서 계산을 해야 하는 '병렬적'인 상황에서, 연산기 모두가 동시에 빨리 끝나도록 파라미터들을 잘 분배할 수 있도록 하는 가지치기 방식이 만들기가 매우 어렵다는 점이다. 100개의 파라미터를 묶은 묶음이 4개 있다고 하자. 각 묶음에서 가지치기를 했더니 첫 번째 묶음에는 12개의 파라미터가 남았고, 두 번째는 35개, 세 번째는 67개가 남았다. GPU를 비롯해 병렬 처리를 하는 반도체들은 일정하게 묶은 데이터들을 한꺼번에 처리할 수 있다는 강점이 있다. 그런데 가지치기 결과가 각각의 GPU에서 균일하게 나오지 않았다. 즉, 어떤 GPU는 12개를 처리하는데 다른 GPU는 67개를 처리해야 한다.

각각의 GPU가 나눠 받은 데이터들을 처리하면 다음 연산을 위해 해당 결괏값들을 한 곳에 모아야 한다. 12개를 처리한 GPU는 빨리 처리를 했지만 그 GPU는 67개의 처리를 담당한 GPU가 모든 연산을 끝낼 때까지 함께 기다려야 한다. 이렇게 되면 해당 GPU와 연결된 값비싼 HBM 메모리도 함께 놀고 있어야 한다. GPU는 모든 연산기와 메모리가 균일하게 작업을 한다는 걸 기준으로 병렬 연산에 특화된 반도체다. 압축의 결과물이 뭉치마다 균일하지 않은 가지치기와는 궁합이 안 맞는다.

문제는 여기에서 그치지 않는다. 12개면 12개, 67개면 67개. 각 100개 크기의 블록마다 몇 개가 살아남았는지도 점검을 해서 기록해 놓아야 한다. 관리가 복잡해진다. 몇 개씩 가지치기를 했는지 기록하고 감독하는 관리를 하느라 또 다른 리소스가 들어간다. 가지치기의 경우 전체 압축률이 90%에 달하더라도 압축을 안 한 것보다 더 느린 경우가 허다하다. 아무리 그래도 압축인데 압축하기 전보다 더 느려질 수 있다는 점이 믿기지 않는다. 예측이 어려운 AI 모델의 특성도 영향을 미친다. 제대로 가지치기를 하려면 영향력이 큰 파라미터, 영향력이 큰 블록이 살아남아야 한다. 그런데 AI 모델이 워낙 예측이 안 되다 보니 살아남아야 할 블록과 없애도 되는 블록을 매우 정확하게 가늠하기가 어렵다. 최악의 경우 정확도에 영향력이 거의 없는 블록만 90% 이상 남는 상황도 얼마든지 나올 수 있다. 극소수의 나쁜 블록이 전체 성능을 죄다 잡아먹는 일이 다반사로 발생한다.

　　필요한 부분을 골라 각각의 파라미터 단위로 잘라내는 압축 방식을 비구조적 가지치기Unstructured Pruning 혹은 세분화된 가지치기Fine-grained Pruning라고 부른다. 압축된 모델의 정확도를 고려하면 필요한 부분만 골라 잘라내는 이런 방식이 좋다. 하지만 앞서 설명처럼 가지치기 결과물이 불균일해서 연산 속도가 느려지는 등의 비효율이 발생할 수 있다. 그렇다면 뭘 뺄지를 정하지 말고 얼마나 뺄지를 기준으로 가지치기를 해보자. 이를 구조적 가지치기Structured Pruning라고 한다. 100개 중에 일괄적으로 50개면 50개, 60개면 60개를 빼는 방법이다. 그러면 결과물의 형태가 일정해 병렬형 데이터를 처리하는 데 유리한 GPU가 연산을 하기 좋다. 하지만 이 경우에도 영향력이 큰 블록을 많이 제거한다거나, 파라미터를 제거한 수량 자체가 너무 많은 경우 모델의 정확도가 떨어진다는 단점이 있다.

구조적 가지치기는 압축의 두 번째 조건, 서비스 효율성을 높이는 측면에서는 맞지만 첫 번째 조건, 모델 정확도를 떨어뜨리면 안된다는 측면은 충족하기 어렵다. 모델 정확도를 떨어뜨리지 않기 위해서 결국 굉장히 낮은 압축률을 보일 수밖에 없는데, 이런 이유로 구조적 가지치기는 실제 현업에서 의미 있게 사용되지 못하고 있다. 언젠가 AI 모델을 압축하는 데 상업적으로 가지치기 방법이 적용된다면 그것은 비구조적 가지치기일 가능성이 높다. 특히 모델 사이즈가 점점 커지고 있는 초거대언어모델에서 더욱 그렇다. 이때도 반드시 비구조적인 형태의 희소 모델Sparse Model을 가속할 수 있는 새로운 모델 실행 방법이 필요하다.

AI
CHIP
REVOLUTION

8부

네이버는
왜 반도체를
직접 만들어야 할까

경량화-하드웨어 딜레마에 대한
네이버의 솔루션

네이버 반도체팀은 압축을 하면 병렬성이 깨져 연산 효율이 떨어진다는 점을 개선하기 위해 비구조적 가지치기^{Pruning} 압축을 진행한 뒤 통신 기술을 활용해 전체 파라미터를 암호화^{Encryption}하는 기술을 오랫동안 연구했다. 일반적인 용어로 암호화는 허락받지 못한 사람은 알아볼 수 없게 데이터를 재구성/재구조화하는 것인데 여기서 경량화를 위한 암호화는 그런 의미가 아니다. 여기서 암호화는 일정한 규칙에 따라 원래 데이터를 다른 방식으로 표현하는 기술을 말한다.*

병렬 처리에 특화된 GPU의 성능을 최대한 끌어내기 위해서

---

* 암호화(Encryption) 대신 인코딩(Encoding)이라고 이해해도 좋다

는 각 뭉치별 데이터의 형태, 특히 크기가 균일해야 한다. 정해진 규칙에 따른 데이터 형태 전환을 통해 대부분 블록에서 살아남은 파라미터 개수가 통일되도록 하는 암호화를 진행했다. 블록마다 살아남은 파라미터 개수가 균일하기 때문에 관리의 복잡성이 상당히 해소된다. 그렇게 압축을 하면 압축률에 비례해서 추론에 이용된 GPU의 성능이 개선되는 효과를 볼 수 있다.

양자화도 마찬가지다. 트랜스포머 같은 모델이 등장하면서 입력값의 압축이 굉장히 어려워졌다. 초거대언어모델에서는 입력값의 특성상 통계적 예측이 쉽지 않다. 입력값이 아래층에서는 잠잠하다가 위층으로 가면서 특정 파라미터를 거치면 평소보다 2만 배 더 큰 숫자가 중간 계산 결과물로 튀어나오기도 한다. 비선형 수식을 지나가면서 입력값의 범위가 크게 불균일해지는 등의 문제로 인해 입력값 압축은 매우 어렵다. 그래서 파라미터값, 가중치만 압축하는 가중치 양자화weight-only quantization 방식을 채택했다.

메모리에 저장해야 하는 가중치만이라도 잘 줄이면 메모리 대역폭을 몇 배는 더 잘 쓸 수 있고 메모리 용량도 훨씬 효율적으로 쓸 수 있다. 특히 값비싼 HBM의 필요성을 낮출 수 있게 된다. 가중치와 입력값을 함께 읽어 연산해야 하는데 가중치만 압축을 하면 연산의 입력과 형식이 맞지 않아 연산에 장애가 생기는 점은 여전히 남는다. 가중치 압축을 푸는 과정을 거쳐야 한다는 것이다.

배치 사이즈가 커질수록 가중치 압축을 푸는 과정이 더 복잡

AI 반도체 혁명

해지고, 결과적으로 압축을 안 한 것보다 더 느려진다. AI 모델을 양자화를 할 때는 가중치만 양자화를 하는 것이 월등히 좋은데, 하드웨어적인 측면에서 보면 가중치와 입력값을 같이 압축하는 게 좋다. 같은 형식으로 압축을 하면 압축을 풀지 않고 연산을 할 수 있고, 연산기의 구조도 간단해진다. 하지만 입력값을 압축하면 소프트웨어적으로는 부담이 된다. 통상적으로 반도체 엔지니어는 파라미터와 입력값을 모두 압축하는 형식을 선호하고 AI 개발자나 소프트웨어 엔지니어는 가중치만 압축을 하는 형식을 선호한다. 어떤 변수가 생길지 모르는 입력값을 압축했다 풀었다 하면 모델을 뜯어 고쳐야 하고, 정확도의 하락도 감수해야 하기 때문이다. 서비스 방식도 굉장히 복잡해진다. 이렇게 AI 서비스 엔지니어와 반도체 하드웨어 엔지니어가 보는 좋은 압축의 개념이 다르다.

패러다임 전환기에는 혁신적 사고가 필요하다. 일반적으로 알고리즘은 주어진 하드웨어 환경을 고려하여 최적화되고 만들어진다. 일반적인 상황에서는 특정 인기 있는 플랫폼의 하드웨어를 기반으로 수많은 소프트웨어 레이어들이 차곡차곡 만들어져 생태계를 형성하고 있다. 소프트웨어를 운영하기에 하드웨어가 마음에 안 든다고 자기만의 소프트웨어의 최적화된 하드웨어를 만들면 거대한 생태계와 동떨어져 갈라파고스화될 수 있다. 그러다 보니 AI 알고리즘 학계에서는 잘 알려진 압축 알고리즘이라 하더라도 상용화되지 못하는 경우가 많다.

이에 네이버팀은 반도체에 대한 발상 자체를 바꿨다. AI 반도체는 아직 시작도 제대로 안 한 산업이다. 그래픽 처리에 사용하던 GPU의 연산 처리 방식이 AI 연산에 잘 맞아 GPU가 시장을 독점하고 있지만 완벽하다고는 할 수 없다. 그래서 네이버팀은 진정한 의미에서 AI 연산에 최적화된 반도체를 만들어야 한다고 생각한다. 그 말인 즉슨 AI 모델의 미래를 예측하고, AI 모델에 필요한 연산들에 집중하여 최적화한 하드웨어를 기획해야 한다는 것이다.

인공지능은 막대한 행렬곱으로 이뤄지며, 불필요한 파라미터가 많이 존재하는 특유의 형태 때문에 압축을 해서 얻을 수 있는 연산 이득이 크다. 다만 기존 하드웨어 방식으로는 압축을 했을 때 하드웨어가 압축 방법과 어울리지 않는 경우가 많기 때문에 압축률만큼 이득을 볼 수가 없다. 그래서 경량화 알고리즘에 적합한 하드웨어를 새로 만들어야 한다.

현재 AI 서비스 업체들은 기존의 반도체 업체로부터 반도체를 구매하지만, 해당 반도체에서 사용할 수 있는 경량화 기법이 AI 서비스 회사의 모델과 어울리지 않는 경우가 대부분이다. AI 반도체가 여전히 수십년 동안 검증 받아온 기존의 부동소수점 연산 방법과 메모리 저장 방식에 의존하고 있고, 이에 따라 적용가능한 AI 알고리즘의 선택 폭이 크게 제한되어 왔다.

AI의 최근 경량화 트렌드와 서비스 요구에 맞춤형으로 AI 반도체를 기초부터 제대로 설계할 수 있다면, 이를 기반으로 적용

AI 반도체 혁명

대상인 AI 모델과 그에 적합한 반도체를 함께 고민하여 솔루션을 만드는 것이 최선이다.

네이버가 구상한 반도체는 AI 알고리즘 경량화에서 가장 필요한 비구조적 가지치기unstructured pruning와 가중치 양자화weight-only quantization를 강력하게 지원하는 방식이다. 실제로 AI 초거대언어 모델을 만들고 서비스를 운영해 보면 연구 수준에서 진행된 각종 AI 알고리즘들에서 진짜 필요한 요소와 그렇지 않은 요소가 구분된다. 구조적 가지치기Structured Pruning나 가중치−입력값 양자화 Weight-Activation Quantization는 모델의 정확성을 너무 떨어뜨린다. 그래서 품질을 유지하면서 경량화를 수행할 수 있는 비구조적 가지치기와 가중치 양자화를 집중적으로 지원하는 반도체를 구상하고 있다.

기존의 GPU나 AI 반도체에서 가중치 양자화를 적용하는 경우, 압축된 가중치를 다시 풀어서 입력값과 연산해야 하기 때문에 굉장히 비효율적으로 동작한다. 때문에 압축된 가중치와 압축되지 않은 입력값이 그대로 연산되도록 하는 효율적인 회로를 설계해야 한다고 생각한다. 이에 가중치 복원에 필요한 복잡한 회로나 알고리즘도 필요 없고 연산기도 극단적으로 단순화하는 방법을 발견했으며, 계속해서 연구 및 발전시키고 있다. 부동소수점 연산장치FPU 같이 수십 년간 반도체 업계에서 사용된 근본 연산기도 AI에 맞게 변화하는 것이 필요하다.

일반적인 상황에서는 하드웨어 설계자와 서비스 제공자가 서로 소통할 일이 별로 없다. 기존의 반도체 산업에서는 근간이 되는 하드웨어 기반이 표준 규격 등을 통해 정해져 있기 때문에 각자 자기 맡은 분야의 임무를 집중적으로 수행해야 한다. 하지만 반도체의 근간이 달라지는 AI 시대에서는 이야기가 다르다. 최종 AI 서비스에 필요한 역량에 맞춰 AI 하드웨어 연산기를 바꿀 수 있는 시점이다.

이에 가장 먼 거리에 서로 떨어져 있던 연산기 회로 설계자와 AI 경량화 소프트웨어 엔지니어가 함께 고민을 하면서 새로운 하드웨어 구조를 구상해야 한다. 연산기 회로 설계자는 하드웨어 중에서도 가장 낮은 레이어를 다루는 사람이다. AI 경량화 소프트웨어 엔지니어는 AI 관련 소프트웨어 중에서도 특정 기능을 전문적으로 다룬다. 두 직종은 만날 일이 좀처럼 없고 협업을 하는 경우도 더더욱 드물다.

두 직종 사이에는 수많은 중간 직종들이 존재하기 때문에 서로 의견을 나누고자 할 때 접점을 찾기 어렵다. 서비스 제공자는 더 빠른 데이터 처리를 위해 압축을 하기 바란다. AI 압축 알고리즘 엔지니어는 모델 정확도에 영향을 주지 않고 압축률을 높이는 것이 목적이다. 그래서 그런 압축 방식을 잘 지원하는 하드웨어를 만들어달라고 제안한다. 그러면 하드웨어 설계자는 그런 방식은 하드웨어 친화적이지 않아 속도가 더 느려진다고 답한다. 대신 하드웨어에 더 최적화된 압축 알고리즘을 AI 압축 알고리즘 엔지니어들에게 제안하며 그런 알고리즘으로 AI 서비스를 개발해 보라고 회신한다.

대표적인 사례가 엔비디아의 2:4 sparsity 압축 기능이라고 생각한다. 가지치기는 엔비디아가 오랫동안 풀고 싶어했던 문제다. 가지치기를 통해 파라미터를 없애고 추론 성능 효율을 높이고 싶었던 엔비디아는 모델 정확도에서 크게 손해봐야 하는 구조적 가지치기와 가속이 되지 않는 비구조적 가지치기의 중간 개념으로 2:4 sparsity를 제안했다. 엔비디아는 암페어^{Ampere} 아키텍처(예를 들어 A100)와 호퍼^{Hopper} 아키텍처(예를 들어 H100)에서 핵심 경량화 기법으로 가지치기를 제안했다.

심지어 지금도 H100 성능을 나타내는 엔비디아 공식 홈페이지에서는 2:4 sparsity를 적용해 실행했을 때 성능을 H100의 기본 성능으로 홍보하고 있다. 2:4 sparsity는 4개의 파라미터 중 2개를 비우는 방식으로 연산 효율을 두 배 높이고, 파라미터 저장 개수를 절반으로 줄이는 기법이다. 연속된 파라미터 4개 중 2개를 빼기 때문에 하나의 채널이나 블록을 통째로 빼는 구조적인 가지치기보다는 효율적이긴 하다. 그런데 4개 파라미터마다 무조건 2개씩 빼는 것이 그리 쉬운 일은 아니다. 엔비디아는 암페어 아키텍처에 이 기능을 넣고, 2021년 당시 많이 쓰이던 모델들이 2:4 sparsity를 고려하여 학습을 수행해도 정확도가 잘 유지됨을 보여주었다.[•]

반도체를 만드는 입장에서 자신들의 반도체에 최적화된 경량화 방법을 제시했고 서비스 레벨에서도 그대로 동작이 원활히

• https://arxiv.org/abs/2104.08378

된다면 두말할 나위 없이 좋다. 그럼에도 불구하고 3년이 지난 지금까지도 이 방식으로 만든 서비스는 물론 의미 있는 초거대언어모델에서의 적용 사례도 나오지 않았다. 제안 초반 당시에 자주 쓰이던 모델들은 2:4 sparsity를 이용하여 학습하는 것이 가능했지만 초거대언어모델은 그 특성과 파라미터의 크기 때문에 4개의 파라미터마다 2개 파라미터를 없애는 방식의 구조적인 압축 기술이 적용되기 힘들다.

압축 방식을 선택함에 있어서 크게 고려해야 할 점 중 하나가 모델의 크기가 점점 커짐에 따라 압축률과 압축 성능이 더 효율적이어야 한다는 점인데 이 점에서 2:4 sparsity는 문제가 있다 (전문용어로는 확장성(scalability)을 갖추지 못했다고 한다).

앞서 설명했듯이 AI 학습을 마친 파라미터 중에는 불필요한 파라미터가 무척 많다. 그런데 AI 모델 파라미터의 중요성 관련 지표는 균일한 형태로 나타나지 않는다. 4개의 연속으로 중요한 파라미터들이 연이어 나올 수도 있고 4개 중에 중요한 파라미터가 하나도 없을 수도 있다. 4개 중 2개를 무조건 지우다가 극히 중요한 파라미터가 사라질 수도 있다. 2:4 sparsity를 적용하면 추론 속도는 빨라질 수 있지만 정확도가 떨어질 가능성이 높다.

하드웨어를 만드는 엔비디아는 본인들의 하드웨어에 최적화된 압축 알고리즘을 제안했다. 분명 연산 속도는 빠를 수 있다. 하

AI 반도체 혁명

지만 AI 서비스를 하는 업체들은 속도가 빨라도 정확성이 떨어지면 그 압축 방식을 쓸 수 없다. 압축 뒤 정확도가 떨어지거나 성능이 떨어지거나 둘 중 하나를 선택해야 하는 상황이라면 둘 중 어떤 것도 선택할 수 없다. 일단 모델의 정확도를 우선 살펴봐야 하는 상황에서는 압축을 포기하고 대규모 연산이 필요하지만 높은 정확도를 보이는 방법을 선택한다. 그리고 서비스 원가를 고려하며 대중적인 서비스를 제공할 때는 소비자들이 감내할 수 있는 수준으로 정확도를 낮추며 압축을 한다. 여러 AI 업체들이 마법과도 같은 높은 퀄리티의 AI 서비스를 보여주고 있지만 이러한 모델들이 실제 사람들이 대중적으로 활용하는 서비스로 나오지 못하는 경우도 많다. 경량화를 제대로 적용하지 못하다 보니 비용이 너무 높거나 속도가 느려지기 때문이다.

하지만 네이버팀이 지향하는 반도체가 실현되면 이론적으로 논문에서만 보던 압축률을 실제 하드웨어 성능으로 확인해 볼 수 있을 것이다. 연산 방식, 메모리 저장 방식 등 하드웨어의 근간이 되는 요소들을 AI 서비스를 수행해 가며 발견한 중요 근본 압축 알고리즘을 구동하기 위해 뜯어고쳤다. GPU에서는 90% 가지치기를 진행하면 속도가 오히려 20% 느려진다. 반면 네이버팀이 제안하는 방식의 AI 반도체는 90% 가지치기를 했을 때 속도가 80% 빨라진다. 양자화의 경우 50% 압축율에 도달하면 GPU에서는 오히려 속도가 50% 느려지는데, 네이버팀이 검증한 기술로는 2배 이상 빨라진다. 양자화와 가지치기를 동시에 적용해 효과를 중첩해서 볼 수도 있다.

우리에겐 최적화된
AI 반도체가 필요하다

과거 네이버클로바와 네이버클라우드는 일찍부터 엔비디아 AI 서버(SuperPod)를 구매하고 1000억 개가 훌쩍 넘는 파라미터를 가진 초거대언어모델을 학습시켜 왔다.* 이 과정에서 학습은 엔비디아 GPU를 활용할 수밖에 없지만 추론은 결국 추론형으로 최적화된 새로운 반도체가 필요할 것이라고 예상했다. 이에 엔비디아가 메가트론-LM이라는 학습용 프레임워크를 개발하고, 소수의 엔비디아 엔지니어들이 추론용 소프트웨어(예. 패스터 트랜스포머)를 시험 삼아 개발하던 2021년 하반기부터 네이버는 초거

---

* 2021년 하이퍼클로바(HyperCLOVA)를 처음 공개했으며, 이는 전 세계에서 세 번째로 발표된 초거대언어 모델이다.

대언어모델을 위한 본격적인 서비스 프레임워크를 개발해 왔다.

네이버클라우드는 자체 모델을 가지고 있기 때문에 모델을 직접 학습하며 최적화를 할 수 있었다. AI 모델 기획, 제작부터 서비스를 위한 최종 하드웨어 최적화까지 AI 기술의 모든 단계를 직접 다루는 풀스택^{Full-stack} 최적화를 통해 서비스의 비용과 퀄리티를 최적화할 수 있는 전 세계 몇 안되는 기업이다. 많은 기업들이 초거대언어모델을 이용해 돈을 벌고자 하지만 서비스에 대한 이해와 경험이 없거나 백본 모델을 직접 만들지 못하거나 관련 소프트웨어 최적화 능력이 없는 경우가 많다. 각 분야에서 능력 있는 엔지니어를 확보하고 충분한 경험과 인프라를 회사 내에 두고 모두가 깊이 있는 최고의 역량을 갖춰 수직적으로 쌓아올리는 것은 네이버와 같은 기업도 달성하기 쉬운 미션이 아니다.

사실 처음에는 초거대언어모델을 빠르게 처리해 소비자들에게 검색 포털과 같은 응답 시간을 제공하는 것이 필요하다고 생각했다. 하지만 앞서 서술했듯이 챗GPT의 등장과 함께 놀라운 성능과 대화하는 듯한 인터페이스가 사용자들에게 충분히 의미 있게 어필하는 모습을 보면서 즉각적인 응답 시간이라는 제약에서 벗어나 서비스를 실질적으로 제공할 수 있는, 즉 시간당 처리할 수 있는 데이터량^{throughput} 위주의 최적화를 진행해 오고 있다. 패스터 트랜스포머와 같이 오픈소스로 공개된 추론 프레임워크 소프트웨어의 개발·검증에 여러해 참여하고 있으며, 빅테크와 동등한 수준의 비용 최적화 기술을 확보하고 있다. 여기에 더해서 위에서 언급한 경량화 기술들을 비전, 음성, 언어 등의 다양한 딥러닝 모델에 적용한 경험을 가지고 있고 초거대언어모델에 대해서도 어떤 경량화 기술이 가장 적합한지 이해하고 있다.

직접 서비스와 모델을 만든다는 장점을 활용해 깊고 다양한 레벨의 최적화/경량화를 하고 있지만, 결국 사용할 수 있는 하드웨어 선택의 한계로 인해 최적화/경량화의 능력이 한정되고, 하드웨어 선택 당시 이미 비용과 서비스 퀄리티의 한계를 갖고 출발한다는 문제에 부딪히고 있다. 학습은 고정된 수의 GPU를 사용하기 때문에 A100/H100 등의 고성능 AI 반도체의 전력을 감당할 수 있고, 엔비디아 GPU의 성능을 충분히 활용할 수 있지만 추론은 그렇지 못하다. 서비스의 유저 수에 따라 매우 많은 수의 서비스 용량을 감당해야 할 수도 있어 오히려 학습용 GPU보다 훨씬 많은 GPU가 필요한 데다 초거대언어모델의 추론 서비스 특성 때문에 굉장히 비효율적이다.

초거대언어모델이라는 것의 동작이 워낙 단순하다 보니 하드웨어의 몇몇 스펙만 알 수 있으면 그 하드웨어로 낼 수 있는 최대 추론 성능을 어렵지 않게 추산할 수 있다. 연산기의 능력, 테라플롭스TFLOPS가 연산 병목에 해당하며 메모리 대역폭Memory bandwidth의 크기가 데이터 이동 병목에 해당한다. 병목에 해당하는 서비스 구간을 나눠서 병목 구간의 연산 특성과 해당 구간 필수 하드웨어의 역할을 토대로 추정하면 하드웨어 스펙만으로도 대략 최대 추론 성능을 추정할 수 있는 것이다. 여기에 데이터센터 운용 비용, 전력과 메모리 크기, 반도체간 연결 방법interconnection 등을 적용하면, 대략적인 총비용TCO 혹은 토큰당 원가를 유추할 수 있다.

AI 반도체 혁명

네이버는 이런 시각으로 오랫동안 추론에 사용할 새로운 AI 반도체를 찾아보려 했다. 하지만 많은 기업들이 모델의 사이즈가 지속적으로 커질 것에 대한 예측을 충분히 하지 않은 채로 AI 반도체를 개발하고 있었다. 작은 비전 모델을 타깃으로 하거나 기껏해야 1억 개 내외의 모델(BERT 등) 사이즈를 타깃으로 하고 있는 경우가 많았다. 초거대언어모델 분야에서 추론을 염두에 둔 AI 반도체는 준비가 되어 있지 않거나 관심이 없는 경우가 대부분이었다.

❖ ❖ ❖ ❖

2023년, 많은 기업들이 챗GPT의 성공을 목도하고 나서야 본격적으로 초거대언어모델에 대응하기 위한 AI 반도체를 개발하기 시작했다. 상용 AI 반도체 샘플 혹은 계획을 둘러보면서 네이버의 서비스 비용을 크게 낮춰줄 반도체가 시장에 당분간 없을 것이라는 것을 확인했고 엔비디아 A100보다 초거대언어모델 추론에서 효율적인 반도체 또한 존재하지 않는다는 것을 확인했다.

만약 더 효율적인 반도체가 존재한다면 쿠다를 비롯한 추론에 필요한 소프트웨어 생태계는 어떤 고생을 해서라도 자체 구현할 각오가 되어 있다. 하지만 소프트웨어 생태계나 사용성을 논하기 이전에 가장 기본적인 하드웨어 성능 자체가 초거대언어모델 추론 서비스에 적합한 것이 없었다. 생성Generation Decode 단계에서는 메모리 속도가 전부라고 해도 과언이 아니다. 아무리 연산기를 효율적으로 많이 넣는다고 하더라도 메모리 속도에 걸려서 속도를 높일 방법이 없다. 즉, 현존하는 가장 빠른 메모리는 HBM 이고, HBM에 특화된 설계를 가진 AI 반도체, 즉 A100과 H100 의 구조가 추론에도 최선이었다는 결론에 이르게 되었다.

하지만 엔비디아의 HBM 컨트롤 기술은 아무나 따라갈 수 있는 것이 아니다. 엔비디아는 HBM 컨트롤 기술을 외부에 공개 하지 않고 있고 그 정도 수준의 HBM 컨트롤 기술을 외부 고객 에게 제공해 줄 수 있는 기업도 없다. 브로드컴이 유일한 대안인 데 오늘날에는 그마저도 엔비디아 수준의 성능을 구현하지 못한 다. 안 그래도 엔비디아 밖에 없는데 챗GPT 이후로는 이마저 공 급이 부족 상황이다. 사실 서비스 비용 측면에서 보면 H100보 다 A100이 더 효율적인 AI 반도체임에도 불구하고 엔비디아는 A100을 단종시켰다.

네이버는 다른 기업이 만드는 솔루션들도 결국 이 범주를 벗어날 수 없다면 총비용을 낮추고 더 효율적인 서비스를 만들 기 위해 직접 반도체를 설계할 수밖에 없다는 결론에 도달했다. A100 이후에 소개된 엔비디아의 호퍼 아키텍쳐(H100/H200), 블 랙웰 아키텍쳐(B100/B200)이나 AMD의 MI250/MI300, 인텔 하 바나의 가우디-v2/v3를 보면서도 그 생각은 변하지 않았다. 진 정한 AI 서비스의 혁명은 이러한 반도체들과 함께 발생하기 어려 울 것이라고 생각한다.

❖ ❖ ❖ ❖ ❖

    폭발적으로 성장하지 않을 서비스를 세상에 내놓고 싶은 회사는 없다. 하버드 대학교의 기숙사에서 시작했던 페이스북도 서비스 요구량이 늘어나면 그 서버를 폭발적으로 늘려야 하는 것이 당연했다. 현재 초거대언어모델 서비스는 폭발적으로 늘어날 수 없다. HBM 때문에, 그 HBM을 인터포저로 연결하기 위해, 그리고 그 기술을 가지고 있는 회사들의 물량 제한 때문에 초거대언어모델 서비스의 확장은 제한이 있을 수밖에 없다. 유저들이 특정 서비스에 만족해 해당 서비스에 신규 유저들이 폭발적으로 유입이 되면 당장 다음주라도 서버를 늘려야 한다. 그런데 서버를 늘리는 데 아무리 빨라도 몇 달, 심지어 1년 이상 시간이 필요하다면, 또 인프라 설치를 위해 대규모 데이터센터를 더 지어야 할 정도라면 이런 서비스를 유지하는 것은 지속가능하지 않다.

    그래서 네이버팀이 생각한 첫 번째 핵심적인 도전은 HBM을 쓰지 않는 것이다. 현재 초거대언어모델을 운영하는 데 가장 치명적인 병목은 메모리 속도이고, 현재 가장 빠른 메모리는 HBM임이 명확하다. 가장 좋은 기술임은 분명하지만 비용을 낮추는 데 한계가 있고 무엇보다 전력을 많이 소모할 수밖에 없다. 대중적으로 사용할 인공지능 서비스를 구현하려면 HBM을 사용하지 않는 것이 가장 좋다고 생각한다. 그래서 일반적으로 가장 많이 사용하고 전력 소모가 적은, 전력 사용이 제한적인 모바일에서 사용하는 D램(LPDDR)을 사용하는 것이 최선이라고 여기고 있다.

책의 앞부분을 이해한 독자라면 당연히 이런 반론이 생길 수밖에 없다. '저전력 D램을 사용하면 전력 사용량 줄어드는 걸 누가 모르나. 속도가 안 나오니 그렇지.' 그래서 두 번째 도전이 바로 경량화를 통해 메모리 속도 문제를 극복하는 것이었다. 모델을 4배 압축할 수 있다면 압축 전과 비교해 4배 작은 모델의 파라미터만을 불러오면 될 것이고, 압축하지 않은 모델 대비 4배 빠른 메모리 속도를 얻는 것과 같은 효과를 가질 수 있다는 뜻이 된다. 만약 초당 500기가바이트의 속도를 가진 메모리에 4배 압축된 모델의 파라미터를 읽고 쓴다면, 사실상 압축하지 않은 모델을 초당 2테라바이트의 메모리 속도로 읽고 쓰는 것과 동등한 효과를 얻을 수 있다. A100이 초당 2.2테라바이트인 것을 고려하면 4배 압축 덕분에 초당 500기가바이트의 메모리로도 A100과 비슷한 속도로 초거대언어모델 추론을 할 수 있는 것이다.

하지만 모델 경량화 기법은 크게 두 가지 문제로 지금까지 상용화되지 못하고 있다. 첫째는 모델을 경량화하는 기술을 적용했을 때 정확도가 떨어질 수 있다는 점이고 둘째는 압축을 해도 실제 서비스 비용 효율이 높아지지 않는다는 점이다. 네이버클라우드는 모델을 직접 만들고 최적화하고 있다. 생성 모델의 정확도와 능력치가 어느 정도 수준이어야 하는지 정하는 것은 고객이다. 챗GPT가 월 20달러에 서비스 될 것이라고 예상한 사람은 많

AI 반도체 혁명

지 않았다. 초거대언어모델을 기반으로 한 초거대언어모델 서비스 사업은 정확도가 높다고 무조건 이기는 경주가 아니다. 아무리 정확도가 높아도 높은 정확도를 내기 위해 지나치게 높은 비용을 지불해야 한다면, 반대로 정확도가 낮아서 소비자들이 낮은 비용을 지불하고도 사용하지 않으려 한다면 의미 있는 성능이라고 할 수 없다. 모델 압축으로 인해 모델 정확도가 얼마나 떨어지는지, 그 떨어진 정도가 유저들에게 용납 가능한 수준인지 혹은 심각한지 결정하는 과정은 벤치마크 점수와 같은 방식으로 수행할 수 있는 것이 아니다.

그래서 실제 서비스 시나리오에서도 압축 알고리즘을 적용하여 소비자들이 사용할 만하다고 판단하는지 검증해 봐야 한다. 네이버클라우드는 직접 초거대언어모델을 만들어 운영하고 서비스를 제공하고 있다. 해당 모델에 정확도 측면에서 가장 안정적이면서도 압축률에 관해 도전적인 압축 방법을 적용하며, 최적의 초거대언어모델 서비스 가능성을 탐색할 수 있는 생태계를 갖추고 있다고 볼 수 있다.

위에서 서술한 것처럼 모델 압축 방법이 실제로 서비스 성능의 가속으로 연결되지 않는 경우가 많다는 문제다. 모델 압축률이 유난히 높은 방법들이 특히 그렇다. 압축률이 어느 정도 의미 있는 수준까지는 높아져야 하는데, 모델 압축률이 너무 높아지면 자연스럽게 연산의 병렬성이 깨지면서 가속 효율이 나빠지는 경우가 많이 생긴다. 그러다 보면 결국 행렬곱 연산기를 압축 과정 고려 없이 칩 내부에 많이 내장하는 것이 훨씬 빠르고 정확도 높은 추론 결과를 내놓는 방법이 된다. 결국 연구 수준에서 검증된 압축 방법을 서비스를 실현하는 단계에서는 포기할 수밖에 없는 것이 현재 상황이다.

네이버클라우드는 기존의 하드웨어에서는 병렬성을 해치지만, 제안된 하드웨어에서는 높은 병렬성을 유지할 수 있도록 하는 압축 알고리즘을 고민하고 이를 지원하기 위한 새로운 하드웨어 구조를 계속적으로 개발해 왔다. 만약 가중치만 압축Weight-only Quantization하는 기술이라면 기존의 GPU에서는 압축을 푸는 Dequantization 과정을 필수적으로 거쳐야 하기에 압축 푸느라 시간이 더 걸린다. 네이버클라우드는 압축을 풀 필요 없이 압축된 가중치 기반 연산을 가속하는 기술을 꾸준히 연구해 왔으며 이를 해결하기 위한 새로운 연산기를 연구·개발해 해결하려고 한다.

위에 언급된 바와 같이 높은 압축율과 압축 후의 성능 효율 개선, 이 두 가지를 동시에 얻어낼 수 있다면 초거대언어모델 서비스 시 카드당 전력 소모를 획기적으로 줄이는 AI 반도체를 만들 수 있다. A100 DGX는 약 6~7킬로와트의 전력을 소모하고, H100 DGX 서버는 10킬로와트를 넘게 소모한다. 만약 20킬로와트 제약이 있는 서버랙이라면 H100을 겨우 1대, A100이라면 2~3대 겨우 탑재할 수 있다.

서버당 전력을 2킬로와트대까지 줄일 수 있다면 어떻게 될까? 그리고 그 서버의 성능이 고성능 GPU 서버의 성능과 크게 다르지 않다면 어떻게 될까? 장비 비용와 상면 비용 그리고 전력 비용을 합쳐서 총비용이 구해지고, 이는 곧 토큰당 서비스 단가와 직결된다. 저전력 고성능 반도체로 인하여 그 토큰당 단가를 세 가지 측면(장비 비용, 상면 비용, 전력 비용)에서 모두 크게 떨어뜨릴 수 있는 기회를 찾는 것이고 이는 곧 바로 모든 초거대언어모델 파생 서비스들의 비용 절감으로 이어질 것이다. 단순히 네이버가 내부적으로 제공하는 초거대언어모델 관련 서비스의 비용뿐만 아니라, 네이버클라우드와 하이퍼 클로바 API를 사용하는 모든 기업들의 비용 절감으로 이어질 수 있을 것이다.

AI 반도체,
전문화 vs 일반화의 딜레마에서
벗어나다

　네이버가 가지고 있는 초거대언어모델 추론에 대한 비전은 추론 서비스에 특화된 저전력 AI 반도체를 도입해서 우리의 초거대언어모델 관련 데이터센터를 그 반도체들로 가득 채우는 것이다. 특정 서비스에 전문화되었다는 것은 최적화 레벨을 극단적으로 끌어올리고, 다양한 미래의 케이스를 고민하기보다 당면한 현재의 특정 문제에 집중하겠다는 뜻이다. 범용 AI 반도체가 제공하는 모든 기능을 모두 커버할 필요도 없고 그렇게 하지 않겠다는 것이다.

　범용 반도체보다 AI에 특화된 반도체ASIC을 만들고자 하는 시도는 꾸준히 있어 왔다. 특정 영역에 특화된 반도체는 이론적으로는 다양한 범위를 커버하는 범용 반도체에 비해 집중하고 있는 영역에 대해서는 더 성능과 전력면에서 효율적일 수 있다. 전 세계 수많은 반도체 하드웨어 설계자들은 AI 데이터 처리에 특화된 반도체에 도전했다. 하지만 대표적인 범용 반도체 엔비디아 GPU에 비해 더 나은 성능을 발휘하지 못했다. 전용 반도체ASIC를 제대로 만들기 위해서는 고객의 필요를 정확하게 겨냥하고 만들어야 한다. 다른 기능이 없더라도 딱 필요한 기능은 갖춰야 한다는 것이다.

인공지능 연산에 특화된 반도체를 만들려면 초거대언어모델을 만들고 이를 기반으로 서비스를 제공하는 흐름을 정확히 이해하고 이를 하드웨어, 소프트웨어적으로 확실히 구현해야 한다. 앞서 설명한 경량화를 수행할 때 모델의 정확도가 너무 떨어지면 안 되고, 압축을 하면 확실히 데이터 처리 효율이 높아져야 한다. 어디서 병목이 발생하는지 명확히 인지하고 개선하면서 최종 서비스 제공에도 문제가 없어야 한다는 것이다.

혹자는 엔비디아의 쿠다 소프트웨어 생태계 때문에 더 나은 하드웨어를 개발해도 엔비디아 GPU를 대체하지 못할 거라고 말한다. 쿠다는 엔비디아 GPU를 위해 병렬 컴퓨팅을 지원하는 프로그래밍 언어이다. 엔비디아가 일찍부터 자신들의 GPU를 사용하는 사용자들을 위해 활용도가 높은 프로그램 언어를 제공하고, 많은 사용들이 이러한 플랫폼 안에서 자생적으로 생태계를 이루고 있다는 것은 엔비디아의 강점이 맞다. 하지만 GPU 세대가 변할 때조차 제대로 호환이 안되는 쿠다가 마치 AI 학습과 추론을 위한 표준으로 여겨지고, AI 반도체 성공의 마스터키인 것처럼 받아들여지고 있는 것은 상당히 아이러니하다.

그간 많은 회사가 쿠다를 대체하기 위한 노력을 해왔다. 정확히 말하자면, 쿠다로 구현된 각종 AI 모델의 기능들에 대한 시스템 소프트웨어를 구현하는 것에 가깝다. 하지만 AI 모델이 필요로 하는 연산의 형태는 매우 다양하기 때문에(특히, 컨볼루션 기법의 경우) 지금까지 하드웨어에 최적화된 형태로 10년 넘게 출시된 모델들에 다 대응한다는 것은 매우 많은 소프트웨어 인력을 필요로 하는 일이며 언제 완벽해질지 모르는 일이다.

반대로 특정 서비스에 최적화된 추론형 AI 반도체는 그럴 필요가 없다. 학습에 필요한 기능은 제공할 필요가 없고 추론도 특정 모델에 대해서만 지원하면 되기 때문에 구현해야 하는 기능들이 비교적 적다. 최대한 많은 기능을 제공하면 좋지만 제한된 리소스에서 어떤 기능을 구현하는 것이 효용성이 있는지를 걸러내야 한다는 뜻이다. 어떤 기능을 제공하는 것이 더 중요한지 알기 위해서는 더더욱 AI 연산이 일어나는 전 과정, 모델과 서비스를 만들고 데이터센터를 운영하며 소비자들의 요구와 그에 대한 답이 나오는 전 과정에 대한 이해가 높아야 한다. 엔비디아는 오랫동안 많은 분야의 딥러닝 모델을 지원하면서 정말 넓은 범위의 기능들을 커버하고 있다. 그 기능들 중에 어떤 것이 최근 초거대 언어모델 서비스에서 특히 더 중요한지 서비스와 최신 AI 모델에 대한 이해 없이는 가려내기 어렵다.

특정 기능에 최적화된 반도체도 물론 단점이 있다. 서비스에 최적화된 AI 반도체라는 것은 어떤 범위를 좁혀 들어가서 그 범위에서 가장 잘 동작하는 반도체라는 의미다. 원론적으로 보면 모든 기능을 하는 반도체보다 특정 목적에 최적화된 반도체를 만들면 더 좋은 것은 맞다. 그래서 누구나 범용 반도체보다 인공지능, 자율주행, 신약개발 등 목적에 최적화된 반도체를 만들기 위해 도전하고 있다. 그럼에도 불구하고 그런 최적화된 반도체가 힘을 쓰지 못하고 전 세계 AI 시장의 90%를 엔비디아가 점유하고 있는 데는 분명한 이유가 있다. AI 연구자, 서비스 제공자들은 엔비디아 GPU가 지나치게 비싸고 전력을 많이 사용한다고 입을 모은다. 그러면서도 엔비디아 GPU를 모두 다 사용하는 이유는 아이러니하게도 가격 대비 성능이 뛰어나기 때문이다. 엔비디아 GPU 정도 성능을 내면서 엔비디아 GPU보다 저렴한 제품은 현재 찾기가 너무나 힘들다.

반도체를 만든다는 수많은 팹리스 스타트업 중 상당수는 제대로 양산된 반도체를 만들어 보지도 못하고 망한다. 여러 가지 이유가 있지만 일단 규모의 경제가 있다. 여전히 반도체 사업에서 물량은 중요하다. 공정이 발전함에 따라 칩을 '찍어내기' 위해 준비하는 비용이 많이 상승했다. 5나노 이하의 최선단 공정으로 설계된 반도체를 한번 만들어 보려면 최소 수백억의 초기 비용 지출을 감수해야 한다. 때문에 누가 살지도 모르는 상황에서, 즉 물량을 가늠하기 어려운 상황에서 막대한 돈을 쏟아부어 반도체를 만들기는 힘들다. 엄청난 자금을 들여 힘들게 반도체를 찍어

낸다고 하더라도 개당 단가가 비쌀 수밖에 없다.

그동안 NPU를 만들고자 했던 많은 기업들이 실패했던 이유 중 하나가 이 지점에 있다. 어떤 AI 기능이 특화된 반도체를 만들기 위해서 기본적으로 비용과 인력이 많이 필요하다. 엔비디아와 성능이 동일하고 전력 효율이 더 좋은 반도체를 만들었지만, 어쩔 수 없이 단가가 더 비싸다고 가정해 보자. 더 좋은 전력 효율로 인해 절감된 전기요금과 반도체 가격으로 인한 손해를 비교해 볼 수밖에 없으며, 총 소유비용TCO, Total Cost of Ownership이 더 비싸다면 좋은 대안이 될 수 없을 것이다.

심지어 더 나아가 데이터센터를 운영하는 입장에서는 하나의 장비를 사서 다양한 용도로 활용할 수 있는 가능성을 고려하지 않을 수 없다. 만약 A라는 서비스를 위해 거대 특화 클러스터를 구성했는데, 갑자기 B라는 서비스로 수요의 중심이 넘어가버린다면 엄청난 비용 손실이 있을 것이다.

이 지점에서 중요한 것이 초거대언어모델과 트랜스포머의 특성이다. 목적에 따라 서로 다른 AI 알고리즘이 각각 존재하면 각각에 적합한 반도체를 만들었을 때 규모의 경제를 실현하기 힘들 것이고, 최적화에 따른 리스크는 점점 더 상승할 것이다. 하지만 기본석으로 초거대언어모델은 인컨텍스트 러닝In-context Learning을 통해 다양한 분야에 필요한 기능을 제공할 수 있다. 프롬프트만 바꿔주면 언어뿐 아니라 이미지, 영상 등 다른 기능을 수행하는 모델로 활용할 수 있다. 같은 연산 방식을 갖기 때문에 과거처럼 인공지능 모델에 따라 별도의 하드웨어가 필요하지 않다. 하드웨어는 동일하고 모델이 다양한 기능을 수행하는 것이다.

좀 더 확장해서 생각해 보면 단순히 GPT나 라마를 위한 AI 반도체를 만드는 것도 아니다. 트랜스포머에 최적화된 반도체는 입력에 따라 달라지는 무한히 많은 모델들에 대응이 가능하다는 의미다. 트랜스포머는 언어 모델뿐만 아니라, 이미지나 비디오, 음성, 로봇, 추천 등 다양한 분야에서도 모델과 데이터의 크기가 커졌을 때 다른 알고리즘을 압도한다. 소라와 같은, 아마도 엄청난 규모의 컴퓨팅 파워를 요구할 것으로 보이는 아직 공개되지 않은 모델도 트랜스포머 형태를 띠고 있는 것으로 알려져 있다. 마치 뇌처럼 동작하는 거대 트랜스포머 모델을 중심으로 한 멀티모달Multi-modal 모델의 발전과 확장은 계속될 것으로 보인다.

AI
CHIP
REVOLUTION

9부

여전히 남는
몇 가지 질문들

모델 압축을 하면 정말 효과가 있나?
입증 가능한가?

초거대 생성형 AI 모델의 시대가 도래하면서 압축과 이에 대한 평가는 두 가지 측면에서 큰 변화를 맞았다. 하나는 모델 압축의 효과를 수치화할 수 있다는 장점이고, 하나는 모델 평가가 극도로 어려워졌다는 단점이다.

과거에는 워낙 다양한 모델이 존재하고 서비스의 규모가 크지 않아 압축으로 인한 비용 효과를 추산하기가 어려웠다면 지금은 압축으로 인한 정확도 저하와 그에 따른 비용을 추산할 수 있다. 예를 들어 한 달 동안 몇천 대의 GPU를 사용해 학습한 언어모델이 있다고 가정해 보자. 그리고 이 모델을 압축했더니 정확도가 1% 떨어졌다고 가정해 보자. 그러면 1% 떨어진 정확도를 반대로 며칠 혹은 몇 시간의 GPU 학습을 추가해야 복원할 수 있는 것인지 학습 비용으로 추산을 할 수 있는 것이다. 동시에 모델을 압축하고 최적화해서 얻은 효과를 현재 서비스 용량에 대입해 보면 압축으로 인해 얻는 손해와 이득을 비교해 볼 수 있다.

반면 초거대언어모델의 성능을 평가하는 것은 쉬운 일이 아니기 때문에 모델 압축 결과의 평가가 어려워졌다. 정답이 있는 문제라면 정답률을 계산하면 되지만 생성형 AI는 정답이라는 것이 명확하지 않다. 생성형 AI의 시대가 되면서 성능 평가가 어렵다 보니 모델 압축으로 인해 모델의 정확도가 떨어진 것인지조차 확인하기 쉽지 않고, 얼마나 정확도가 떨어진 것인지 정량적으로 확인하기 어려울 때가 많다.

수학 문제를 얼마나 잘 풀었는지는 쉽게 점수를 매길 수 있지만 그림을 얼마나 잘 그렸는지는 점수를 매기기 힘든 것과 같다. 일반적으로 분류 문제를 푸는 벤치마크 모델(예를 들어 ImageNet Classification)은 1000장의 이미지 중에 몇 장의 정답을 맞췄는지가 확실하다. 하지만 말이나 이미지를 만들어 내는 생성 문제는 평가가 매우 어렵다. 객관식 문제는 OMR 카드로 자동 채점을 할 수 있지만 주관식 문제나 서술형 문제는 선생님이 하나하나 읽어 보고 점수를 매겨야 한다.

압축으로 인해 모델의 결과물이 달라졌지만 모델의 퀄리티가 나빠지지 않았을 수도 있고, 안전이나 편견 등 윤리적(Safety, Bias) 측면에서 우리가 예상하지 못한 이슈가 발생할 수도 있다.

AI 반도체 혁명

그래서 더더욱 서비스 회사가 직접 평가해 보면서 그 정도를 가늠해야 한다는 결론으로 이어진다. 서비스 경험과 모델 디자인 경험, 그리고 하드웨어 지식이 함께 만나는 자리에서 진정한 AI 반도체 혁신이 가능하다는 것이다.

좋은 AI 반도체를
구분하기 어려운 이유는?

43

전 세계 많은 사람들이 AI 반도체에 관심을 갖고 있고 또 많은 사람들이 훌륭한 AI 반도체를 만들었다고 홍보를 한다. 어디까지가 진실이고 어디까지가 거짓이며, 어디까지가 정보이고 어디까지가 과잉 홍보인지 판단하기가 어렵다. 이는 단순히 반도체에 대한 전문성이 부족해서는 아니다. 반도체 회사들이 자사 반도체의 성능을 공식적으로 발표하면 대부분 사람들은 이를 기준으로 판단할 수밖에 없다. 문제는 반도체 회사들이 최고 속도를 이야기할 때 실제 사용 환경을 고려하지 않고 이상적인 시나리오의 성능을 이야기하는 경우가 많다는 점이다. 엔비디아조차도 차세대 제품 성능을 홍보할 때 비현실적인 환경을 가정하는 경우가 있다. 예를 들면 FP8에서 FP4같이 매우 공격적으로 압축을 하거나 2:4 sparsity 방식으로 압축을 했을 때의 성능을 이야기하는 식이다. 그런 압축 기술을 사용하면 엔비디아가 제시한 성능이 나오겠지만, 실제 서비스 회사들이 구현하기 쉽지 않은 경량화 기술을 적용했을 때를 가정해 제시한 수치이기 때문에 실제 사용 환경에서 그 정도 성능을 체감하기는 힘들다.

이 같은 현상은 하드웨어의 패러다임이 변하는 시기에 나타난다. 보편적인 생태계가 형성돼 있을 때는 대부분 반도체 회사들도 보편적인 환경을 기준으로 성능을 이야기하고 다른 사람들도 보편적인 환경을 기준으로 반도체 성능을 평가한다. 하드웨어 패러다임이 변하는 시점에는 보편적 사용 환경이라는 것이 존재하지 않는다. 반도체 회사들이 모든 환경에서 반도체를 테스트하고 그 결과 나타난 성능을 일일이 설명할 수는 없다.

CPU가 싱글코어에서 멀티코어로 진화되는 과정에서도 비슷한 현상이 나타났다. 하나의 코어로 성능을 올리는 데 한계가 있다 보니 멀티코어의 아이디어가 나오게 됐다. 그런데 멀티코어를 적용하면 싱글코어에서 사용하던 소프트웨어를 사용할 수 없고 거의 기초부터 다시 구현해야 한다. 멀티코어의 성능을 최고로 끌어올리기 위해서는 다양한 장애물이 있다. 그럼에도 불구하고 당시 반도체 회사들은 멀티코어를 만들면 싱글코어에 비해 성능이 2배로 향상된다고 대대적으로 홍보했다. 기계적, 이론적 성능은 2배가 맞을지 몰라도 소프트웨어 생태계를 처음부터 다시 구현해야 하기 때문에 실제 상황에서 2배가 나올지는 장담할 수 없다. 코어를 2개로 만들면 성능이 2배, 코어를 4개로 만들면 성능이 4배가 된다고 주장하는 것은 틀린 말은 아니지만 그렇다고 현실적으로 맞는 말도 아니다.

반도체 회사들이 가장 이상적인 성능 수치에 대해 홍보하는 것을 비난할 수만은 없다. 사용자마다 반도체를 사용하는 환경이 다르기 때문에 반도체 회사가 모든 상황을 감안해 반도체 성능을 홍보할 수는 없다. 아니 사람들의 다양한 사용 환경을 모르기 때문에 반도체 회사도 자신들이 만든 반도체가 사용 환경에서 어떤 성능을 내는지 알 수 없다. 차라리 기준이 되는 상황과 스펙만 이야기하고 고객이 판단을 하도록 할 수밖에 없다.

타사와의 비교에서도 성능을 명확히 확인할 수 없다. 엔비디아가 H100이 A100보다 몇 배의 성능을 보인다고 주장할 수 있다. 전력 사용량이 성능 개선 이상으로 늘어날 수도 있지만, 실제로 추론을 해보면 50% 정도만 성능이 향상되더라도 엔비디아가 거짓말을 했다고 할 수는 없다. 규모가 큰 GPT를 기준으로 할지, 작은 라마를 기준으로 할지에 따라 성능은 또 다를 수 있다. 반도체 회사가 전력 인프라 환경별로, 거대모델별로 다 따져가며 반도체 성능을 표시하고 홍보할 수는 없다.

여기에 더해 보편적 사용 환경이라는 것이 없는 상황에서는 코어 성능만 따지는 것도 의미가 없다. 메모리를 뭘 썼는지, 메모리와 연산기를 어떻게 연결했는지, 연산기와 연산기를, 노드와 노드를 어떻게 몇 개를 연결했는지에 따라 성능은 천차만별일 수 있다.

엔비디아 GPU는 최소한 자신들이 제시한 조건으로 시험을 했을 때 제시한 성능이 잘 나오는 편이다. 그만큼 탄탄한 생태계를 갖추고 철저한 기획과 평가를 거쳐 나타난 결과다. 그렇지 못한, 예를 들어 칩과 칩 사이, 노드와 노드 사이의 통신 기술이 부족한 회사가 개별 칩의 성능을 제시할 경우 실제 사용 환경에서 그 성능이 제대로 구현되지 않을 가능성이 높다. 반도체 회사들이 실제 환경에서의 성능을 숨기는 것이 아니라 실제 환경에서의 성능을 모른다고 보는 것이 맞다.

서비스 업체들이 실제로 사용해 보고 반도체 성능을 평가하면 어떨까? 실제 써본 사람들이 자신의 사용 환경을 적시하고 어느 정도 성능이 나타났는지 알려주면 괜찮은 평가가 나올 것 같긴 하다. 하지만 초거대언어모델 서비스 업체들은 반도체 성능을 공개적으로 이야기하기 어렵다. 서비스 업체들은 당연히 자신들이 사용한 환경에서의 반도체 실제 성능, 안전성, 전력 사용량 등을 알고 있다. 이를 기반으로 서비스 원가를 추정하고 서비스 가격을 책정한다. 하지만 서비스 업체들은 반도체 성능에 대한 구체적인 언급을 꺼린다. 반도체의 실제 성능에 대해 이야기를 하려면 어떤 조건에서 어떤 서비스를 구동할 때 어느 정도 성능이 나왔는지를 언급해야 한다. 그러려면 자신들이 어떤 인프라를 기반으로 어떤 서비스를 기획했는지, 현재 기술 수준이나 상황이 어떤지를 함께 공개해야 하는 문제가 생긴다. 또 어떤 소프트웨어를 기반으로 최적화를 했는지 등 매우 중요하고 최우선으로 기밀로 해야 할 정보들도 공개해야 한다. 서비스 업체들은 반도체 회사보다 정보를 공개하기를 더 꺼린다. 반도체 회사들은 그나마 자사 반도체를 홍보하기 위해 성능을 공개해야 하지만 서비스 회사는 굳이 반도체 성능 논쟁에 끼어들 유인이 없다.

가끔 마이크로소프트 같은 회사가 H100, A100을 이용한 성능 결과를 발표할 때가 있다. 구글도 TPU 논문에서 다양한 상황별 실제 성능 결과를 공개하긴 한다. 하지만 이런 내용들은 논문이기 때문에 실제로 그 회사들이 구동하는 모델이나 서비스에서 측정된 반도체 성능은 아니다. 실제 환경에서의 반도체 성능을 아는 서비스 업체는 정보 공개를 꺼리고 실제 환경에서의 반도체 성능을 모르는 반도체 회사는 과장해서 이야기를 하다 보니 일반인들은 물론 일반인들에게 정보를 전하는 기자들, 외부에서 분석하는 전문가들조차 실제 성능을 확인하는 게 사실상 불가능하다. 결국 AI 반도체 관련 뉴스는 대부분 반도체 회사들이 만든 홍보 문구를 그대로 가져다 쓸 수밖에 없기 때문에 실제 성능과 일치하는지 여부를 확인하기 어렵다.

AI 반도체 회사 입장에서도 자사의 반도체 혹은 타사의 반도체 성능에 대한 서비스 업체들의 평가가 소중하다. 대중에 공개할 수는 없겠지만 AI 반도체의 발전을 위해서는 반도체 회사와 AI 서비스 회사의 긴밀한 소통이 필요하다. 반도체 회사는 AI 서비스 회사가 어떤 모델을 어떤 방식으로 구동하는지 알아야 더 나은 AI 반도체를 만들 수 있다. AI 서비스 회사는 반도체 회사가 자사에 적합하게 반도체를 만들어줘야 더 효율적으로 서비스를 제공할 수 있다. 어떻게 해야 할까?

우선 엔비디아 제품을 많이 써봐야 한다. 전 세계 대부분 AI 업체들은 엔비디아 반도체를 쓴다. 엔비디아 반도체의 장점과 단점을 잘 알아야 장점을 넘어서고 단점을 보완한 반도체를 만들 수 있다. 또 초거대언어모델 서비스에 가까운 모델을 구현해 실제 초거대언어모델이 어떻게 동작하는지 터득하고 느껴봐야 한다. 초거대언어모델을 다뤄본 AI 반도체 업체와 그렇지 못한 업체는 정말 5분만 이야기를 해 봐도, 소개 자료의 슬라이드 5장만 봐도 차이가 난다. AI 반도체 회사가 AI 서비스 회사로부터 정보를 얻으려면 정보를 제공했을 때 의미 있는 변화, 개선으로 이어질 수 있다는 신뢰를 줘야 한다. 그럴 만한 역량이 없는 회사라면 굳이 협업을 할 이유가 없다. 대부분 AI 서비스 업체들은 엔비디아 제품으로 서비스를 하면서 느끼는 부족함이 없다. 선택의 여지가 없어서 쓰고 있긴 하지만 좀 더 자신의 서비스에 맞게 개선해 주기를 원한다. 모든 면에서 완벽하게 엔비디아를 대체할 반도체를 만들기는 힘들다. 하지만 AI 반도체를 구매해 서비스하는 업체들은 분명 불만이 있다. 그 지점이 엔비디아와 AI 반도체 시장에서 경쟁하는 포인트가 될 것이다.

AI 반도체 설계가
어려운 이유는?

많은 반도체 회사들이 AI 시장에 뛰어들어 경쟁하기 시작했지만 아직까지 엔비디아의 고성능 GPU가 우세하다. AI를 기반으로 하는 각종 서비스 기술들이 매우 빠르게 IT 산업 전반을 흔

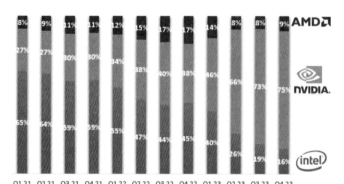

* AMD, 엔비디아, 인텔의 시장점유율 추이

들었기 때문이라고 정리할 수 있겠다.

　본래 반도체 회사들은 어떤 산업에서 요구되는 특정한 기능을 가진 하드웨어를 제작하거나 범용적인 CPU 혹은 GPU를 제작하는 것에 주안점을 두었다. 반도체를 설계하는 것은 미세한 면적에 많은 기능을 구현하는 것이기에 여러 상황과 요소들을 고려해야 한다. 연산기와 메모리 컨트롤러의 면적, 각종 인터페이스 회로의 위치, 전력 분배, 하물며 데이터끼리의 신호 간섭까지 고려해야 한다.

　집약적인 설계를 위한 기술은 과거 아날로그 회로부터 디지털 회로까지 학문의 역사가 깊다. 깊기 때문에 가보처럼 내려오는 설계도도 있고, 새로운 구조에 대해 치밀하게 검증하는 기술도 있다. 반도체 양산 설계는 한 번 설계가 끝나면 교정할 수 없다. 반도체를 설계해 실물 반도체를 만들어보는 것만으로도 인건비를 포함해 수백억 원의 개발비가 들어간다. 수백억 원을 들여 실물 반도체를 만들었는데 잘못된 회로가 있으면 손실이 막대하다. 그렇기 때문에 돌다리도 백 번 두드리는 안전한 설계를 목표로 한다. 특정 도메인을 이해하고 데이터 입출력과 흐름, 필요한 연산과 연산이 허용될 수 있는 시간 제약까지 고려하며 마지막의 마지막까지 오차를 허용하지 않는다. 이 모두를 분석하고 제작하는 데 적어도 2년 정도가 소요된다. 철저히 분업화된 전문가 팀들이 이 2년의 목표를 두고 협업하는 것이 일반적인 반도체 회사의 형태가 되었다.

　2년에 2배씩 반도체 성능이 개선된다는 '무어의 법칙'은 반도체를 만드는 사람들의 보편적인 업무 주기가 됐다. 과거에는 고도화된 반도체 칩과 칩을 구동할 수 있는 소프트웨어가 시장에 나오면, 그 솔루션을 기반으로 한 여러 가지 서비스들이 세상에 나왔다. 컴퓨터가 있고 컴퓨터에 들어갈 CPU와 CPU를 동작하게 하는 낮은 레벨의 소프트웨어가 나오면 이를 기반으로 사용자 편의를 위한 다양한 소프트웨어, 게임이 제작되는 것처럼 말이다. 모바일 시장도 비슷했다. 모바일의 혁신을 가져온 하드웨어 기술이 개발되면, 모바일 기기들의 눈부신 성장이 뒤따르고 그 다음 각종 모바일 서비스들이 개발됐다.

본래 CPU 등 컴퓨팅 유닛을 설계한다는 것은 당연하게도 어떤 작업을 실행하는 것이 가장 중요한 것인지를 이해하는 것에서부터 시작해야 한다. 어떤 작업을 가장 많이 하게 될지, 어떤 작업이 앞으로 중요해질지에 대한 산업 트렌드를 이해하고 이를 제대로 수행해 줄 유의미한 설계 방향을 잡아야 한다. 또 그 방향을 기술적으로 잘 구현하고 발전시킨 회사가 시장에서 유의미한 위치를 점유하게 되는 것이 당연한 이야기이다. 최초의 반도체가 단순 연산 기능을 토대로 전자 계산기에 사용되고, 다목적 연산을 수행할 수 있는 마이크로프로세서를 토대로 컴퓨터가 나오고, 저전력이 필요한 모바일 환경에서 ARM 아키텍처가 시장을 지배하게 된 것처럼 말이다. 그 과정에서 컴퓨팅을 이루는 각각의 요소는 철저히 분업화되고 전문화됐다. 특히 공정이 고도화됨에 따라 하나의 칩을 만드는 데 드는 비용과 시간이 많이 늘어나게 됐다. 이는 칩에 공격적인 변화를 주기 어려워졌다는 뜻이다. 철저히 분업화된 팀들이 2년 단위의 목표를 두고 각자 전문 분야에서 움직이는 것이 고착화됐다. 즉 2년 안에 각자 맡은 분야에서 최대의 성과를 낼 수 있는 연구들이 이뤄졌다는 것이다.

하지만 AI 혹은 딥러닝 모델이라는 워크로드는 많은 사람들이 상상하는 것보다 훨씬 빠르고 파괴적으로 산업 전반에 침투했다. 기존에 해오던 개발 방향과 다른 방향의 기능이 요구되고 이를 구현하기 위해 변해야 할 부분은 전문화된 하나하나의 영역을 넘어 더 큰 줄기에서의 변화가 요구되고 있다.

특히 챗GPT 이후로는 모든 산업의 미래가 초거대 AI로 쏠려버리면서 2년을 기준으로 제품을 만들던 회사 입장에서는 기존의 업무 방식과 방향이 모두 달라진 상황을 마주하게 됐다. 그래서 상당수의 AI 반도체 회사들이 크게 둘 중 하나로 갈리게 됐다. 시장이 아직 답을 정하지 못한 상황에서 어떤 답을 만들어내든 정답이 아닐 수 있고 순식간에 정답이 바뀔 수 있다. 그래서 시행착오를 줄이기 위해 시장을 관망하고 뛰어들지 않아 AI 시대에 뒤처진 회사가 되는 것이 첫 번째 경우다.

두 번째 경우는 잘못된 방향 혹은 기존의 문법을 그대로 들고 AI 반도체 시장 뛰어들어서 팔리지 않는 솔루션을 만들게 돼 실패하는 경우다. 하드웨어 회사에서 반도체 설계를 고민하고 있는 엔지니어들을 만나 보면 아예 AI 분야에서 어떤 것이 중요한지 모르고 있거나 AI 분야에서 무엇이 중요한지를 찾아보고자 했으나 갈피를 잡지 못하고 빠르게 변하는 트렌드에 고전하고 있는 경우가 많았다.

어느 정도 성숙된 컴퓨팅 설계 방식에서는 각자 분야를 두고 각자 잘하는 부분을 모아 모자이크 그림을 그리듯 하드웨어부터 소프트웨어까지 조각을 맞추는 방식이 맞을 수 있었다. 하지만 초거대 AI 모델을 실행하는 것이 중요해진 현 시점에서는 이전의 방식을 잊고 고착화된 구조를 파괴하는 것이 중요하다. 처음부터 다시 생각해야 하는 것이다. '반도체가 처리해야 할 가장 중요한 워크로드란 무엇일까? 어떤 하드웨어를 만들어야 지금 중요한 AI 모델을 가장 잘 돌릴 수 있을까?'라는 질문을 하드웨어 설계에 가장 앞서서 해야 하는 시점인 것이다. 그렇기에 하드웨어 회사가 AI를 이해하는 것은 매우 중요하다. AI 서비스를 기획하고 실현하고 있는 회사의 이야기에 귀기울여야 한다.

단순히 논문을 보는 것으로는 알 수 없다. 지금도 수많은 논문에서는 트랜스포머의 다음 세대 알고리즘이 언급되고 있지만 차세대 트랜스포머는커녕 더 효율성을 높였다는 변형 트랜스포머 모델도 초거대 AI 사례에서 성공한 경우가 없다. 공부를 하려면 논문을 읽어야 하지만 오히려 논문을 읽고 잘못된 편향이 생길 가능성이 우려되는 모순적인 상황이다. 연구적인, 학술적인 의미는 논문을 쓰는 연구자들 사이에서 치열하게 논쟁해야 할 문제다. 하지만 AI 반도체를 실제로 만들고자 하는 개발자들은 지금 우리에게 필요한 서비스와 워크로드가 무엇인지를 실제 수요

AI 반도체 혁명

기업으로부터 듣고 이에 맞는 하드웨어를 만들기 위해 노력해야한다.

근 20년간은 하드웨어가 주도하고 소프트웨어가 뒤를 따라갔다. 이제는 소프트웨어가 먼저 주도하고 이를 제대로 구현할수 있는 하드웨어가 뒷받침돼야 한다. 아무리 좋은 하드웨어를만들어도 지금 당면한 딥러닝 모델을 잘 실행할 수 없다면 절대그 컴퓨팅 솔루션은 엔비디아를 이기거나 엔비디아의 시장점유율을 빼앗을 수 없다. 엔비디아 GPU보다 2배가 빠르든 3배가 빠르든 딥러닝 모델을 잘 실행할 수 없으면 아무도 AI 데이터 처리를 위해 그 반도체를 사용하지 않을 것이다. 엔비디아의 반도체솔루션이 현존하는 반도체 중에 딥러닝 모델을 가장 잘 실행해주고 있는 것은 자타가 공인하는 사실이지만 최적의 솔루션을 제공하고 있다고는 생각하지 않는다.

쿠다를 개발할 때 고성능 인터페이스와 컨트롤러를 개발할때 딥러닝 시대를 예상하고 개발한 것은 아니다. 딥러닝의 연산방식이 그래픽 연산 방식과 유사하다는 의도치 않은 운이 작용했고, 이에 더해 엔비디아는 그들이 잘하는 부분을 AI 시대에 어떻게 활용할 수 있는지에 대해 빠르게 캐치하고 그 방향으로 빠르게 강화시켜 나갔다. 반도체업의 특성상 미래를 내다보며 사용자가 필요할 것을 예측하고 하드웨어에 녹여내는 것이 임무다. 이를 위해 어떤 반도체 업체는 실제 사용자와 밀접한 관계를 유지하며 요구사항을 기준으로 차세대 설계를 구상한다. 특정 고객사가 없는 경우는 다목적으로 사용할 수 있는 범용적인 반도체를 설계하거나 고객사의 수준을 웃도는 연구를 통해 미래를 예측할 수밖에 없다. 엔비디아는 초거대언어모델을 직접 만들어 서비스를 제공하는 기업이 아니다. 2:4 sparsity처럼 AI 알고리즘과 모델을 연구하여 하드웨어에 반영하려고 한 시도들이 많다. 그러나 내부적으로 고립된 연구에 가까웠고, 직접적인 서비스 요구사항과 초거대언어모델에 적합하지 않은 연구였기 때문에 결과가 좋지 않았다.

결국 엔비디아를 이기는 반도체를 설계하고자 한다면 당연히 엔비디아보다 더 AI를 잘 알아야 한다는 결론에 다다르게 된다. 물론 뛰어난 하드웨어 설계 실력을 기본으로 갖추고, AI 서비스의 현재와 미래를 예측하면서 반도체를 개발하는 것은 쉬운 일이 아니다. 하지만 새로운 시대의 패러다임을 선도하기 위해서는 다른 왕도가 없다는 것이 오랫동안 AI 서비스를 엔비디아 시스템을 사용하여 개발해 온 필자들의 결론이다. 그리고 AI의 현재와 미래를 예측한다는 것은 쉽지 않기 때문에 열린 마음으로 실제 서비스를 하고 있는 수요 기업의 요구사항에 깊은 관심을 가지는 것이 필수적일 것이다.

만약 트랜스포머가 아닌
더 개선된 모델이 나타난다면?

트랜스포머에 특화된 AI 반도체를 만들었는데, 트랜스포머를 능가하는 AI 알고리즘이 출현하면 해당 AI 반도체를 사용할 수 없게 된다는 반론을 생각해 볼 수 있다. 트랜스포머를 능가하는 새로운 모델이 나올 수도 있지 않을까? 특히 AI 반도체를 만들어 본 사람들, 컨볼루션 기법 기반의 AI 반도체를 만들다가 챗 GPT와 함께 초거대언어모델 시대가 도래해 당황스러운 사람들로부터 이 질문을 많이 받는다. 자신들이 연구를 했던 CNN 전용 반도체가 하루 아침에 시장을 잃게 됐을 때, 그 다음 트렌드에 대해서도 보수적인 시각을 가질 수 있다. AI 모델은 분명히 변한다. 아마 근 미래에 트랜스포머라고 부르지 않는 모델이 등장할 수도 있다. 근 미래가 아니더라도 10년, 20년이 지났을 때 더 나은 모델은 등장할 것이다.

하지만 반도체를 설계할 때 중요한 것은 모델의 이름이 아니라 컴퓨팅의 관점에서 어떤 방식의 연산을 하는 기계인가다. 억지스러운 비유지만 과거 계산을 잘하던 사람이 '컴퓨터'라는 직업을 가지고 있을 때, 그 컴퓨터는 계산보다 더 다양한 '인간지능'을 갖춘 컴퓨터였다. 사람들은 인간지능을 가진 컴퓨터보다 빠른 계산을 하는 컴퓨터를 원했고, 그런 의미에서 더 빠른 계산을 하는 지금의 컴퓨터가 탄생하게 됐다.

CPU가 컴퓨터의 모든 걸 지배하던 시대와 달리 인공지능 시대에 GPU가 각광을 받는 것은 CPU와 연산 방식이 다른 GPU의 병렬 연산 특성 때문이다. 모델이 변하고 발전한다는 것은 연산의 관점에서는 마이너한 이슈들이 많다. GPT-3가 처음 나오고 지금 라마-3, GPT-4o가 나오는 과정에서 모델 알고리즘은 계속해서 발전하고 있고 그 결과 모델의 성능은 엄청나게 발전했다. 그간 모델의 성능을 끌어올린 유의미한 논문만 나열해도 책으로 몇 권이다.

하지만 컴퓨팅의 관점에서는 모델이 처리하는 입출력의 길이가 늘어남으로 인해 연산의 비중이 달라졌다는 것을 제외하면 크게 변화가 없다. 여전히 트랜스포머 모델을 위한 행렬곱 연산을 제일 잘하는 것이 중요하다. 더 본질적으로는, 모델이 커지고 데이터를 많이 넣어야 한다는 것은 컴퓨터가 할 일은 많아지지만 연산의 방식이 달라지는 것은 아니라는 뜻이다. 더하기 곱하기만 한다고 보면 빼기, 나누기 기능조차 필요 없다. 엔비디아 GPU의 방향성을 봐도 그렇다. 엔비디아는 많은 기능을 가지고 있는 쿠다 코어를 늘리기보다 단순 행렬곱을 잘하는 텐서 코어를 늘리고 있다. 모델이 작고 연산이 다양할 때는 어떤 연산이 필요한지를 이해하고 식별하고 이를 최적화해 연산기에 퍼즐 맞추듯이 맞춰 넣는 것이 중요하다. 단순 연산에 최적화된 반도체를 만들면 변하는 모델에 취약하다. 그런데 지금은 크고 단순한 행렬곱을 잘라서 병렬화된 연산기가 잘 수행되도록 하면 된다.

이런 관점에서 보면 모델이 변해도 반도체가 추구해야 할 방향은 변하지 않는다. 지금 트랜스포머를 기준으로 AI 추론 반도체를 만드는 작업을 불안해할 이유가 없다. 세세한 부분을 어떻게 디자인할 것인지 등 고민해야 할 부분은 많다. 그때마다 모델의 미래를 예측하고 적절한 디자인 포인트를 잡아가야 한다. 그렇다고 지금과 전혀 다른 방향의 모델 혹은 연산 방식이 필요하지는 않을 것이다. 만약 정말 지금의 AI 연산 방식과 완전히 다른 무엇인가가 나온다면, 그것은 아마도 다음 패러다임의 변환이 아닐까 싶다. 그리고 상당히 오랜 시간이 필요할 것이라고 생각한다.

데이터센터 AI가 아닌
온디바이스 AI의 시대가 온다면?

이 책에서 설명한 내용 중 많은 기술들이 오랫동안 온디바이스를 목표로 연구되어 왔다. 온디바이스에서 디바이스란 일반적으로 데이터센터에 반대되는 말로 모바일, 랩톱, 센서, 카메라, 로봇, 자동차 등 우리가 사용하는 다양한 기기를 의미한다. 초거대 언어모델을 사용하려면 엄청난 규모의 컴퓨팅 파워가 필요하고 해당 작업은 거대한 데이터센터에서 이뤄지지만 모바일, 노트북은 물론 그나마 크기가 큰 자동차라 하더라도 전력 공급, 하드웨어 탑재 공간 등에 한계가 있을 수밖에 없다. 그러다 보니 많은 모델 압축이나 경량화, 최적화 기법들이 온디바이스를 목표로 이뤄져 왔다. 특히 이미지나 음성 등 개인정보에 민감한 내용을 처리할 때 외부 데이터센터로 모으기 보다 디바이스 안에서 처리하는 것에 집중했다. 자율주행의 경우에는 데이터 처리 속도 지연이나 네트워크 음영지역에서의 단절이 자칫 교통사고로 이어질 수도 있기 때문에 데이터센터와 통신을 하기보다 차량 내부에서 필요한 연산 처리를 하기 위한 노력이 중요하다.

최근 초거대언어모델이 크게 주목을 받으면서 클라우드 위주의 AI 컴퓨팅으로 관심이 많이 쏠렸다. 그러다 라마나 미스트랄 같은 오픈 모델들이 많이 발표되면서 작은 사이즈 모델에 대한 연구도 상당히 진행되었다. 다시 모델 사이즈가 작아질 수 있다는 기대와 함께 이 초거대언어모델을 내 디바이스 안에서 실행하는 연구, 즉 온디바이스 초거대언어모델On-device LLM에 대한 관심이 높아졌다. 용어도 다양하다. 새롭게 등장한 작은 모델들은 초거대모델 이전의 작은 모델들과 차별화를 꾀하기 위해 작은 초거대언어모델, sLLMsmall Large Language Model이라고 이름을 붙였다. 작은 초거대언어모델, 참 모순적인 용어다. 그래서 한국어로는 거의 사용하지 않고 약어로 부른다.

온디바이스 초거대언어모델을 해야 하는 가장 큰 이유는 프라이버시 때문이다. 우리는 개인 비서처럼 나를 챙겨주는 인공지능 서비스를 원한다. 개인 비서가 주인을 잘 챙길 수 있는 비결은 주인에 대해 잘 알기 때문이다. 내 기분, 내 취향, 내 평소 생활 패턴을 잘 알고 있기 때문이다. 그런데 내 비서가 아니라 스파이였다면, 어느 사기꾼에게 내 정보를 팔아먹는다면 생각만 해도 아찔하다. AI로 나의 생각, 나의 취향, 나의 습관까지도 찰떡같이 알고 서비스를 제공하려면 높은 수준의 개인정보가 필요하다. 인공지능이 나의 개인 비서처럼 동작한다는 것은 나의 모든 사생활과 생각, 글에 대한 정보가 투입이 됐다는 의미다. 민감한 나의 정보가 내가 통제할 수 없는 특정 기업 데이터센터에 전송이 된다는 것을 받아들이기 쉽지 않다. 그 서버가 한국에 존재하지 않을 수도 있고 심지어 개인정보 보호가 취약한 국가에 있을 수도 있다. 혹은 개인정보가 직접 유출되지 않는다고 하더라도 비식별 데이터라고 해서 특정 AI 기업이 AI를 학습시키는 데 활용되고 내 정보의 파편들이 서비스 제공에 사용되는 것도 굉장히 위험할 수 있다. 기업이나 정부의 관점에서는 더욱 중요하다. 기업의 매우 민감한 기밀 정보 혹은 기업의 핵심 경쟁력에 해당하는 기술 정보들이 빠져나갈 수 있다. 여러 기업들이 사내에서 생성형 AI 서비스를 사용하지 못하게 하는 이유다.

만약 이 모델이 실행되는 위치를 내 디바이스 안으로 가져올 수 있다면 문제가 해결되고 초거대언어모델의 활용처나 활용 시나리오가 크게 확장될 수 있다. 하지만 '과연 고성능 엔비디아 GPU와 HBM으로도 부족한 속도와 비용을 내 디바이스에서 감내할 수 있을까? 우선 온디바이스 초거대언어모델이 얼마나 현실화될 것인가?'라는 질문에 대해 공학적으로 답을 생각해 보자. 첫째, 디바이스가 무엇인가라고 할 때 인텔 제온INTEL Xeon CPU처럼 데이터센터용 CPU를 온디바이스용으로 상정할 수는 없다. 일반적으로 가정에서 사용하는 디바이스를 전제해야 할 것이다. 둘째로 전력망과 분리돼 배터리에 저장된 전력만 사용해야 하는 모바일AP와 PC나 노트북처럼 전력을 연결할 수 있는 경우는 구분해서 볼 필요가 있다. 우선 모바일AP를 생각해 보자.

퀄컴 기준 현재 가장 최신으로 나온 플래그쉽용 AP인 스냅 드래곤8 Gen 3 기준으로 GPU 연산기는 3테라플롭스, 메모리 속도는 초당 76.8기가바이트에 불과하다. 위에서 이야기했던 A100이 300테라플롭스, 초당 2.2테라바이트인 것을 생각해 봤을 때 비교도 되지 않는 낮은 성능임을 알 수 있다. 저전력에 방점이 있는 모바일AP는 데이터센터에서 동작하는 GPU 연산기에 비해 성능이 한참 낮을 수밖에 없다. 단순히 초당 76.8기가바이트 속도로 메모리를 읽는다고 생각하면 토큰당 200ms(밀리세컨드)대 생성 속도를 얻을 수는 있다. 하지만 연산량도 매우 부족하기 때문에 프리필 단계에서 수 초가 걸릴 수도 있다.

즉, 입력을 요청하면 수 초가 일단 지나고 1초에 다섯 단어가 나온다는 뜻이다. 100단어를 생성한다고 하면 약 30초가 걸린다는 뜻이다. 모바일AP가 다른 기능은 안하고 AI 연산만 할 때 30초 동안 100단어를 만들어 낼 수 있다고 가정했기 때문에 실제로는 더 느릴 가능성이 높다. 즉, AI 모델을 실행하기 위해 모든 연산과 메모리를 집중하고 있다면 30초 동안은 모바일폰을 사용할 수 없게 된다는 의미다. 반대로 다른 기능을 수행하고 있다면 AI를 위한 데이터 처리는 할 수 없거나 훨씬 지연될 수밖에 없다.

더 나아가 일반적으로 모바일 AP는 저전력으로 동작하기 위해 최적화되어 있다. 우리가 모바일을 사용하지 않거나 혹은 단순한 업무를 할 때 연산과 메모리의 데이터 이동을 최소화해 전력 사용량을 줄인다. 그런데 모바일AP가 엄청난 연산량이 요구되는 AI 데이터를 처리하면 모바일폰은 매우 뜨거워질 것이다.

우리가 사용하는 모바일폰에는 방열판 정도만 장착되어 있고, 공랭식 팬은 달려 있지 않다. 열 관리에 매우 취약하다는 뜻이다. 단순히 전력 사용으로 인해 충전을 자주 해야 하는 문제 이상으로, 십수년간 자리를 잡은 스마트폰의 구조나 사용 경험을 다시 생각해야 하는 문제가 될 것이다.

그렇다면 전력이 연결되어 있는 PC나 노트북은 어떨까? 전력이 공급된다는 측면에서 모바일보다는 훨씬 수월하다. 그래서 기술적으로 많은 준비가 되어 있다. 오픈소스 초거대언어모델이 등장하기 시작하면서부터 주목받은 경우가 애플이 자체적으로 만든 반도체 애플실리콘이다. 맥북 등에 들어가는 M시리즈 칩을 이용해 추론을 하는 방법이다. 주로 가중치만 양자화하는 방법을 사용하여, 부족한 메모리의 크기와 속도를 해결하는 방향으로 하고, 배치 사이즈가 작기 때문에 배치 사이즈가 커짐에 따른 오버헤드의 단점도 없다. 칩에 따라 다르지만 초당 150기가바이트의 메모리 밴드위스를 가진 M3 Pro에서 4비트로 압축된 라마 7B 모델이 초당 약 30토큰을 만들어 낼 수 있다. 물론 이 경우에도 칩의 모든 역량이 초거대언어모델 추론에 쓰인다는 문제가 있다. 인텔 CPU의 경우에도 메테오레이크와 같은 차세대 랩탑 프로세서에서 GPU/NPU를 AI 목적으로 제공하고 있으며 작은 모델들을 이용하는 LLM 추론 데모를 여러 차례 선보인 바 있다. 위에서 라마 7B 기준으로 이야기를 했으나 모델 사이즈가 작아진다면 당연히 더 빠른 성능을 기대할 수 있다. 그런 의미에서 sLLM이 기대를 많이 받고 있는 것이 사실이며, 특히 마이크로소프트의 파이-2^{phi-2}와 같은 모델이 주목을 받고 있다.

　결국 PC나 노트북에서의 온디바이스 AI 성공은 서비스와 연계해서 평가받을 가능성이 높다. 생성 AI 모델은 그 결과가 사용자들에게 매력적으로 받아들여져야 한다. 성능과 최적화라는 두 마리 토끼를 동시에 잡아야 한다. 데이터센터향 AI 반도체에서 최적화하는 것도 쉬운 일은 아니지만, 제한된 전력과 컴퓨팅 파워에 맞게 최적화를 해야 하는 온디바이스 AI는 매우 어려운 과제다. 여기에 생성 AI를 평가하기 어렵다는 점까지 적용하면 온디바이스에 맞게 최적화된 모델과 서비스라는 것은 매우 도전적인 난이도를 가지게 된다.

　'그렇게 만든 서비스가 과연 온디바이스에 꼭 실행되어야 하는가'라는 질문도 해야 한다. 데이터센터 GPU에서 실행을 하게 되면 분명한 장점이 있다. 온디바이스는 한 사람의 입력값을 처리하기 때문에 1:1로 대응을 해야 한다. 데이터센터는 여러 사람의 입력값을 모아서 처리할 수 있다. 배치 사이즈를 늘리면서 수십 개 이상의 유저 요청을 묶어서 처리하면 훨씬 효율적으로 강력한 성능으로 처리할 수 있다.

　결국 온디바이스 AI는 프라이버시, 초저지연성의 장점과 비효율적인 추론이라는 단점 사이에서 정성, 정량적으로 평가를 해볼 필요가 있다. 서비스 종류에 따라 온디바이스에서 처리해야 할, 소규모 모델로 구현할 수 있는 서비스가 온디바이스에서 구동될 수 있다. 다만 훨씬 더 다양한 모델과 서비스는 거대한 컴퓨팅 파워를 갖춘 데이터센터에서 이뤄질 수밖에 없다.

AI 반도체를 이해할 수 있는
한 권의 책이 되길 바라며

딥러닝 기술이 본격적으로 도입되면서 음성인식, 자연어 처리, 비전 등과 같은 기존의 거대한 연구 분야들이 순식간에 AI로 대체되는 모습을 목격했습니다. 이로 인해 많은 연구원과 엔지니어들은 다양한 감정을 느끼지 않을 수 없었습니다. 수년간 쌓아온 경력이 무용지물 되어 좌절을 겪는 사람도 있었고, 완전히 새로운 판이 형성되는 것을 보며 흥분과 함께 새로운 기회를 엿보는 사람도 있었습니다.

이러한 변화의 바람은 반도체 분야에도 빠르게 불어 닥쳤고, 오늘날 대부분의 반도체 회사들이 AI 분야에 사활을 걸고 있다고 해도 과언이 아닙니다. HBM은 물론 반도체 장비들까지 AI 생태계와 얼마나 연결되어 있는지에 대해 많은 이들이 주목하고 있습니다. 우리나라에서 AI 반도체 열풍이 불고 있는 것은 그래서 매우 자연스러운 일입니다. IT 산업뿐만 아니라 특히 반도체 분야에서 많은 일자리와 기회를 찾아야 하는 한국인들에게 AI 반도체 관련 정보는 매우 귀할 수밖에 없습니다. 그럼에도 불구하고 대중이 쉽게 읽을 수 있는 AI 반도체 서적을 찾기 어려웠습니다. 빠르게 변화하는 AI 알고리즘의 흐름을 따라가는 것조차 쉽지 않은데 반도체와의 결합까지 설명해야 하니 이를 집필할 수 있는 전문가가 많지 않기 때문일 겁니다. 부끄럽지만 이러한 책이 많은 대중에게 갈증을 해소할 수단이 될 수 있지 않을까 하는 마음으로 펜을 들게 되었습니다.

AI 반도체는 우리나라 경제에 막대한 영향을 미칠 수밖에 없습니다. 그러나 현재 대한민국의 관련 산업과 연구는 대만과 비교했을 때 잘하고 있는지에 대한 걱정이 주로 많습니다. 기존의 표준 규격만 맞추면 되는 반도체와는 성격이 많이 다릅니다. AI 알고리즘의 흐름을 이해해야 하고, 무엇보다 AI 서비스에 대한 경험도 쌓아야 합니다. AI 반도체는 다양한 분야에서 활발한 기술 교류가 이루어져야 하는 분야입니다. 기존 반도체와는 일하는 방식이 달라야 하는 이유도 여기에 있습니다.

이 책이 나오기까지 IT 및 반도체 업계의 많은 친구, 동료, 선배님들로부터 배운 내용들과 네이버에서 서비스를 담당하며 겪었던 시행착오들이 큰 도움이 되었습니다. 심지어 이 책을 집필하는 과정에서도 저자들 간의 다양한 의사소통을 통해 내용이 가다듬어지고 전달할 메시지가 정해지기도 했습니다.

이미 우리 앞에 성큼 다가온 AI라는 거대 산업 속에서 대한민국이 AI 반도체뿐만 아니라 관련된 다양한 산업에서 두각을 나타내는 인재들을 많이 배출하기를 희망합니다. 이 책이 그러한 미래 인재들에게 조금이라도 도움이 되기를 바라며 이 글을 마무리합니다.

이동수

반도체 패러다임의 대대적인 변화를 가장 흥미롭게 바라보는 관찰서

현재 전 세계 비즈니스의 최대 전쟁터는 AI 반도체 산업입니다. 최강 대국 미국과 중국이 국운을 걸고 승부에 임하고 있고 마이크로소프트, 구글, 애플, 엔비디아 등 전 세계 최고의 기업들이 선수로 뛰고 있습니다. 수천 조의 자금이 투입되고 최고의 천재들이 활약하고 있습니다. 어제의 동지가 오늘의 적이 되고 내일의 파트너가 되는, 눈물 없이는 볼 수 없는 대서사시가 매일매일 펼쳐지고 있지요. 일확천금의 꿈과 인류를 한 단계 진화시킬 수 있다는 신념, 반대로 인류가 멸망의 길로 가고 있다는 아포칼립스적인 상상도 더해집니다. 매우 흥미진진한 스토리인데 참 안타까운 점이 있습니다. 내용이 전문적이다 보니 기본적인 맥락을 모르면 눈앞에서 펼쳐지는 드라마의 맥락을 따라가기 힘들다는 점입니다. 주말 드라마라면 엄마가 옆에서 내용을 설명해줄 텐데, AI 반도체 드라마는 설명서가 없습니다.

이 책은 전문적인 AI 반도체를 다루고 있지만 전문가를 대상으로 쓴 책이 아닙니다. 인류의 미래를 바꿀 변곡점에서 더 많은 사람들이 이 흥미진진한 스토리를 이해할 수 있기를 기대하며 쓴 책입니다. 인공지능도 어렵고 반도체도 어렵습니다. 이 책에서 다루는 주제는 쉽지 않은 주제이고, 최대한 쉽게 쓴다고 쓰긴 했지만 솔직히 어린 자녀들에게 권할 정도로 쉽진 않습니다. 하지만 인류의 미래를 바꿀 인공지능 산업에 관심이 있다면 충분히 이해할 수 있을 정도는 됩니다. 장담할 수 있습니다. 왜냐하면 이 책을 쓴 저도 책을 쓰기 전까지는 AI 반도체에 문외한이었거든요.

처음에 이동수 박사님이 AI 반도체 책을 쓰자고 제안을 주셨을 때 매우 당황스러웠습니다. 인공지능도 모르고 반도체도 모르는데 AI 반도체 책을 쓰다니 엄두가 나지 않았습니다. 오랫동안 인공지능, 반도체 분야에 대한 기사를 쓰긴 했습니다. 하지만 책은 다른 경지입니다. CPU의 작동 원리를 몰라도 컴퓨터를 쓸 수 있고 TCP/IP를 몰라도 인터넷을 쓸 수 있습니다. 컴퓨터 좀 쓸 줄 아냐고 묻는다면 쓸 줄 안다고 대답할 수 있지만, 컴퓨터가 어떻게 동작하느냐고 묻는다면 정확하게 답을 할 수 있는 사람은 많지 않을 겁니다.

그래서 전 'AI 반도체에 대해 전혀 모르는 사람이 어떻게 책을 쓸 수 있겠냐'며 거절했습니다. 이동수 박사님은 '최대한 쉽게 AI 반도체에 대해 설명해 보겠다. 설명을 듣고도 이해가 안 간다면 출판을 포기하겠다. 경력 많은 기자가 듣고도 이해할 수 없는 수준이라면 대중 서적으로 출판할 이유가 없다. 전문적인 내용으로 쓸 거라면 논문을 쓰면 된다. 전문가가 아닌 사람들도 AI 반도체 이야기를 흥미롭게 들을 수 있게 권 기자가 풀어서 써줬으면 좋겠다'고 저를 설득했습니다.

그렇게 AI 반도체 저술 작업이 시작됐습니다. 바쁜 일정을 힘겹게 마친 저녁 시간, 네이버가 있는 분당과 「삼프로TV」가 있는 여의도의 중간쯤 되는 강남역 한 건물 지하 스터디 카페에서 우리는 수차례 만나 인터뷰를 했습니다. 워낙 아는 게 없다 보니 인터뷰가 아닌 강의를 들었다는 표현이 더 적합할 겁니다. 설명하는 사람은 어디서부터 어디까지 설명해야 하는지 혼란스러웠고 듣는 사람은 단어조차 모르는 내용을 묻고 기록하느라 힘겨웠습니다. 저녁 식사를 할 시간도 아까워 도시락을 먹으며 진행된 인터뷰는 매번 밤 12시가 다 되어서야 마치곤 했습니다. 인터뷰 내용을 주말에 다시 정리하는데 그 시간도 상당히 오래 걸렸습니다. 이동수 박사님이 워낙 쉽게 설명해 주신 덕에 인터뷰를 할 때는 이해를 했다고 착각을 했는데, 막상 정리를 하려고 보니 모르는 내용 투성이였습니다. 단어를 하나하나 검색해 가며 AI 반도체의 세계에 발을 디뎠습니다.

어느 순간부터 AI 반도체 뉴스가 눈에 들어오기 시작했습니다. 많은 기자들이 매일매일 인공지능 관련 기사를 씁니다. 저와 마찬가지로 상당수 기자는 그 내용이 본질적으로 무슨 말인지 모르고 쓰는 경우가 많을 겁니다. AI 반도체의 특징과 거기에서 비롯된 발전 방향, 경쟁 방식을 이해하게 되면서 치열한 전쟁터의 모습이 그려졌습니다. 엔비디아의 최신형 반도체 블랙웰에 왜 GPU 2개가 들어가야만 했는지, 삼성전자는 왜 HBM 납품에 어려움을 겪고 있는지, 모든 과정이 한 편의 드라마처럼 느껴지기 시작했습니다.

앞으로 최소한 수년간 인공지능 산업은 좌충우돌할 겁니다. 반도체 패러다임의 전환은 과거 촘촘하게 구성된 반도체 생태계 전반을 송두리째 바꿔갈 겁니다. 새로운 패권, 새로운 표준을 만들기 위한 전쟁이 이어질 겁니다. 퍼즐처럼 던져지는 뉴스는 그 안에 수천, 수조 원의 자본과 웅장한 대서사시를 담고 있습니다. 새로운 역사가 만들어지는 과정을 우리는 현재에서 보고 있습니다. 아직 완결되지 않은 역사라 어떻게 결론이 날지 어떤 방향으로 이야기가 진행될지는 알 수 없습니다. 이 책은 그 역사의 현장을 흥미롭게 관찰할 수 있는 지침서가 될 겁니다. 덤으로 새롭게 만들어지고 있는 거대한 산업에 투자해 많은 사람들이 높은 수익을 내기를 기원합니다.

권순우

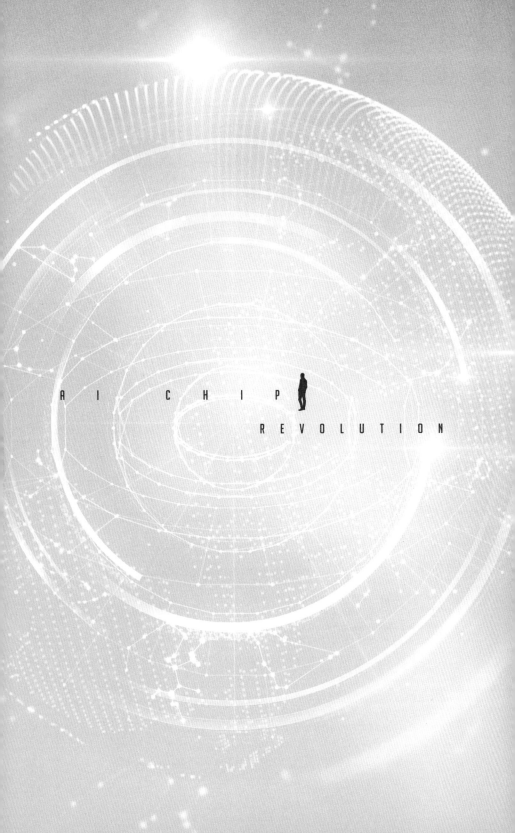

AI 반도체 혁명

초판 1쇄 발행 2024년 9월 6일
초판 2쇄 발행 2024년 9월 30일

지은이 권순우, 이동수, 권세중, 유지원
펴낸이 김선준

편집이사 서선행
책임편집 최한솔
편집3팀 오시정, 최구영
마케팅팀 권두리, 이진규, 신동빈
홍보팀 조아란, 장태수, 이은정, 권희, 유준상, 박미정, 이건희, 박지훈
디자인 김세민
경영관리 송현주, 권송이, 정수연

펴낸곳 페이지2북스
출판등록 2019년 4월 25일 제 2019-000129호
주소 서울시 영등포구 여의대로 108 파크원타워1, 28층
전화 070)4203-7755 팩스 070)4170-4865
이메일 page2books@naver.com
종이 월드페이퍼 인쇄 더블비 제본 책공감

ISBN 979-11-6985-091-9 (03320)